成为主播

李　勇　李勇坚◎等　著

中国人民大学出版社
·北京·

本书创作委员会

主　任：

　　李　勇（中国市场学会短视频与数字营销专业委员会主任）

执行主任：

　　李勇坚（中国社会科学院财经战略研究院研究员、

　　　　　　中国市场学会副会长）

副主任：

　　许　栋（中国市场学会短视频与数字营销专业委员会秘书长）

　　李健欣（广东金融学院副教授）

策　划（按姓氏拼音字母排序）：

　　蔡跃洲（中国社会科学院数量经济与技术经济研究所数字

　　　　　　经济研究室主任）

　　陈　迎（广州时趣总经理）

　　郝建斌（阿里研究院产业研究秘书长、资深专家）

　　李　琳（无忧传媒总裁）

　　李鸣涛（中国国际电子商务中心研究院院长）

　　李文秀（广东金融学院教授）

　　刘灿国（中国经济传媒协会副会长）

　　刘　琼（米洛星集团董事长、KK直播创始人）

　　刘延坤（忆库数字传媒副总经理）

刘　怡（易观国际总经理）

马　琳（中国经济传媒协会新媒体分会秘书长）

莫志枫（广州市城市文化科技有限责任公司董事长、
　　　　广东省电商投融资协会常务副会长）

欧阳日辉（中央财经大学互联网经济研究院副院长）

彭　超（今日网红创始人）

王　亮（忆库数字传媒副总经理）

尹兴良（新片场创始人、总经理）

余敬中（快手副总裁）

张　羽（字节跳动副总裁）

郑　敏（亿邦动力董事长）

周长江（融创臻选副总经理）

推荐语

2016 年 4 月，我做了一档直播节目，叫《洪哥梦游记》。当时我带着团队从湖北宜昌出发，一路途经十几个城市，有时走进学校演讲，有时游览古迹并讲解历史故事，一直向西，到达四川雅安的新东方希望小学。这是一档为期 10 天的全天候直播节目。巧合的是，后来人们称 2016 年为"中国网络直播元年"。2020 年突如其来的疫情打乱了所有人的节奏，在全球忙于防疫抗疫、经济不景气的背景下，直播电商却逆势增长，成为商业创新的新亮点。不论是有志进入这个产业，作为供应商、主播、营销人员成为直播过程中的重要参与者，还是仅仅作为一个观看和使用直播的用户，在如今的大时代下，具备一定的直播逻辑，都是互联网居民应有的素养。

——俞敏洪（新东方创始人）

从电视直播专家转身成为移动互联网领域的探索者和研究者，李勇先生深谙媒体运营之道。他和互联网营销专家李勇坚先生领衔创作的《直播的逻辑》和《成为主播》既有极高的理论价值，又提供了具体的实战模型和工具；既是行业从业者的宝典，也是促进行业健康发展的教科书。

——邓庆旭（新浪财经 CEO）

"直播"的场景融合能力，在近年来数字商业的进程中展现得淋漓尽致。从产业协作的效率支点到数字生活的基础设施，直播既是增长的商业课题，也是用户关系的运营命题，更指向社会价值的积极探索。李勇和李勇坚等专家合著的《直播的逻辑》和《成为主播》两本书，构建起关于"直播"的认知系统，详述了有关"主播"的知识图谱，让这个风生水起的领域有了更多理性创新，堪称场景时代的创业无畏法则。

——吴声（场景实验室创始人）

直播电商正成为中国商业史上效率最高、链路最短的一种营销模式，发展前景不可限量。与此同时，直播电商行业也出现了盲目扩张、一哄而上、违规经营等乱象。资深媒体运营专家李勇、互联网营销专家李勇坚等合著的《直播的逻辑》《成为主播》两本书，有别于市场上充斥着的操作手册类读物，调研深入，解析透彻，理论与实战结合，数据与案例并重，是直播电商领域少有的系统全面且兼具理论性和实用性的研究成果，是直播电商行业从业者、研究者的必读之作。

——郎永淳（知名主持人、中国经济传媒协会新媒体分会会长）

直播电商风起云涌，已成为近五年来互联网营销领域的杀手级应用。《直播的逻辑》和《成为主播》由资深媒体专家和知名学者联手合著，各大头部电商平台分享了案例和数据，大批业界大咖贡献了思想和智慧，系统阐释了直播电商背后的逻辑，全面解析了数字经济时代的"商品数据化2.0"理论，对直播产业链各环节的运营技巧均有详尽论述和精辟分析，可以帮助读者深刻领悟直播电商的传播规律和商业逻辑。

——张羽（知名主持人、字节跳动副总裁）

　　互联网是现实空间的延伸。网络视频直播让粉丝、用户置身于特定直播场景，主播围绕资讯、才艺、专长、商品、知识、情感等不同垂直领域的分享，抑或纯粹的倾诉与陪伴，与粉丝和用户进行便捷、顺畅、高频次的互动，在其个性化人设的牵引下，形成了独特而多样的线上社交行为和网格状的社交圈层。这种"内容＋社交"的直播式分享或陪伴，带来了主播和用户之间的强黏性，是移动视频时代媒体融合、产业融合乃至社会各行各业融合发展的基础。直播电商因此兴起。主播这一职业，既需要高强度的体力劳动，也需要高强度的脑力劳动，更是对内容专业能力及人格魅力的考验。只有那些乐于分享、长于互动、善于交往，且将直播完全融入个人生活方式，"长"在社交平台上的主播，才能最大限度地扩大粉丝规模，增强粉丝黏性，从而拥有商业变现能力。读完李勇和李勇坚等专家合著的《直播的逻辑》《成为主播》这两本书，一点感悟与大家分享。

　　　　　　　　　　　　　　　　——余敬中（快手副总裁）

序　言

信任机制与主播养成

　　我于 1993 年进入电视新闻行业，二十余年职业生涯始终与直播工作密切相关。1998 年，我在创办《现在播报》栏目时，改变了新闻播音员轮流值班的惯例，首次推出栏目主播制，并为主播打造个性人设，创下较高收视纪录，受到广泛欢迎。从此，主播成为电视新闻行业的一个重要岗位。而今天，当我们再次提到"主播"这个词的时候，人们首先想到的已不是电视新闻的播音员，而是薇娅、李佳琦、李子柒、散打哥、大狼狗夫妇等网络带货明星。"直播"从微波和卫星通信时代一种高投入、重装备的专业媒体行为，变成移动互联时代只要拥有一部智能手机就可以操作的大众化自媒体行为；"主播"从一个令人仰视的传媒岗位，变成数以万计普通创业者大胆尝试、不断创新的新兴职业。而拥有顶级流量的网络主播已成为大众热捧的财富偶像。

　　带货主播是伴随着电子商务业态的演变诞生的。从 2010 年盛行的搜索电商，到 2013 年兴起的社交电商，再到 2019 年崛起的内容电商，电子商务在中国经历了从图文到短视频和直播的快速迭代和演化，其本质是商品数据化形式的演进。比起图文，网络直播因为有主播"面对面"的演示、沟通和交流，更加直观，内容更丰富，可以构建起更为真实、沉浸式、立体化的交流场景；再加上相

1

比电视直播更具有双向交互的优势，因而更容易在买卖双方之间建立起信任机制。这是直播电商快速兴起的重要原因。

如何成为主播，如何成为成功的主播，是千千万万创业者和创富者的实践，也是本书要探讨的课题。

随着"直播电商"这个新物种的进化，直播的核心逻辑也从传统的"商品＋公域"的"人、货、场"思维向"内容＋私域"的创新营销思维升级，变化主要体现在四个方面。一是电商经营的着力点发生了转移——从货架到内容、从买卖关系到社交关系、从满足需求到创造需求。具体而言，直播电商 1.0 时代是靠低价和商品驱动的货架逻辑，直播电商 2.0 时代则是依托主播特色人设打造主播和用户之间强信任关系的社交和内容逻辑。二是流量的控制权发生了位移。直播电商 1.0 时代主要通过公域流量促成交易，而直播电商 2.0 时代的成交流量主要来自主播账号的私域流量，主播和商家开始拥有流量控制权。三是电商 GMV 的构成要素发生了迁移。传统电商 GMV 主要由"UV×转化率×客单价"构成；新型电商GMV 则由"UV（私域确定 UV＋公域投放 UV）×内容消费时长×单位时长订单转化率×客单价×复购频次"构成，更强调直播内容的有趣性和用户对主播的信任。四是主播立场的漂移。在直播电商最简单的关系里，包含着品牌商—主播—粉丝（消费者）的关系链，其中，主播与二者的关系在不断漂移。这是因为，一方面，主播要从品牌商处获得分成等收益，需要为品牌商代言；另一方面，主播的力量源于粉丝（消费者），因此在选品、价格设定、售后服务等各个方面，主播必须代表粉丝（消费者）的利益。这要求直播电商以更短的营销链路降低流通成本，并将节省的流通成本分配给品牌商、主播和粉丝（消费者），实现各方利益最大化，从而使直播电商业态形成可持续的商业闭环。

由此可以看到，在直播电商的演化进程中，主播逐渐成为交易的灵魂，承担着对商家、平台和消费者的巨大责任；成功的主播及其团队既是营销专家，也是供应链专家、产品（选品）专家，还是内容生产专家、内容表达专家。这对主播的内在素质、品德修养和团队运营能力提出了极高的要求。

无论是快手提出的内容电商，还是抖音提出的兴趣电商，其本质是一样的。兴趣即内容，内容必须有趣味、有价值、有吸引力。2021年"双十一"，淘宝首页将为直播新增一级入口。这是其从交易电商向内容电商迈进的标志性事件，电商平台之间的内容竞争进入白热化阶段。

从本质上看，零售的核心价值就是要将合适的商品在合适的时间以合适的价格交付到消费者手中。直播电商看似眼花缭乱，其实并没有改变这种核心价值，而是强调如何利用互联网信息技术，使零售业的价值创造过程效率更高、消费者的体验更好、商家的收益更可持续。技术提供了可能，而内容是手段，场景是媒介，信任是目标。直播电商或者主播成功的关键就是建立起信任机制。这一方面需要主播及其团队具有专业水准，在选品等方面具备专业能力；另一方面需要主播及其团队坚持诚信经营原则，不得虚构或伪造信息。从发展实践来看，直播电商正是利用主播的影响力，在某种程度上解决了信任机制的问题。正如快手联合创始人程一笑所说，直播时代可以重构信任，这是一个特别大的时代的开始。

然而，也应该看到，很多主播滥用粉丝或商家对其的信任，产生了虚假宣传、虚构数据、欺骗消费者等情况，这是在直播电商发展过程中需要高度重视的。针对这些情况，政府主管部门相继发布了《网络直播营销管理办法（试行）》《网络交易监督管理办法》等一系列强监管措施，对行业发展进行规范。

在直播时代，短视频、算法和经济的融合可以重塑十几亿人的消费决策方式，重构虚拟空间的交易信任机制，创造数万亿规模的增量市场，促进城乡消费平权，刺激消费需求增长，推动消费品质升级，同时反向提升制造业效率，并孵化出全新的产品、品牌和服务，这对推动中国经济高质量发展具有重要意义。在这个历史性进程中，主播是连接消费者与品牌和商家的重要纽带，承担着巨大的社会责任。被淘汰的主播千篇一律，优秀的主播却是万里挑一。成功的主播各有各的精彩，其成功的背后除了努力，还有理论、方法、规律和技巧值得学习。

《成为主播》一书与其说是一本介绍主播如何养成的读物，不如说是介绍内容如何生产、如何裂变，信任机制如何建立、如何巩固的作品。在全民直播的背景下，"优秀的主播＋优秀的运营＋选品能力＋供应链团队合作"是直播带货成功的关键。中国市场学会短视频与数字营销专业委员会组织专家和行业大咖深度调研了抖音、快手、淘宝、京东等头部电商平台，走访了数百位头部主播以及平台、品牌、供应链、服务商创始人和高管，基于直播与电商之间的良性互动关系，立足于"人带货"与"货带人"相融合的直播逻辑，把主播们直播带货的奥秘、真相、得失和感悟系统地呈现给读者。

本书揭示了：成功的直播带货背后，其实是团队经过直播前的一系列精心筹备与策划、直播中的专业演绎与密切配合、直播后的数据分析与复盘总结等工作，才促成的完美结果。

同时，本书的姊妹篇《直播的逻辑》对直播电商的底层逻辑和发展脉络做了系统梳理和深度阐释，并对电商和主播的相关法律责任、管理规范等进行了全面分析和重点归纳。建议读者将这两本书结合起来阅读，从理论、观念、策略、实战等多个维度把握直播电商的精髓。

是为序。

李　勇

目　录

第一章

超级带货："人带货"与"货带人"的完美结合

核心要点

　　成功的直播带货背后都有缜密的策划，是"优秀的主播＋优秀的运营＋选品能力＋供应链团队合作"。

　　近年来，直播带货成为新的风口。在我国电商销售额增长率逐年下滑的背景下，直播电商仍保持了较快的增长。但对于很多企业来说，它们更多的是跟风或者说是被迫进入原本并不熟悉的直播带货领域。这也就出现了有人单场带货能过亿元，而有人即使折腾几十场却只能带货寥寥的尴尬场面。正如我们在《直播的逻辑》里所谈到的，直播电商可以分为"人带货"与"货带人"两种逻辑。

　　其实，一场优秀的直播带货并不是行外人所看到的那样，主播简简单单地在镜头前靠着低价吆喝就可以。一场优秀的直播带货的关键不仅仅在于主播，而是"优秀的主播＋优秀的运营＋选品能力＋供应链团队合作"综合作用的结果。所以，成功的直播带货背后都有缜密的策划，更离不开团队的辛苦筹备。本章将介绍什么是选品、选品的技巧与原则、提升直播间人气的技巧、各大直播平台的规则等内容。

一、从"人带货"到"货带人"

1. 直播电商的冷启动——"人带货"

> **核心要点**
>
> "人带货"是直播平台利用网红主播快速推动直播电商发展的手段，也是商家提升品牌知名度、提高销量的方式。但头部主播对资源的天然垄断，让直播电商生态受到了一定的影响。

直播电商的"人带货"主要是指利用网红主播与直播平台打造的流量池，吸引更多的粉丝、抢占更大的市场，以扩大客户群体，将流量变现的同时达到直播营销的目的。其中，主播类似于导购，他们依靠对产品的专业讲解和推销技巧，把线下商场一对一的销售模式变成网上的一对多模式。主播把媒体、娱乐、文化、生活等诸多新元素带入渠道推广和品牌打造中，具有在线互动、热线连接，以及生动化、场景化、人格化、娱乐化、情感化、体验化等特性，从而解决了传统电商在发展过程中遇到的一些痛点和难点，继而推动了电商的商业模式升级。

主播带货的优点可以归纳为以下几点：

（1）大大提高了销量。

一个原因是直播间的优惠力度非常大，消费者不用再解读各类平台的优惠规则就可以买到全网价格最低的商品。格力的董明珠在抖音上直播翻车，却在快手上获得极大成功，就是一个很典型的优惠带动销量的例子：因为在快手上直播的时候，董明珠给出了不少补贴。另一个原因就是，通过直播，产品能更直观地展现给消费者。也就是说，在直播间内，通过网红主播的产品分析，消费者能更直观地了解产品。这两个因素在很大程度上决定了产品的销量。

（2）通过网红带货提升品牌的知名度。

好产品的销量不高有一个很重要的原因，就是曝光度不够。因此，找一个优质的网红帮忙直播带货，既能提升产品的销量，又能提高品牌的知名度。例如，2019 年 10 月 16 日，作为宝沃汽车代言人的雷佳音联合淘宝知名主播陈洁，以及有"民间爱迪生"之称的手工耿，在宝沃汽车北京的工厂直播卖车，直播的两小时里用户累计预订宝沃汽车 1 623 台，订单交易额 2.2 亿元，创下 2019 年度整车厂商直播预订量新纪录，这在很大程度上提升了宝沃的品牌知名度。

（3）迎合消费者的购物惰性。

在这个产品越来越多样化的社会，消费者的选择也变得越来越多样化，找到一款性价比很高的产品也是需要花不少时间的。借助主播个人的魅力建立起消费者对主播的信任后，消费者对自己喜欢的主播所推荐的东西一般都会支持并下单购买。这也进一步证明了：主播带货在很大程度上迎合了消费者的购物惰性，也是直播"人带货"的优势之一。

但主播带货也有明显的缺点，处理不好反而给电商营销带来负面效应：

（1）容易形成资源垄断，损害电商生态。

"人带货"会聚拢几个大的头部主播，形成资源垄断。如果按粉丝数量、带货单量等级分类来看，主播大致可以分为头部主播、腰部主播和尾部主播三类。头部主播在主播总体中占比很小，据相关机构测算，在直播电商平台具有强大粉丝基础和号召力的头部主播，占比不超过 3%，却占据了超过 80% 的流量。剩下的流量大多又被占比 20% 的腰部主播分走，而人数占比达 75% 以上的尾部主播分到的流量少得可怜。

从平台的角度看，用户能记住的主播是有限的，比如薇娅、辛巴、李佳琦、罗永浩。这不但没有使平台的广告收入有较多的增长，反而对其长远发展不利。从商家的角度看，头部主播垄断了流量和粉丝资源，继而对厂商压价，甚至为了吸粉搞破价销售，这些有毒的销量、恶性竞争的循环是厂商最害怕的。

(2) 网红主播的专业度参差不齐，影响带货效果。

"初代网红"罗永浩转为电商主播后的首次直播累计有 4 892 万人次观看，销售额达到 1.1 亿元，这是一个相当成功的开篇。但由于带货能力有所欠缺，罗永浩的第二场、第三场直播数据暴跌。李湘在一次直播带货中，有商家以 5 分钟 80 万元的价格请她帮忙售卖貂毛外套，虽然有近 162 万人次观看，却最终没有卖出一件，在这场直播中，她也帮忙售卖某明星代言的奶粉，但也只卖出 77 罐。可见，带着流量、关注度入场的明星或者"流量网红"转行电商主播也未必顺利，更别说一些根本没有专业知识的主播了。因此，具备专业性对主播带货还是非常重要的。

(3) 主播欠缺与品牌商的有效沟通，导致直播带货失败。

如果品牌商没有提前跟主播沟通好商品的优势和卖点，结果发现主播在直播中的解说跟品牌的定位完全不搭边，那么不但会在很大程度上降低消费者的购买欲望，甚至还会拉低品牌的价值。一些优秀的主播在跟品牌商合作时也很注重带货的商品是否跟自己的直播风格相匹配。可见，主播和所带商品这两个因素是环环相扣、无法分离的。

（4）虚假宣传让主播带货面临危机。

多年前，一些电视购物节目通过夸张的宣传手段坑骗了一批没有心理防备的消费者。当前的网红直播带货也存在一些虚假宣传问题。例如，网红"平荣"（也称"驴嫂"）及其丈夫在直播间卖一款叫"草原鹅"的食品，他们在直播中宣传该食品的原料来自内蒙古草原放养的"草原鹅"，但是粉丝收到货后，发现只是普通的饲料养殖鸭子；网红穆雅斓在直播中称自己推荐的一款产品获得了"诺贝尔化学奖"；明星李小璐在直播中说自己推荐的面霜里有"一克拉钻石磨成的粉"，然而这款面霜仅售 119 元。类似的虚假宣传还有很多，很大一部分直播带货的主播根本不清楚直播的规则，直播违禁词层出不穷。如果直播带货不正视这个问题，便会重蹈一些电视购物节目的覆辙。

由此可见，网红主播带货的模式更依赖于主播个人的专业能力，包括内容生产能力、与消费者的沟通能力、选品能力以及与商家议价的能力等，同时主播个人品牌形象的维护也相当重要。上述个人能力中的任何一项有所欠缺，都将给直播带货带来负面影响。

2. 直播电商的新主流——"货带人"

核心要点

在全民直播的背景下，直播电商的竞争日益激烈。能否生产出性价比高的商品，已成为直播电商的竞争核心，"货带人"应运而生。质优、价低、供应链稳定且售后无忧的好货，才是直播电商不断做大的关键。

相较于传统电商，直播电商的一大优势在于链路更短、转化率更高，但也引发了行业越来越激烈的竞争。在全民直播的背景下，能不能生产出性价比高的商品，已成为直播电商的竞争核心。在"人带货"的模式中，头部主播对资源的垄断，或者主播自身的原因制约了直播电商的发展。这两年，假羊毛衫等事件破圈传播并引发讨论后，用户对主播单纯的信任在快速消解。大家意识到，主播的"信任泡沫"在直播新规约束和媒体的监督下会破裂得越来越快。"货带人"将逐渐成为直播电商发展的新主流，因为质优、价低、供应链稳定且售后无忧的好货是可以把人带起来的（见图1-1）。

图1-1 直播电商消费者信任机制的转变

资料来源：毕马威分析。

> ➤ 一个"货带人"的案例

2021年1月8日，抖音突然发布了一张直播间战报（见图1-2）：广东夫妇（大狼狗郑建鹏 & 言真夫妇）单场成交超3亿元，超越罗永浩此前的2亿元，刷新抖音直播间单场成交最高纪录。这场直播带货的3亿元战绩几乎是由一款单品创造的——单价1 440元的天气丹7件套在直播的10小时内卖了20万套，单品GMV（成交总额）突破 2.8 亿元。广东夫妇曾于 2020 年售卖假货被网友质疑，而此前他们在全网带货中勉强进入前 50 强，位列第 49 名。是什么力量让他们成功翻身并飞速成长？

原来是 LG 旗下的人气韩妆品牌"Whoo 后"，以及为之牵线的抖音平台。

图 1-2　广东夫妇抖音直播间带货战报

　　拥有口碑的天气丹套装早已无须任何主播力荐，薇娅在 2020 年"双十一"预售 3 小时卖了 6 亿元，辛巴卖了 2.2 亿元，一些明星也卖爆过，真正阻碍大家下单的是对"正品"的疑虑。为了消除这个疑虑，Whoo 后品牌将广东夫妇聘为官方好物推荐官，直播间还被布置成 Whoo 后专柜的样子，直播间挂的商品链接也是官方抖店。很多网友评论：看到是官方店铺发货才敢放心下单。

　　当主播是否合规、靠谱成为用户下单决策的首要考虑时，"货带人"的价值就显现出来了。如果说"人带货"是网红达人的红利期，那么"货带人"就是平台和商家的红利期。

　　"货带人"的特点可以归纳为以下几点：

　　（1）定制化的供应链体系成为高销量的重要支撑。

　　只有拥有优秀的供应链，才能撑起优质的直播电商内容，直播带货最终还是要在"货"上面下功夫。供应链能力成为决定主播生死的关键因素，拿不到足够多的品牌和足够低的价格，就势必会在激烈的竞争中落败。有主播强调"没有好的货带不来人，货比什么都重要"。抖音的推荐机制更加突出了"货带人"的特点：当用户搜索某一商品时，抖音会推送一批销售同类商品的直播间让用户"货比三家"，如果质量不够好、价格不够低，就很容易被用户筛掉。这也是为什么李佳琦和薇娅在直播选品方面极其严格。李佳琦团队工作人员曾透露，"有一个百人规模的吹毛求疵团队"，"每 100 款产品中，大约只有 5％ 会被留下"。

　　（2）有效降低供应端的成本。

　　直播在提升客户体验的同时，逐渐改变了电商打版、拍照、上架、售卖的流程，其先接订单再投产的模式可以降低供应端的成本。2018 年起，蘑菇街开始探索"前播后厂"的供应链模式。蘑菇街创始人陈琪在当时提出，未来的零售业，无论是时尚还是其他领域，先接订单再组织供应链会是一个重要特点。已经被电商平台逐渐普及开来的 C2M（反向定制）模式，正逐渐成为支撑直播电商运作的重要生产模式。主播与品牌商的工作人员利用直播与消费者进行沟通，对消费者的喜好有着更为清晰的认知。以直播间为依托，消费者被聚集为一个消费观念相近的群体，并由主播作为代表出面与供应端进行沟通，获得消费者需要的商品。

（3）直播电商给供应端带来了更为复杂的生产需求。

在不少快销品和热销品中，粉丝黏性大部分源于货品，而不是主播个人。以服装行业为例，在传统服装实体店中，往往半个月卖出七八款就已经是相当快的速度了。但在女装网店中，一周会上十几个新款。而一个主播在一场直播中可能会上 40 款，一个月直播 20 场就需要数百款。在服装业直播电商中存在"独家排他性"的特点，即粉丝如果能在不同的直播间看到相似的一款衣服，那么他们对这个直播间的消费忠诚度就会大打折扣。因此，主播们对货品的要求也更高，尤其是很多主播非常看重商家出新品的能力。

早期平台打造并力捧主播是为了在直播电商的启动阶段把场子热起来，把消费者吸引进来。在直播电商竞争越发激烈的背景下，各大平台都在激励和引导商家自播，同时扶持"雇佣成本"更低的腰部主播，让他们从不可控的"人带货"向更容易实现稳定运营的"货带人"转变。

那么，如何做到"人带货"与"货带人"的完美组合？接下来，我们先从为用户创造真实的购物体验开始。

二、创造真实的购物体验

> **核心要点**
>
> 　　成功的直播需要为用户创造充满激情的购物体验，越真实的临场感越能激发购买欲。但是，用户的激情不可能长期存在，这就需要给消费者带来真正的价值，从而保持消费者对直播的兴趣。

　　首先，成功的直播带货就像是一次让消费者感受激情的购物体验之旅。所谓充满激情的体验，就是有购物临场感，通过创造真实的购物体验让消费者持续处于冲动且亢奋的状态中，为达成交易做好铺垫。然后，通过回归理性的购物体验，给消费者带来真正的价值，从而保持消费者对直播电商的兴趣，以及对主播的信任与黏性。最终，达到"人带货"与"货带人"的完美结合。

1. 充满激情的购物体验

> **核心要点**
>
> 　　要从直播的前、中、后三个阶段采用不同手段，激发用户的购买欲望。

　　提高直播的临场感有多种方式，下面根据时间顺序列举一些常见的方式：

（1）直播前输出心理预期。

在直播前使用户形成心理预期，这能让对相关商品感兴趣的用户做好准备，他们甚至可能会提前查阅资料以便观看直播时能更稳妥地决策，或者告知有同样需求的亲朋好友。常见的通知用户的方式是直播预告（见图1-3）。一场直播的时长大约为3小时，多数用户不会在直播间待这么久，所以主播一般都会在开头、直播过程中、结尾，或者其他公开的地方（如个人动态、粉丝群等），预告下期的主打商品，这样能提前锁定对这些商品感兴趣的用户。

图1-3 广东夫妇在抖音做直播预告

主播们除了每天给各个品牌做专场的直播带货外，还可以有每个月特定的主题直播，或者配合电商热门节日进行相关的直播带货和送福利等，如美食节、"双十一"、圣诞节等。这样可以维持用户观看时的新鲜感，也便于与品牌商合作。

（2）直播时的真实交互。

在线下购物，买家可以看到实实在在的商品，有问题随时能咨询商家。而直播购物，就需要商家或主播及其团队利用各种即时交流工具，展现商品甚至应用场景，为消费者带来"真实"的购物体验。这其中最大的挑战就是如何充分利用直播实现即时的交互。

一场成功的电商直播有必然的因素，也有偶然的因素，所谓"人生如戏，全靠演技"。每场直播都需要提前拟好脚本。怎么做好一场符合主播人设的直播是非常值得思考的问题。

对主播及其团队而言，除了要让主播在直播的时候保持热情，在介绍产品的时候能准确传达出产品的价值，会用营销话术让用户拥有持续观看和互动的意愿以外，还需要对每场直播做出精心的策划安排。策划内容涉及：一场直播要卖哪些商品？商品的排列顺序是如何安排的？每一款商品介绍多长时间才算合适？不同的商品要通过什么样的形式来介绍？怎么才能与观众展开有效的互动？如果出现了某种问题，将会有什么样的应急预案？另外，是否需要场控管理秩序、烘托气氛？可以说，把每一场直播当成一场演出也不为过。直播前期的准备越充分，直播时的确定性因素就越多，对应的成功率也就越高。精心的准备既是对消费者的尊重，也是对主播这份职业的尊重，还是增强直播临场感最核心的要点。

对于平台而言，它们可以面向主播提供培训和高效的工具，来提升主播创造临场感的能力；还可以面向观众提供更多的交互方式和更直观的体验，如更有趣的评论互动方式、更显眼的商品展示形式、更多的优惠方式等。为了更好地呈现商品,平台还可以提供专门的硬件,如 VR 展示技术、背景切换技术等。

（3）直播后做足深度交流。

有销售就会有售后,有商品就有存在问题的可能。直播结束并不代表直播购物体验结束,或者说直播购物体验永远不会结束。前面说到电商直播的关键是建立主播和用户之间的信任关系,每场直播的时间是有限的,只有做好售后环节才能保持用户黏性。与用户深度交流可以通过一系列的话题来实现,例如,用户对商品有什么疑问和意见、怎么选品更合适、对直播的过程有什么意见和建议等,都是很好的交互话题。要是直播时出错了千万别慌,有问题一定要主动去跟多方进行沟通,直播后的交流是实现路转粉、黑转粉的契机。但是直播后的沟通如果做得不好,也有可能是挖了一个粉转黑的深坑。因此,直播团队对直播后的这个阶段不可掉以轻心。

2. 回归理性的购物体验

核心要点

> 如何让用户在充满激情的购物体验后还有持续消费的黏性?答案当然是回归理性的购物体验。

圣斗士星矢说他"不会被同一招数打败第二次",消费者也是一样的。如果电商直播只是为了一时的转化,而没有给消费者带来真正的价值,这种模式定然不会长久。在多次使用后,消费者必然会回归理性。直播购物除了更直观、由主播选品质量有所保障(这本身也是用户消费的理由,更是小主播成长的关键)外,还能带来什么价值?在这里购物是否能得到真正的实惠?这些是消费者非常关心的问题。

那么,怎样才能让消费者拥有获得真正实惠的购物体验呢?我们认为可以从以下三个方向努力:

> 一是提供更优惠的价格,价格是销量的催化剂。

> 二是出售独家垄断的商品,表明直播带货这种商品的只此一家。只要商品足够优质,消费者就愿意买单。

> 三是价格上虽然没有优惠,但是这里有更多的赠品、更好的服务或者更优质的商品,同样能使消费者感到实惠。

为了实现上述实惠,主播的团队就需要跟品牌商谈判,表示品牌商如果要在主播直播间卖货,就需要提供额外的折扣、加赠或提供直播间专属限量商品等,而谈判的筹码就是主播的流量。一个大主播一场直播所能实现的销量,有时候甚至堪比中等品牌全国几个月的销量。对品牌商而言,在直播间指定款式薄利多销,收入也非常可观,甚至品牌商愿意亏本销售直播款,因为爆款的形成也会让该品牌的其他商品获得曝光机会。另外,爆款的后续销量和口碑提升也是利润来源。因此,这样的合作是双赢的合作,品牌商也乐见其成。例如,罗永浩直播时声称不赚钱,直播间里卖的货也确实争取到了很大的优惠。

非品牌商的产品更是如此。品牌商有时候会为了平衡市场价格而不会在价格上做出太大的让步,但是非品牌商则没有这样的顾虑。主播的团队往往可以找到货源直接谈价格,甚至专门为主播创建品牌,变成一个品牌工厂店,真正实现"没有中间商赚差价"。这样优惠的商品,自然能让用户回归理性的购物体验,进而对主播产生黏性。

三、选品速成注意要点

核心要点

　　面对众多产品，该如何快速进行直播选品？注意要点有七个。

　　在了解直播带货基本运作的心理技巧后，我们将进入本章的重点内容：如何选品。成功的直播，很重要的一点在于选品，一般的选品环节有精准的数据选品系统、应品而变的选品团队、细致的选品实地亲测、专属定制的内容演绎方式等（见图1-4）。直播选品的七个注意要点如下（排序不代表重要程度）：

> 价格/赠品优势；

> 品牌优势；

> 高热度、高性价比；

> 通勤款，适用性高；

> 功能性强，方便实用；

> 特殊状况下的需求性商品；

> 根据直播主题调整选品维度优先级。

1. 价格/赠品优势

　　大多数用户对直播的第一感知就是便宜，其实这种现状与大部分互联网新商业模式刚出来时的"烧钱补贴"没有什么太大的区别。等直播这种新型电商的形势稳定后，直播只是一种更贴近用户的手段，商品的售价肯定不会像现在这么低。因此主播及其团队在

图 1 - 4　直播选品现场会

选品时，要尽量与商家展开价格/赠品方面的谈判。因为产品价格不仅涉及主播的佣金利益问题，更是影响粉丝购买意愿的关键点。所以选品时一定要知道什么价位的产品在直播间更受欢迎，更有优势，更容易火爆。

例如，在某平台上每周销量最高的产品大多是厨房用纸、钢化膜、洗浴用品等 50 元以内的。因为对于价格偏低的产品，消费者的决策周期往往更短，这也更容易让他们在短时间内实现购买。

2. 品牌优势

在大众的印象里，有品牌知名度的商品的质量都会比较高。大品牌的优势在于信任门槛较低，但是好的品牌一般对价格的把控很严格。除非是薇娅等超级大主播，否则很难把价格压下来。如果品牌商不希望价格降得太低，主播就要更多的赠品或小样等，尽量给消费者制造价格便宜、性价比高的感觉。如果主播可以拿到好的品牌资源，这是再好不过的。但是对于新主播来说，这种资源要么很难获取，要么很难争取价格优势。所以，新主播选择高品质产品比选择好品牌的性价比更高。

3. 高热度、高性价比

高热度商品可以理解为网红商品。消费者对网红商品的下单一般比较冲动。他们在多处看到过这款产品的曝光，因此直播售卖该产品时就容易达成转化。直播带货产品的选择也可以蹭热度，例如，端午节的粽子、中秋节的月饼、夏天的小风扇、冬天的暖手宝，又或者是当下网红、明星带火的某款产品，都是我们可以选择的产品。不管消费者是否需要这个东西，在当下那个节点，大家都对这些热点保持了高度关注。就算不买，他们也可能会在直播间热烈讨论相关话题，提升直播间的热度。

高性价比其实是一种价格锚点和产品功能的组合拳，本质上还是信息的不对称。不管是哪个直播电商平台，高性价比、低客单价的产品都会在直播带货中更占优势。例如，很多大牌化妆品的平替品都会利用这种手段，销售话术大都是"和某某水一样的成分，但是价格只要多少多少!! 只要多少多少!!!"，又或者给出"超低价格"、"粉丝专享价"且"无条件退换"的福利，性价比立马显现。

4. 通勤款，适用性高

通勤款是指既能作为休闲装又能作为职业装的职场人士必需品。通勤款的选择，最重要的就是款式简洁和适用性高，方便消费者快速选择并做出购买决策。选择直播带货这一类产品主要是为了扩大直播间的受众范围。

5. 功能性强，方便实用

其实这一点是在辅助"高性价比"这个点。商品的功能当然是越强大越好。

6. 特殊状况下的需求性商品

比如，疫情期间给大家带来一些防护用品。又如，在疫情结束后援助湖北的公益直播等。

7. 根据直播主题调整选品维度优先级

这一点是保证选择的所有产品放在一起比较搭，或者说有相关性。比如，本场直播的主题是"清凉夏日"，那一定是要选和夏日相关的产品。另外，就是在每场直播前团队都会预测爆品，并把爆品放在流量最大的时候上架介绍，所以对产品的排序一定要精心策划。表1-1是直播间产品出场顺序的例子，以供参考。

表1-1 直播间备播产品排序

直播时间	直播间产品出场顺序
14：00—14：10	热场互动，引导粉丝
14：10—14：30	第一组宠粉，1～2款（宠粉＋利润）
14：30—15：00	第一组主打款，2～3款（新款）
15：00—15：10	整点重磅福利放送
15：10—15：30	第二组宠粉，1～2款（宠粉＋利润）
15：30—16：00	第二组主打款，2～3款（新款＋爆款）
16：00—16：30	第一组＋第二组过款、清仓款（快速）

四、了解产品的属性

核心要点

什么货最好卖？直播的重要环节之一就是要选好品。做好选品的第一步就是要了解和明确产品的属性。

成功的直播带货都是策划出来的，选品就是其中很重要的一环。卖东西首先得有货，市面上这么多货，该选什么来卖？这是一项几乎可以决定商家在一场电商直播中赚钱或者赔钱的重要决策。

那什么是选品？主播想要变现，加盟电商或者开店创业都是不错的选择。而选择将要经营的商品，就是选品。很多主播在选品时往往凭直觉和个人喜好，认为靠自身的人气吸引流量就能做好一场直播。但是，电商经营不能仅靠人气。如果商品质量不佳，性价比不高，不仅会导致销量惨淡，而且会对主播的人气甚至信誉产生影响，使其背上"圈钱主播"的名声。下面跟大家谈谈直播选品的一些考虑因素。

明确品类属性，能够帮助直播团队迅速明确市场定位和目标消费者，管理和利用好品牌资产，打造主播人设，树立一个正面的主播形象，赢得口碑，甚至产生粉丝效益。因此，明确品类属性是开展营销的第一步，只有找准了商品的定位，才能将商品顺利地推到目标消费者面前。

在每年的"双十一"前，淘宝以及其他大大小小的电商平台都需要花费几个月的时间来策划"双十一"狂欢节，其中选品就是决定利润战成败的关键。2020年9月，杭州阿里总部就举办了"双十一"选品会，由红人分享选品、带货经验，可见选品的重要性（见图1-5）。

图 1‑5　2020 年淘宝"双十一"主播选品会现场

1. 品类属性

> **核心要点**
>
> 　　品类属性的确定要以消费者的生活经验以及对商品的理解来划分,方便消费者快速对商品进行归类,从而产生购买的联想和欲望。

　　品类是指商品的一个类型,是目标消费者购买商品的单一利益点。例如,茶和酒属于饮料品类。但饮料不仅包括茶和酒,还包括汽水、果汁等。品类还能进一步细分,如茶还能分为绿茶和红茶等子品类,酒还能分为啤酒、白酒和红酒等子品类。

　　属性是指商品的本质和功能,是目标消费者购买商品的主要原因。例如茶的属性：可以解渴、修身养性等。消费者购买茶，也是看中了它能够为自己带来利益或者能够满足自己的某种需求。

品类属性是指品类的群体消费者心智中，直接反射出的事物所能提供的利益的集合，确定了品类功效利益的共性。品类属性是按照相关的消费者群体的感知、需求和利益生成的，它会对某个品类下所有商品的营销活动形成一定的约束力。当消费者在商场看到某些商品时，脑海中会自动出现其品类属性信息。如果它与自己的需求和利益相关，消费者就会产生购买行为，否则就会放弃购买该商品。

品类属性有一个很大的特点，就是继承性，即最大的品类或者说母品类的基础属性会"遗传"给所有的子品类。例如，饮料品类中，茶、果汁、汽水等子品类的解渴属性来自水这个母品类的基础属性。只是茶、果汁、汽水等又在基础属性上有了自己独特的属性，彼此不同，各有价值，才使得每个饮料子品类都在市场上获得了一席之地。"口红一哥"李佳琦能够在直播间吸引大量忠实口红粉丝，就是他对化妆品类中的口红的属性深知于心，于是能在直播间不断地利用不同口红的特殊属性去打动不同的用户。

如果不重视品类属性，从选品开始就难以对新产品有一个精准的定位，在产品营销时也无法依据品类属性去为产品设计宣传内容、定位目标市场和寻找目标消费者，最后导致直播营销容易失败。

2. 结合品类属性进行选品

核心要点

直播电商该如何宣传产品，才能实现品牌传播和带货效果的高效合一？这就需要根据品类属性确定营销定位，实现精准营销。

确定品类属性要在产品的共性与个性之间找好平衡点，所以直播团队要敏锐地认识到选择的产品是基于哪个大品类，有何基础属性，应该有什么独特的属性，目标市场是什么等，再依据这些制定直播营销策略，开展营销活动。

在这里有必要提及"品效合一"的话题。

长久以来，人们习惯性地将品牌传播和带货效果区别开来，并分别给出不同的评定标准。2018 年百雀羚《时间的敌人》广告爆火后，就引发了品牌商和直播团队两个阵营的激烈冲突[①]：品牌商认为，超过 100 万的阅读量、刷屏级的爆发、相关传播合计达到3 000万次以上，都证明了广告的成功；带货阵营却认为，这个广告只带来万分之八的销售转化率，转化率太低了，广告显然并不成功，企业应该追求的是品牌传播效果和实际带货效果的合二为一，也就是所谓的"品效合一"。

每个企业都希望自己花出去的钱，既可以带来企业品牌占有率的提升，又能带来实际销量的转化。如果鱼和熊掌不可兼得，适度接受延迟回报也未尝不可。但就怕长期或巨额投入打了水漂。

看到这里，你可能忍不住要问：品牌传播和带货效果，真的无法合二为一吗？答案当然是否定的！但这对企业提出了较高的精准营销要求。要想实现"品效合一"，企业就必须立足于品类属性去做营销，给产品做精准的品类定位，然后根据品类属性做与之匹配的宣传和推广。例如，品类定为果汁，就可以用"补充天然维生素"的属性来做营销；品类定为茶，就可以用"修身养性"的属性来做营销；如果是酒，就可以用"不上头""不烧心"的属性来做

---

① 橘色对白."品效合一"——整合营销的终极命题！.简书，2019－07－10.

营销……简而言之，就是基于品类属性去做宣传。如果所属品类没有精准确认，就会使后期的营销策略产生很大的偏差，甚至会导致营销活动的失败和产品的滞销。

几年前，在纳米技术还很少出现在大众视野中时，有一家新企业率先从国外引进了纳米去皱、去痘斑和去疤痕的技术。最初，这家企业将这项技术应用于医学美容面膜，想借此打开中国市场。这个时候，品类确定为"医美面膜"，整个营销策略也是围绕这个产品属性来制定的。可是，最终的营销效果却不如人意。因为，"医美面膜"领域基本已经是红海一片。该企业推向市场的这款面膜，虽然在功效上打着高科技的旗号，但是因为知名度低，加上价格很高，所以并没有在市场上引起太大的波澜。后来经过研究分析，该企业转换思路，将这项新技术应用于去除女性皱纹的产品，并进行了大力宣传，最终大获成功。

很明显，一款产品要想在营销上获得成功，首先要找准定位。要定位就得基于品类属性，品类属性永远与品类共存。

3. 直播策略与选品

> **核心要点**
>
> 成功的直播需要"人＋货＋场"相结合的营销策略，各种情况下的组合策略会带来不同的结果。

对达人而言，并不是每一场直播带货都需要"品品皆爆"，做好一场直播要注意货品与策略的组合选择（见图1-6、图1-7）。

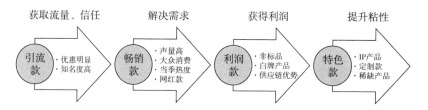

图 1-6 不同的直播产品与相关策略的组合

资料来源：99％国际、国货大牌，都在用的"短视频种草"＋"直播电商"营销手册．（2020-05-13）．https：//baijiahao.baidu.com/s？id＝16665 53743629206329&wfr＝spider&for＝pc.

商品要想畅销，就得有与品类属性相匹配的渠道。

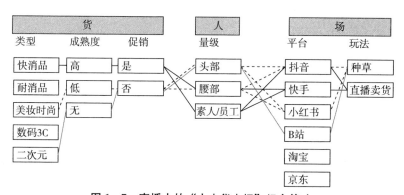

图 1-7 直播中的"人＋货＋场"组合策略

资料来源：同图 1-6。

对此，深度了解品牌和商品，练好内功是王道。

打造爆款虽说有运气成分，但根本上是要靠实力。主播只有真正洞悉当下"人＋货＋场"的变化，才能在当下激烈的竞争中占据一席之地。

五、适合直播销售的常见产品

核心要点

不是所有产品都可以直播销售，主播选品时需要注意一些要点。

上文介绍了那么多的选品方法以及打造直播爆款的方式，那么作为新入行的主播，应该选择哪些产品进行直播带货？我们来看看达人们是怎么做的。

2020 年 3 月 16 日至 4 月 15 日期间，从李佳琦与薇娅淘宝直播带货的产品结构来看，美妆品类占比分别为 48.8% 和 21.9%；食品饮料品类分别占到 33.6% 和 34.5%（见图 1-8）。艾媒咨询研究发现，综合能力较强的主播直播带货的品类比较丰富，除了主播个人鲜明的标签品类，其他品类也卖得比较好。

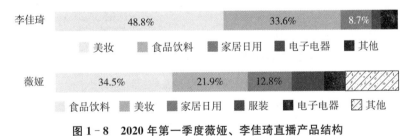

图 1-8　2020 年第一季度薇娅、李佳琦直播产品结构

资料来源：直播电商行业数据分析．（2020 - 07 - 30）．https：//www. iimedia. cn/c1061/73078. html.

各大主要平台的情况又是怎样的呢？我们来看看 2020 年直播

品类分布排行的数据（见图 1-9）：

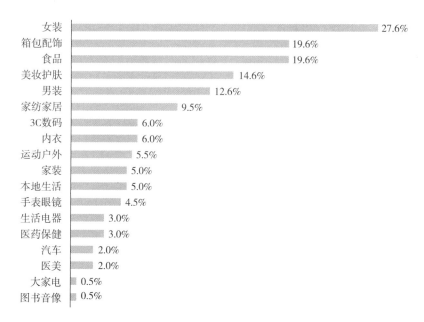

图 1-9 2020 年直播品类分布排行

资料来源：阿里研究院，毕马威．迈向万亿市场的直播电商，2020．

经数据分析，我们发现京东在电器、3C 数码等标品方面有优势，但是在服装、化妆品等非标品方面有着一定的差距。这是因为，产品内容的生产与维护非常标准化，放上参数对比，不需要任何特殊化的呈现（例如服装的模特街拍、模特尺码试穿），用户互动就能对价格、物流速度等进行比较。对于电器、3C 数码，消费者往往会花费时间理性地对产品进行评价，遵循的是说服的中心途径。而对于食品、服装、化妆品，消费者往往是基于感觉而非理性思考，因此视觉形象、购物氛围在消费者决策中更为重要，这些品类也更适合在直播间的氛围调动下进行销售。

直播产业链的进一步完善，让纯粹帮品牌商直播带货的主播越来越少，更多的主播开始借着直播电商与品牌商合作生产出符合自己人设、调性的产品，或者独立设计相应的产品。直播人气就是流量，而将流量转化为切实利益，在各类平台上开网店可以说是很好的办法。那么，直播选品该选哪些类型？又有什么需要注意的地方呢？

主播选品一般会关注以下几点（见图1-10）：

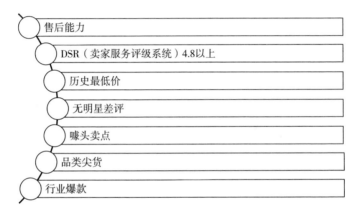

售后能力

DSR（卖家服务评级系统）4.8以上

历史最低价

无明星差评

噱头卖点

品类尖货

行业爆款

图1-10 主播选品关注点

归纳起来就是为用户创造价值。即：

（1）让产品说话。产品为满足消费者的需求而存在，在产品上精益求精、不断迭代、优化用户体验，在任何时代都不会错。

（2）促进品效合一。品牌广告突出定位和卖点，效果广告可吸引流量，提升转化率，促进品效合一，为品牌积蓄源源不断的流量。

下面将为大家介绍常见的适合直播的产品类型：

1. 低价、高频、刚需快消类产品

核心要点

刚需、高频复购的快消产品和品牌是电商创业主播的优质选择，因为这类产品具有回本快、周期短的特性。

大家可以观察到，现在网红直播选的产品大多以女性彩妆、护肤品、服装等实用快消品为主，因为这些类型的产品属于典型的高频、刚需类快消品。因为是高频、刚需类，所以产品的成本也相对透明，有不少消费者甚至是经过线上线下比过价才决定购买的，所以产品的利润率非常低。在线上直播卖得更便宜的情况下，用户马上就能下单囤够一年的用量，例如卫生纸，决策成本非常低。又如彩妆中的口红，属于低价、高频复购的一个类别。做直播带货口红刚好满足了当下"95后""00后"年轻女性的消费需求。现在很多直播方都会和合作商家签订协议，指明产品必须是好卖的、刚需的、高频复购的，还要保证价格是最低的。

常见的快消品类有：

（1）网红 3C 数码及家电产品。

面对价格中等偏上，但让人觉得便捷好用、物超所值的"爆款"数码产品，不少年轻的粉丝群体都愿意去尝试。例如常见的网红空气炸锅，可以主打无油健康环保，还适合"懒人"这个卖点。又如儿童早教益智机器人适合宝妈群体，宝妈可是消费群体的一大主力，消费实力和消费意愿不容小觑。

（2）家居洗护好物。

美好生活，少不了品质家居好物！例如，洗脸巾、纳米牙刷、洗发水、护发素、硫黄皂等。女性粉丝较多的主播，可以深挖这个品类！

（3）美妆护肤好物。

核心要点

为什么直播电商能成为美妆护肤品类的第一大销售渠道？因为直播能连接不同的时空，以最小的成本将品牌介绍给市场，使品牌与消费者的利益实现最大化。下面我们用数据说话。

近年来，美妆护肤，尤其是主播自有美妆护肤品牌获得极大的成功（见图 1-11）。在不少平台的直播中，推出的产品主要是国货美妆品牌，包括口红、腮红、粉底、粉饼、修容粉等，这些美妆产品由于性价比高、颜值高、价格优惠，不仅是初学者的不二之选，更是受到年轻女性的喜爱。

2018 年，电商已成为我国美妆护肤品类第一大销售渠道（27.4%），其次为商超（24.5%）、日化专营店（18.3%）和百货（18.1%）。

2003—2018 年，先是日化专营店蓬勃发展，占比从 2003 年的 9.5% 上升到 2018 年的 18.3%，从边缘渠道成长为主流渠道之一。

然而，电商渠道后来者居上，伴随互联网用户红利，化妆品行业线上渗透率从 2009 年的不足 1% 上升到 2018 年的 27.4%；而百货、商超等传统渠道的占比持续下降（见图 1-12）。

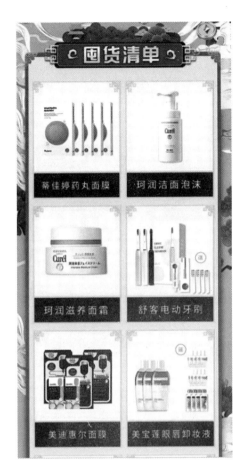

图 1-11 美妆护肤好物直播

国家统计局数据显示,2020 年社会消费品中化妆品的零售总额是 3 400 亿元。我国的化妆品行业电商渗透率位于世界前列,达到了 31.4%,远高于全球 15.9% 的水平。综合来看,我国化妆品市场增长稳定,其中电商销售渠道的贡献越来越大。据相关数据显示,2020 年淘系平台化妆品零售额为 2 786.01 亿元,同比增长

32％。而护肤类产品和彩妆类产品的全年零售额分别为 1 984.54 亿元与 801.47 亿元，同比增长 31.8％和 32.5％。化妆品线上销售持续走高，值得重点关注和布局，见图 1－13。

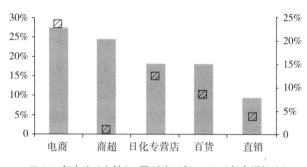

图 1－12　化妆品行业在不同渠道的占比及发展趋势

资料来源：五大品类在直播电商中表现如何？.（2020－03－12）. https：//bbs. paidai. com/topic/1772476.

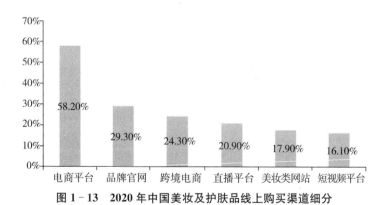

图 1－13　2020 年中国美妆及护肤品线上购买渠道细分

资料来源：2021 年中国化妆品行业市场规模及销售渠道分析.（2021－06－06）. https：//bg. qianzhan. com/report/detail/300/210604－2167c304. html.

美妆行业的利润也非常高。2019 年中国美妆行业研究报告显示，化妆品公司的毛利率在 60％以上，网红品牌的毛利率在 60％～80％。像电商、零售商、经销商，这些渠道的毛利率也都保持在 20％～40％。

这个利润率和超高的复购率让化妆品品类成为直播电商的热门品类。据知瓜数据对 2020 年"双十一"预售第一天前晚（2020 年 10 月 20 日）李佳琦与薇娅直播的统计，化妆品品类占比分别高达 82.06％和 45.61％。两位头部主播在近一年直播品类的选择上也有相似的趋势，化妆品均为占比最大的品类，分别为 25％和 36％。

天猫数据显示，在 2020 年"双十一"开场 10 分钟，百雀羚就宣告成交总额破亿元；13 分钟，完美日记成交总额同样破亿元；截至凌晨 1 点，天猫"双十一"过亿品牌达到 84 个，其中美妆品牌 11 个，国货美妆 4 个。

为什么说快消品对直播选品来说是最重要的门类？因为对绝大部分的主播来说，做直播时选择回本慢、周期长的产品或者品牌是很难支撑下来的，这也是零食、服装、化妆品等会如此受到电商创业主播青睐的主要原因。而日用品、母婴产品等传统行业，也开始积极走上"直播＋营销"的道路。不少平台在做产品宣传的同时，还分享了不少生活经验、小窍门等，可见传统的快消品市场正在通过直播积极求变。这对于大部分想要开店创业、在选品阶段踌躇不前的主播来说，是一个好消息。

首先，主播的创业条件更好。

传统行业要想"触电"直播，与现成的主播对接是最好的选择。这一点从不少品牌招揽淘宝主播就可以看出来。品牌加入主播"争夺战"后，为了能与大流量资源合作，必然会开出更优厚的条件，对主播创业加大扶持力度。不少主播以此为契机与品牌签订了代销、加盟合同。除此之外，主播无须再担心自己的货源、销售、服务等方面的问题。只要是有一定实力的快消品品牌，都会为主播提供培训或者辅助团队。主播更像是"荣誉店长"，在流量变现为自己创收的同时，还能有足够多的时间照顾好直播事业。

其次，主播可选的品牌更多。

竞争带来的另外一个好处就是，主播们有足够的自由选择空间，不必再面对以往渠道选择单一，或者品质把控不力的无奈与尴尬境地，通过直播营销变现创收变得更容易。主播们需要注意的是，与平台签约时，合同中往往会有关于广告的附加条款。主播接洽广告需要经过平台的同意，并让出一部分广告收入作为在平台上投放广告的管理费用，且主播有义务配合平台进行一些广告宣传。随着直播行业的沉淀与洗牌，传统商家纷纷行动起来，希望搭上直播营销的快车。这种情况悄然改善了主播们在广告营销选品中的地位，他们拥有了更多的自主选择权。有些主播通过与粉丝的弹幕交流，了解到自己的合作品牌经常出现寄错、少寄、服务态度不好等情况，经过团队调查取证之后，果断宣布终止了自己的授权冠名。

2. 展示性强的产品

核心要点

展示性强的产品可帮助顾客更直观地感受产品的特点，提高享用服务时所获得的利益，有助于建立商家和主播的形象，并支持有关营销策略的推行。例如，家居用品、日用百货等最适合在直播间现场演示和讲解。

展示性强的产品是指适合在直播间现场演示的产品，方便主播讲解，包括家居用品品类（见图 1 - 14）和一些服装品类。

图 1 - 14　常见的直播家居产品

相比传统电商的简单图文演示方式，直播电商的动态演示方式以及主播与用户之间的互动，更能体现展示性强的产品的亮点，更容易得到消费者的信任，从而提高转化率。

例如，卖炒锅时想证明它不粘锅，可以在摄像头面前炒菜；想证明沙发垫耐磨，可以在直播现场用铁丝球高强度刮磨；想证明垃圾桶结实，可以站立在垃圾桶上；想证明清洁剂的去污能力，可以做现场去污演示……

核心要点

　　直播间推送家居建材类产品非常有代表性，但由于产品的特点和消费习惯，该类产品的电商化受到一定的制约，我们可以看看索菲亚和尚品宅配是怎么做的。

以家居建材类产品为例，早在2014年，家居建材行业的市场规模已经超过4万亿元，2019年超过4.5万亿元。前瞻产业研究院数据显示，2014—2019年家居建材行业线上销售规模快速增长，从2014年的1 180.3亿元，增至2018年的3 207.9亿元，增长速度明显快于线下销售。2014—2018年，家居建材行业线上渗透率由2.9%增长至7.4%。2019年，家居建材行业线上销售规模约达3 766亿元。

但是，截至2019年，家居建材市场线上渗透率仍不及10%，背后的原因是产品本身的特点和消费习惯制约了行业的电商化。家居产品普遍体积较大，运输不便，且线上购买造成体验感缺失，加上交易过程中往往需要现场测量定制等步骤，送货到家后还有安装服务，导致电商模式在整个行业中并不占主导地位。

从行业格局来看，家居建材线上格局分散程度远超线下。根据淘宝和京东平台的统计数据，自2017年中以来，家居建材线上销售额第一的企业市场份额几乎没有超过2%。月度市场占有率较高的企业包括索菲亚、尚品宅配、欧派家居、顾家家居等，市场占有率为0.3%~1.0%。

下面看看两个家居品牌的直播营销做法：

➢ 索菲亚

索菲亚在天猫门店营销的基础上，进一步把握直播电商趋势，开通抖音官方账号打造小视频式产品推广矩阵，收获了上百万粉丝。

索菲亚自2018年开通抖音官方账号以来，其包含淘宝、天猫等渠道的全网月销售额逐渐呈上升趋势，平均维持在5 000万元至2亿元的区间内，2019年11月的线上销售额更是达到近6亿元。

此外，在疫情背景下，结合电商趋势，索菲亚于2020年2月14日情人节推出线上直播促销活动，同时在线人数达到近80万高峰。

线上直播的同时,索菲亚推出五大实体店线上全景图以及112个 VR 全景案例,丰富客户的线上体验,满足客户对产品全方位了解的需求。图 1-15 是索菲亚"双 12"淘宝直播截屏,图 1-16 是索菲亚在抖音上的账号主页。

图 1-15 索菲亚"双 12"淘宝直播截屏 图 1-16 索菲亚在抖音上的账号主页

> 尚品宅配

作为最早一批入驻天猫的家居企业,尚品宅配天猫官方旗舰店的粉丝数和索菲亚在同一数量级。

尚品宅配这两年的核心竞争力在于深耕抖音、快手两个直播/短视频平台,将线上流量有效转化为销售额。公司年报披露,尚品宅配抖音官方账号粉丝数已超 300 万，快手官方账号粉丝数已达百万级别。

2018 年尚品宅配通过抖音、快手、火山、西瓜等短视频平台全网增粉 7 000 多万，其中 1 000 万粉丝级别账号 1 个，600 万粉丝级别账号 2 个，百万粉丝级别账号 18 个。

目前，尚品宅配的新营销从增粉到变现都在稳步进行，实现月获客 2 000＋。图 1‐17 是尚品宅配"双 12"淘宝直播时的店铺主页面，图 1‐18 是尚品宅配抖音旗舰店页面。

图 1‐17　尚品宅配"双 12"淘宝　　图 1‐18　尚品宅配抖音旗舰店页面
　　直播时的店铺主页面

3. 标准化类产品

> **核心要点**
>
> 标准化意味着产品的规格、质量、性能、原料、生产工艺和服务内容等统一，因此有利于向更多的人群推广，更适合直播。服装鞋靴、消费电子、家电、宠物用品等都属于这一类。

标准化是随着近代大工业生产的发展而发展起来的，厂家要按要求将产品的规格、质量、性能、原料、生产工艺和服务内容等统一化。标准化类产品所覆盖的人群更广，市场空间也会更大。许多日用百货、家居用品都属于标准化类产品。

从网购渗透率来看，2018 年服装鞋靴、消费电子、家电、宠物用品等品类的线上渗透率均超过全行业平均水平，其中市场规模较大的品类如服装鞋靴、家电、消费电子网购渗透率分别达到 27％、31％、32％（见图 1-19）。

据媒体的报道，从 2013—2018 年网购交易额的复合增长率（compound annual growth rate，CAGR）来看，宠物用品、服装鞋靴、家居建材等品类的复合增长率均超过全行业平均水平，分别为 60％、43％、42％。

下面以服装家纺类和家电类产品为例来做说明。

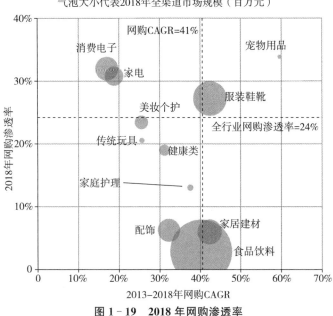

图1-19　2018年网购渗透率

资料来源：五大品类在直播电商中表现如何？．（2020-03-09）．ht-tps：//www.sohu.com/a/378762076_116132.

（1）服装家纺类产品。

核心要点

服装家纺行业在电商带货中增长势头强劲，线上收入占比高。一个原因是该类企业布局电商的意愿强，另一个原因是该类产品具有较强的电商营销优势。

为什么睡衣会比个性化服装好讲解、好卖？为什么女性丝袜比花色棉袜的销量更好？为什么大家买纯色衬衫几乎不用做任何思考？这里面的根本原因就是标准化类服饰对消费者的覆盖面更广，满足了多数人的需求；更为重要的一点是它的退货率远低于 SKU（库存量单位）设计复杂的品类。服装市场退货率多年来居高不下，甚至高达 60％，其中重要的原因就有消费者的个人喜好差异、身材差异以及地域差异。商品的 SKU 越多，对消费者的限制反而越多，反而是那些设计简单、材质过关的标准化类服饰更容易满足众多消费者的需求。因此，新手主播在直播选品上可以多从这些方面进行考虑。

从整个服装家纺行业看，根据国家统计局的数据：2019 年 1—11 月穿类实物商品网上零售额同比增长 16.5％，限额以上服装鞋帽针、纺织品零售额同比增长 3.0％，前者增速显著高于后者（见图 1 - 20）。

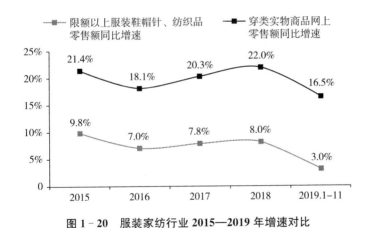

图 1 - 20 服装家纺行业 2015—2019 年增速对比

资料来源：五大品类在直播电商中表现如何？. (2020 - 03 - 09). https://www.sohu.com/a/378762076_116132.

服装家纺行业电商运营模式主要可以分为直营与加盟两种。其中，根据订单管理、商品配送及交易结算等运营方式的不同，电商直营模式又可以分为以淘宝、天猫、京东为代表的服务平台模式（开店），以及以唯品会为代表的平台客户模式（供货）。电商加盟模式主要是公司将产品销售给电商加盟商后，由后者通过其在淘宝、天猫、京东等开设的加盟网店进行电商销售。不同模式各有优劣势（见表1－2）。

表1－2 不同电商运营模式的比较

模式	优势	劣势
服务平台模式	直面终端消费者，决策基础扎实，公司能够在营销端实现线上线下一盘棋，尽量减少线上渠道对线下渠道的蚕食。	小的服装家纺公司，缺乏消费者触及，自身的营销能力弱，品牌、产品曝光度会很低，电商容易成为运营摆设。
平台客户模式	许多服装品牌虽然具备一定的消费者群体，但是行业竞争格局分散，依托平台的营销能力容易冲业绩，也基本不需要客情维护，费用低，省时间。	1. 与终端消费者沟通脱节。 2. 考验公司快反能力。若公司不具备良好的预测能力、库存管理能力，可能跟不上平台的动作，又或者库存过高给自身带来压力。 3. 基本款为主。
电商加盟模式	发挥经销商的主观能动性，营销手段、时点更为灵活，因为个体较小，公司管控也更为方便。	1. 同样失去了与终端消费者的互动。 2. 考验公司经销商管理能力。 3. 严重依赖经销商资质。

资料来源：钛媒体 App 相关资料整理。

以服装家纺重点上市公司为样本，统计各行业线上收入占比，家纺和休闲服饰线上收入占比明显高于其他子行业。2017 年至 2019 年第一季度家纺行业公司和大众休闲服饰行业公司线上收入占比都在 25％以上，且呈现持续提升趋势（见图 1－21）。

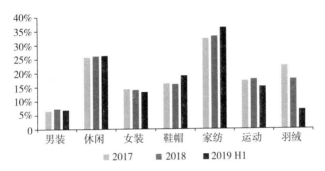

图 1－21　2017 年至 2019 年第一季度服装家纺行业公司线上收入占比

资料来源：五大品类在直播电商中表现如何？.（2020－03－09）. https：//www. sohu. com/a/378762076 _ 116132.

分析背后的原因发现其共性为：

➢ 一是线上业务占比高的企业往往在电商平台发展的早期即开始进行线上渠道布局，具备先发优势（见表 1－3）；

表 1－3　服装家纺重点上市公司统计

行业	公司	相关品牌	开店时间
男装	海澜之家	海澜之家	2011/4/13
	红豆股份	红豆	2011/6/20
	九牧王	九牧王	2009/9/8
休闲	森马服饰	森马	2010/4/19
	太平鸟	太平鸟	2008/6/18

续表

行业	公司	相关品牌	开店时间
女装	安正时尚	玖姿	2011/9/19
		尹默	2015/9/10
		斐娜晨	2016/6/6
		摩萨克	2019/3/25
	拉夏贝尔	拉夏贝尔	2014/6/26
		La Babité	2016/1/26
		Puella	2016/1/26
		7MODIFIER	2016/1/26
	地素时尚	DAZZLE	2012/1/9
	日播时尚	broadcast 播	2010/8/31
	维格娜丝	维格娜丝	2019/5/27
鞋帽	红蜻蜓	红蜻蜓	2009/6/8
	天创时尚	KissKitty	2012/3/26
		KISSCAT	2010/7/26
家纺	富安娜	富安娜	2009/6/30
	水星家纺	水星	2008/3/17
运动	安踏体育	安踏	2010/3/19
		斐乐	2011/3/4
	李宁	李宁	2008/3/20
羽绒	波司登	波司登	2008/12/10

资料来源：同图 1-21。

➢ 二是该类企业将电商渠道置于重要战略地位，有专门的高管负责电商业务。

目前，服装家纺行业主要依托的还是传统的电商平台如淘宝、天猫、京东、唯品会，预计在未来社交电商的占比会不断提升。一方面是因为传统电商面临流量枯竭的问题，而社交电商借助社交网络可实现低成本引流，促进行业爆发式增长。另一方面是因为社交电商通过信任机制可促成购买，转化率更高。

服装家纺企业进行电商直播有以下显著优势：

➢ 突显动态展示产品的优势。服装类产品进行直播销售时，可以通过主播与用户的互动，动态直观展示服装上身效果，缩短消费者的决策时间。

➢ 展示数量多，带货效率高。直播间里的主播可以一次性展示多款产品，并通过搭配等方式增大购买的连带率。

➢ 打破时间空间的制约，销售成本更低。直播电商通过网络可以同时触达更多线的城市，与消费者进行线上互动并实现销售，打破了时空的制约。同时，相比传统线下销售方式来说，省去了中间的层层代理环节，价格上更具吸引力。

➢ 服装家纺企业拥有更成熟的电商团队。这类企业拥有丰富的产品和优质的供应链体系，大部分品牌服装家纺企业电商团队运营成熟，具备快速拓展电商直播业务的条件。

而服装家纺行业电商直播销售爆发有消费习惯养成、商家入驻增加、内容持续优化、通信技术迭代四个方面的原因，具体见图1-22。

图1-22　服装家纺行业电商直播销售增长的主要原因

2020年，面对突如其来的疫情，很多服装家纺品牌把社交电商、线上业务作为首要的自救方法，通过线上会员专场、微信秒杀、小程序分销、不同区域轮流直播等方式，实现店员与消费者的无接触式沟通和销售，见表 1-4。

表 1-4　2020 年疫情期间部分服装家纺品牌电商销售表现

企业	疫情期间电商表现
太平鸟	利用微信线上会员专场、社群营销裂变、小程序分销、不同区域轮流直播等形式，实现了半数暂停营业门店有销售，日均零售额 800 万＋的业绩。
绫致	线上零售小程序 2 月 1 日至 2 月 5 日的交易额分别为 141 万元、272 万元、401 万元、431 万元、641 万元，5 天线上交易总额超 1 800 万元。
卡宾	利用已搭建的小程序、微商城鼓励全员线上销售，通过限时秒杀等活动，于 2 月 9 日取得 150 万元交易额的业绩。
歌莉娅	借助企业微信和导购运营，打通小程序商城，实现线上客户触达和运营闭环，每日小程序 GMV 均超 100 万元，2 月 7 日当天高达 300 万元。
江南布衣	2 月 8 日至 2 月 10 日，3 天的日均 GMV 破 100 万元，同比增速超过 500%，其中 2 月 10 日当天的访问人数超 3.6 万人。

资料来源：根据派代网《五大品类在直播电商中表现如何？》整理。

（2）家电类产品。

核心要点

互联网及电商的发展直接助推了大众的消费升级，直播这种形式进一步增加了推广家电类产品时用户与主播的互动，从而带动该类产品在电商带货中的发展。近期，"线下体验、线上购买"的新零售模式正在兴起。

随着近年来通信技术发展、智能手机普及、电商平台壮大、居民消费观念更新及年轻消费者逐渐成为消费的中坚力量，对家电销售而言，电商渠道的重要性愈发凸显。随着直播电商与短视频的崛起，相比图文电商，视频型介绍使得专业主播及机构的选品能力大大增强，用户和主播的互动也大幅增加，用户的消费体验更接近配有导购的线下专柜。

电商崛起对家电行业有两方面的影响:

➤ 一是渠道的结构性调整,原本线下的消费转移至线上,消费者的购买过程变得更加便捷、高效。

➤ 二是电商崛起乃至互联网的普及加速了消费升级深化的进程,在此过程中,人们购买更多品类的家电也在一定程度推升了家电行业的整体市场规模。

根据奥维云网数据,中国家电线上零售额在家电总零售额规模中的占比,从 2014 年的 11.6% 提升至 2019 年的 39.0%。而家电线上零售额规模从 2014 年的 780 亿元增长至 2019 年的 3 138 亿元,CAGR 高达 32.1%,而同时段内家电线下零售额从 5 958 亿元回落至 4 910 亿元(见图 1-23)。

图 1-23 家电线上零售的规模与占比

注:市场规模统计口径为黑电、白电、热水器、厨房大家电、厨房小家电、家居小家电,共计 29 个细分品类。

资料来源:五大品类在直播电商中表现如何?.(2020-03-09). https://www.sohu.com/a/378762076_116132.

但是随着线上流量成本的持续提升,家电企业或将重归线下,从单纯的线上发展寻求线上线下有机融合的新零售模式："线下体验、线上购买"有望成为未来重要的零售模式。

中国电子信息产业发展研究院发布的《2020 年第一季度中国家电市场报告》(以下简称《报告》)显示，电商渠道对家电零售的贡献率首次超过 50%，达到 55.8%，疫情让网购习惯进一步巩固深化。

《报告》认为，经过疫情的洗礼，家电渠道加速整合，线上线下融合的新型消费模式和产业生态正在形成，线上线下界限日趋模糊，渠道正在洗牌。

从零售商格局来看，市场向优势渠道商聚拢，市场占比在 5% 至 10% 之间的中间层渠道商几乎绝迹，占比在 5% 以下的渠道商面临与优势渠道商结盟的命运。

从份额来看，2020 年第三季度，京东、苏宁、天猫分别以 23.64%、19.6%、17.51% 的份额共占据 60.75% 的市场份额。从 1 月至 9 月整体来看，市场集中度更高，三强的份额达 63.35%，分别为：京东以 26.97% 位列第一，苏宁以 20.98% 位列第二，天猫以 15.40% 位列第三（见图 1 - 24）。

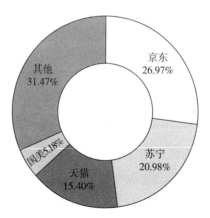

图 1 - 24　2020 年前三季中国家电行业零售商竞争格局

资料来源：根据网上数据整理。

《报告》还显示，从产品来看，电器类产品依然"风光独好"。冰箱、洗衣机相对稳定，产品结构高端化升级明显；厨房电器虽然同比跌幅最大，但却是唯一环比增长的品类，而健康厨电、新兴厨电等受到空前的关注，集成化、套系化、场景化趋势明显；大屏电视、大容量保鲜冰箱、大滚筒健康洗衣机、洗碗机等高端产品销售良好，空气炸锅、绞肉机、咖啡机等细分功能产品增幅达 30％以上，体现出消费升级的大趋势（见图 1－25）。

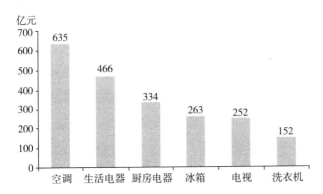

图 1－25　2020 年第三季中国家电行业细分品类零售额分布

资料来源：中国电子信息产业发展研究院 .2020 年第三季度中国家电市场报告 .

4. 引发共情类产品

共情，又称为同理心、换位思考。这是一种将自己置于他人的位置，并能够理解或感受他人在其框架内所经历的事情的能力。

同理心与同情心并不相同。同理心是指能够站在对方的立场设身处地地思考，在人际交往过程中体会他人的情绪和想法，理解他人的立场和感受。能够引起共情是产品设计者思维体系的核心。大量产品沦为平庸，根本原因就是产品设计者没有找到与用户共情的方法。

直播带货引发共情的方式可以分为两类，即产品共情与身份共情。

"吃播"为什么能火？因为这类直播能引发消费者的产品共情。主播在屏幕前津津有味地吃东西，能让消费者产生同理心，产生"我也好想吃!"的想法，继而产生购买的欲望。"吃货"是永恒的消费者，辣与甜是最容易勾起消费者食欲的品类。目前，像"自嗨锅"、鸭脖、螺蛳粉、麻辣香肠、巧克力、奶茶这类食品最好卖（见图1-26）。

而身份共情，指的就是通过产品的使用体验，引起消费者的共鸣。例如母婴类产品，如果是由"宝妈"主播推荐就更能提高消费者的信任度了。

图1-26　网红李子柒直播带货的食品

5.花样零食类产品

核心要点

休闲零食的单价普遍不高，消费人群覆盖面广且消费场景众多，因而在电商带货中的成长空间巨大。相较于传统的线下渠道，电商带货有何优势？目前，国内休闲零食主要品牌商如何利用电商进行结构优化？

（1）我国休闲零食类市场发展状况。

休闲零食是快消品的一类，已逐渐成为人们日常消费的一部分。随着我国居民可支配收入的持续提升，我国休闲零食行业的市场规模将进一步扩大。

据艾媒网报道：2010 年中国休闲零食行业的市场规模为 4 100 亿元，2020 年这一市场规模已达 11 200 亿元，休闲零食行业的规模经过十年的发展增长了 7 100 亿元，据预测，2021 年将达到 11 562亿元（见图 1－27）。

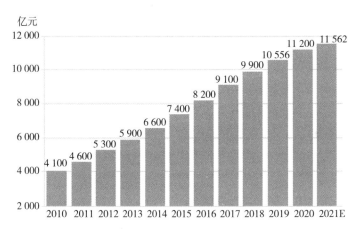

图 1－27　2010—2021 年中国休闲零食市场行业规模及预测

资料来源：休闲零食行业数据分析：2021 年中国休闲零食行业规模将达到 11 562 亿元．艾媒网，2021－02－21.

休闲零食品种众多，我国地域辽阔，各地域由于气候、饮食习惯、消化等方面的差异，形成了不同的口味偏好，如"南甜北咸""东辣西酸"等。口味偏好的差异、食材的多样化、西式零食的进入，以及休闲零食本身满足人类需求和消费场景的多样化，造就了休闲零食行业品类和品种的多样化。

随着电商红利的弱化，线上销售增速亦呈现放缓趋势。欧睿国际数据显示，超市卖场仍是主要销售渠道，占比约60%，其次是连锁专卖店，占比20%以上，电商渠道销售占比在逐年上升，见图1-28和图1-29。

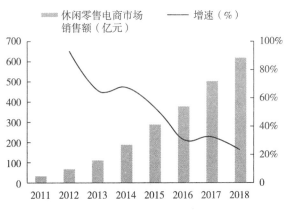

图1-28 休闲零食电商销售额

资料来源：五大品类在直播电商中表现如何？. (2020-03-09). https://www.sohu.com/a/378762076_116132.

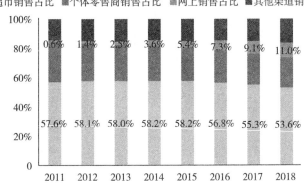

图1-29 休闲零食主要电商渠道销售状况

资料来源：同上。

线上渠道效率更高,可服务于囤货、计划性购买、非迫切性随机需求。线下则可以更好地满足消费者对"吃"的即时性需求,但或将由传统商超主导进化为周转速率更快、数字化程度更高的渠道形式。例如,超市的自我改造、与即时配送体系相融合,或独立连锁体系,见表1-5。

表1-5 休闲零食线上与线下主要销售渠道的特点

销售渠道		特点
线上	自营App 电商平台	1. 消费者:购物便捷,品类丰富,易产生冲动性消费。 2. 品牌方(厂家):线上渠道扁平化的特性可使品牌渗透率最大化,极具品牌营销价值。
线下	个体门店	散装,无品牌;产品质量及食品卫生无保障;便宜;顾客黏性高。
	商超	散装+包装,品牌种类丰富,管理较规范。 1. 消费者:产品质量有保证,选择性强。 2. 品牌方(厂家):拓宽销售和品牌营销渠道。
	连锁店 (自营+加盟)	统一采购、配送、管理、销售,品牌形象突出,产品丰富。对消费者偏好知晓程度高,终端服务高效,品牌营销价值较高。

目前零食电商无论是货架式、搜索式销售还是直播销售,都采用"大爆款引流+中小爆款"的模式。定义月销10万个以上的单品为大爆款,月销1万~10万的单品为中爆款,月销1 000~10 000的单品为小爆款。

随着"大爆款+中爆款+小爆款"的"爆款矩阵"逐步形成,零食品牌商的产品结构得以在电商渠道不断优化。图1-30显示了零售界"三强"电商市场份额的变化。

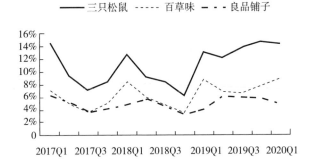

图 1－30 零食界"三强"电商市场份额的变化

资料来源：2020 年中国休闲零食行业发展现状及市场发展前景分析．产业信息网，2020－05－09．

从电商渠道的市场份额来看，三只松鼠占 14.3％，百草味占 9.8％，良品铺子占 3.7％，随着百草味卖给百事、良品铺子成功"云 IPO"，目前三强格局已经出现。[①]

（2）如何做好休闲零食类的直播选品。

> **核心要点**
>
> 　　休闲零食虽然带货门槛不高，但并不代表主播可以随便带货，仍需要从产品的保质期、特性、创意等方面做好功课，认真选品，保证产品来源的可靠。

零食由于品类多、需求大、成本低，成为当红主播网店里必不可少的一个门类。零食确实是开店创业变现的万金油，但是粉丝情

---

① https：//www.askci.com/news/chanye/20190312/1558521143081 _ 2. shtml.

怀却不是店铺长久盈利的摇钱树。机会总是留给有准备的人，如果没有做好相应的功课，反而会让自己"掉粉"。

零食的电商经营有哪些优势？

➢ 零食销售周期短，仓储压力小，甚至只要找好渠道商，还可以直接帮忙发货。

➢ 零食受众面广，需求量大。直播粉丝群多是年轻人，零食可以说是其普遍的爱好。

➢ 经营成本低，前期投入不需要太大，而且定价不高，粉丝也容易接受。

➢ 经营风险小，只要进货渠道可靠，一般不会出现什么太大的问题，不会给自己带来额外的麻烦。

主播开网店卖零食确实是明智之举，比较容易找到消费群体和商品的契合点。此外，主播手边备有多种零食，也不会在与观众互动时造成冷场的尴尬局面。当流量遇上渠道，自然会迸发出强烈的火花。

但选择将零售作为直播产品也并非只要有流量就万事大吉了，前期和后期还是需要投入精力去运营的。下面谈谈零食的品类选择问题。

目前零食可以分为以下几大品类：

➢ 近年来爆红的每日坚果类和手撕面包类

每日坚果类先是由沃隆于 2015 年 4 月推出，随后三只松鼠、百草味、良品铺子、洽洽食品、来伊份、新农哥、中粮、姚生记等数十家随即跟进。

手撕面包类品牌有三只松鼠、盼盼、良品铺子、百草味、桃李、乐锦记、来伊份、葡记等数十家。

➢ 标准化程度较高的西式零食，如糖果、巧克力、薯片和饼干类

糖果主要集中在玛氏（旗下主要品牌为德芙）和费列罗，分别占 39.8％和 17.8％。传统糖果前三名有阿尔卑斯、雅客和大白兔。

功能性糖果主要是雅客、荷氏和金嗓子。胶基糖果主要是绿箭、益达和乐天。

在膨化食品类（主要为薯片）中，乐事、上好佳、好丽友、品客、可比克、艾比利等品牌占据了零售渠道 90% 以上的市场份额。其中，乐事以超过 25% 的市场份额稳居第一。

饼干类的前两名分别为乐滋和徐福记。

➢ 本土化的烘焙食品、休闲卤制品、坚果炒货、果脯蜜饯、肉类零食、豆制品类

烘焙食品类主要集中在达利食品、桃李面包和嘉顿；休闲卤制品前五名分别为绝味、周黑鸭、紫燕、煌上煌和久久丫；坚果炒货前五名分别为洽洽、三只松鼠、百草味、良品铺子和来伊份；果脯蜜饯前五大品牌分别为溜溜果园、怡达、御食园、佳宝和华味亨；肉类零食的前五大品牌为有友、五洲、棒棒娃、母亲、品品；豆制品的前五大品牌为奇爽、盐津铺子、口口香、华鹏、吴府记。

休闲零食主要品类市场份额如图 1-31 所示。

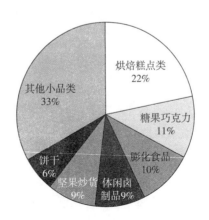

图 1-31 休闲零食主要品类市场份额

资料来源：根据产业信息网数据整理。

单就零食这个门类来说，可以选择的品类就五花八门。主播选择什么样的品类比较合适呢？

首先，主播有责任和义务了解并保证食品来源的可靠性。合作方或者自己开的网店，一定要有相应的许可证，并可供消费者查询。

其次，还要注意保质期、产品体积、品类创意等三个方面。

➢ 保质期：并非所有食品都适合网上售卖，对保质期在 1 周以内的食品要慎重。保鲜要求高的食品运费也会增加，且容易因过期引发纠纷。

➢ 产品体积：体积较大的食品在包装、运输方面的成本消耗也会很大，须慎重选择。

➢ 品类创意：食品的品类容易重复，货源以市面上少见或者进口等不太容易在线下买到的为佳。

六、不适合直播销售的产品

核心要点

　　不是所有产品都适合直播销售。以下五大类产品在没有专业知识及相关配套服务的情况下，不建议选择。

除了在前面给大家介绍的常见直播带货品类外，需要提醒大家的是，有些产品类别在直播时需要特别留意，尤其是小商家在直播带货时最好不要碰。

1. 高客单价类产品
高客单价类产品并不是不能卖，在这里列出来是因为这类产品对主播人设、粉丝群体的数量与精准匹配度的要求比较高。例如，某著名主持人卖貂毛外套翻车，某淘宝知名主播卖貂毛外套却取得3 000多万的成绩，可能就是因为后者的粉丝群体多以有消费能力的宝妈为主。

再如房和车这类产品。这些品类因为消费者的决策链条长，且商品的单价特别高，建议最好不要碰。这类产品对主播的声誉要求比较高，同时企业在线上卖房、卖车的主要目的是获得声誉和口碑而不是销量，因而线上的交易方式也多以卖消费券为主。普通商家一般请不起知名的主播，或者没有私域流量的聚集，因此能做起来的概率不大。

2. 玉石珠宝类产品

玉石商家对直播带货可以说是又爱又恨。爱的是，以往的玉石交易有购买流程复杂、买家很担心买到假货等问题，而直播带货有效地解决了交易流程的问题，买家可以通过直播间大致判断玉石的质量，商家的销售额也确实有所增长。恨的是，玉石的退货率比服装还要高！曾有媒体报道淘宝上的玉石商家做直播带货，店铺的退货率高达80％，甚至有的达到90％以上，卖得越多亏得越多。

主要原因还是实物与直播时的感觉有差距。另外，玉石这类产品没有严格统一的价格标准，各地价格存在差异。消费者收到货后，与直播时的画面相比较，如果有不满意或失望的感觉，在没有标准参考的情况下，很容易感觉上当受骗了。同时，在运输的过程中，玉石类产品极易磕磕碰碰，形成瑕疵，消费者自然会选择退货。加上不少直播平台仍不能完全排除欺骗消费者的行为，存在以次充好、隐瞒瑕疵等问题，这些难免会对主播产生负面影响。

3. 生鲜、鲜花类产品

生鲜、鲜花类产品本身在传统电商领域就面临较大的困境，这是由这些品类本身的一些特性所决定的。

首先，生鲜、鲜花类产品并不是一类高利润产品。其次，在运输过程中又涉及保鲜成本的问题。这类产品的配送时间都要求以小时为单位，还要考虑配送中出现的损耗，以及一些品类因重量原因导致的高运费。如果将这些成本纳入产品的整体价格中，就会让产品价格缺乏竞争优势。

而目前的直播带货，产品多数拼的就是价格。因此，对供应链能力要求比较高的产品不适宜做直播带货，因为不可控的因素越多，翻车的概率就越高。

4. 需要现场体验的产品

某些一定要现场亲身体验才有说服力的产品也并不适合在直播间销售。比如床垫、VR眼镜、按摩仪一类的产品，如果没有极端的价格优势，一般是不建议在直播间销售的。

这类产品不属于刚需产品，购买的决策链相对较长，在购买之前消费者更喜欢做多方的权衡对比，驱动消费者购买的不仅仅是价值层面的元素，还有认知层面、期待值层面的，他需要最高认同、最低风险和最低后悔概率……这么多的决策因素往往让这类产品的现场体验变得非常重要，直播式的替代体验会让消费者产生期待落差，退货率会比较高。

5. 即使销量和市场前景不错，也不建议直播销售的产品

（1）契合度低。

这一点是显而易见的。越是与自己直播内容关联性小的产品，越

不适合拿来做营销，因为这样做除了显得突兀，还可能引起粉丝对主播专业度的担忧。如果主播本人并没有展现出与所售卖产品相关的学识和技巧，是很难打动大部分粉丝的，更难让他们信任并下单购买。

比如，在直播带货过程中，某明星说某产品在使用过程中能让人感受到负离子的浓度是很低的，就引发了一大批粉丝的吐槽：负离子怎么感受呢？

可见，缺乏与所售卖产品相关的学识和技巧，很容易造成"直播翻车"。

（2）争议较大。

不论是什么类别的产品，只要是存在缺陷和争议，直播选品时就千万不要选。

例如山寨货、残次品、二手货等，这些产品除了会因质量问题被拒绝外，还容易引发侵权事件。尤其是那些国家明令禁止售卖，或者有年龄限制和不符合主流道德观的，更是不能碰！

（3）节目效果差。

部分选择"兼职营销"的主播，可能只会在直播前预热的时候提到推广的产品，或者在直播间的角落贴上广告（包括产品介绍、购买链接等）。这种行为对直播本身影响不大，而粉丝大多是靠情怀下单购买的。

但对于想要以此为职业的主播来说，就需要慎重考虑品牌背后是否有故事、产品是否具有可操作性及其能否通过直播展示出来。

主播如果只是单纯地展示，隔着屏幕的粉丝是无法感受品质的，光线效果也会影响观感，整个直播就会变得非常无趣。这时，主播为了提高直播效果，就需要穿插介绍产品的相关知识或者品牌背后的故事等，通过其他的内容来弥补有关产品本身专业知识的缺失。当然，如果无法弥补，也不宜选择。

七、找对标竞品，调研同类型账号

在分析了适合直播的产品以后，是不是就可以准备直播了呢？当然不是，无论卖什么产品，在做直播带货之前，主播及其团队都应该去各大平台搜一搜同类型账号和内容，找出3个做得很好的，再找出3个做得不好的，最好能找到对标的对象和内容，在他人的基础上优化和创新。比如要销售健身类产品，那么可以上淘宝找健身主播，学习他们的带货方式，上抖音找健身达人，学习他们的内容呈现形式。

事实上，这种方法就是我们常说的"竞品分析"，即要在正式开播之前，找对标竞品，调研同类型账号。

1. 为什么要做对标竞品分析

> **核心要点**
>
> "知己知彼，百战不殆"，想在直播带货中获得成功，必须持续地做竞品分析，可以从三个层次来做对标竞品分析。

在做对标竞品分析之前，我们需要先了解它的含义。对标竞品是指对标竞争的产品，也指对标竞争对手的产品。在直播平台上，凡是同类型直播都可以称为对标竞品。

一般来说，对标竞品分为核心竞品、重要竞品、一般竞品三个层次。以本身的直播账号为基准，那些优于我们且非常有竞争力的竞品可称为核心竞品，优于自己但是竞争力一般的竞品为重要竞品，弱于自己或者竞争力不如自己的竞品为一般竞品。

对于核心竞品，如果确实难以与之竞争，那么就可以学习它们的长处来优化自己，实施避强定位。对于重要竞品，需要分析它们的优势，继续优化自己。对于一般竞品，则不需要花太多时间，只需研究它们的劣势，避免自己出现同样的问题。

"知己知彼，百战不殆"，这就是做竞品分析的主要原因。大到上市企业，小到街边小店，想要在直播带货中获得成功，持续地做竞品分析是必不可少的。那么把直播电商当作事业的主播及其团队，当然也要做好竞品分析。

直播电商供应链最重要的能力是品控和议价。议价能力本质上只跟带货能力有关。带货能力越强，议价能力越强。薇娅之所以能要求每款经她挑选的产品有专属于她的优惠折扣，背后的底气就是被圈内人誉为电商直播天花板的带货能力。

而品控就不一样了。直播电商的品控一般有两层，分为公司品控和主播品控，为什么呢？一是要保证品质，二是要保证主播对带货产品有更加充分的了解和更加真实的体验。无论是李佳琦还是薇娅，这两层品控都是极度苛刻的。

我们来说一说薇娅和她背后的谦寻团队：

➤ 首先，在公司层面进行品控。谦寻的招商团队会根据品牌知名度、各平台的评价以及粉丝的需求等标准，对网上报名的商家进行初步筛选。接着，团队进行试样。谦寻组建了一支50人的产品体验团队，试用并且填写体验反馈报告，80%以上的人认为好才能通过。如果涉及护肤产品，体验团队成员中会有化工专业的博士、医师等专业人员检查成分，而且要使用一周后给出具体的体验报告。

➤ 其次，进入主播层面的个人品控。这是最关键的一步——所有经过团队筛选的产品能否上直播间，最后还要看薇娅。她会把所有待定产品试用、试吃一遍，本人高度认可后才会将其加入直播排期。

诚然，充分了解产品＋真实的体验感，这本就是主播专业度中不可分割的一部分。

具体来说，做对标竞品分析主要有以下五大原因：

➤ 可以帮助主播为自己直播账号的发展方向提供参考。

➤ 可以了解对标竞品的动态，及时了解对方意图，调整自己的战略方向。

➤ 可以帮助主播了解竞争对手的资本背景、市场用户细分群体，进一步完善自己的直播定位。

➤ 可以帮助主播验证目前的直播运营方向，判断自己的方向是否正确。

➤ 有利于学习对标竞品的长处，规避对标竞品的缺点，保持自身市场的稳定性和占有率。

2. 如何做对标竞品的调研与分析

> **核心要点**
>
> 　　对标竞品分析的三大核心内容：用户习惯、核心价值、延伸服务。对照这些内容，将可以帮助你判断自己的直播属性，找到准确的定位。

关于调研，大家在找到同类型直播账号后，可以先统计该账号的相关数据，例如该直播账号的用户流量、营收情况等。至于调研方法，可以通过网上搜索数据、联系相关直播账号等方式来实现调研的目的。

虽然在直播平台上注册账号的人越来越多，但直播的类型以幽默搞笑、平易亲和、专业时尚等风格为主，所以对标竞品很容易找到。在这个过程中，很多直播运营人员会产生疑问：我想做的直播带货已有人做得非常成功了，我还有做的必要吗？答案是：如果真是好产品，当然有做的必要。只要我们通过科学、专业的对标竞品分析能找到准确和更加细分的差异化定位，就不用心存疑虑。

那么，什么样的对标竞品分析才是科学、专业的呢？以下介绍的对标竞品分析的三大核心内容，可以帮助你判断自己的直播属性，找到准确的定位。

（1）用户习惯。

用户习惯和消费体验决定了直播账号所能达到的高度。我们要对竞品的用户行为、消费体验、情感等进行分析，即进入其直播间观察主播的营销方式，研究其定位、用户人群，还需要对购买该直播间产品的用户进行口碑调查，从而揣摩直播平台的用户习惯，找到用户面临的痛点，并运用在自己的直播中，培养用户习惯。

（2）核心价值。

核心价值是指直播账号的核心竞争力，主播要赋予直播的设计、细节、定位等价值。这种价值可以延长用户观看直播的时间并使用户产生愿意购买产品的心理。赋予一场直播价值就像设计师在为不同客户设计方案一样：提前了解客户需求，进行客户定位，达到精准设计、细节设计，才能提交让客户满意的设计方案。

（3）延伸服务。

延伸服务做得好可以为主播带来更多的益处。有很多竞品之所以做得好，是由于在直播间的互动、售后服务等方面做得好，更好地满足了用户的需求。

做好以上三大核心内容的对标竞品分析，可以帮助主播了解自己的直播账号能否吸引用户、满足用户需求，并提升自己直播间产品的竞争力。总而言之，在直播内容生产日益同质化的情况下，更要注重细节，在用户体验上下功夫，以便让更多的用户关注主播，从而提升带货的效率。

八、定位直播的内容与产品

所谓直播，就是即时消息的传播，而这类消息的特征就是高新鲜度。如果直播的时候连这一点都把握不好，主播拿大家都已经知道、见怪不怪的内容来直播，那么和录播有什么区别？而且已经了解过的，没有任何优势的内容，还会有人再去看吗？保证直播内容质量是吸引观众的首要条件，不论如何，直播内容新鲜有趣，一般都会有一定的效果。接下来，我们要根据产品的特性以及主播的特点来打造直播的内容（见图1-32）。

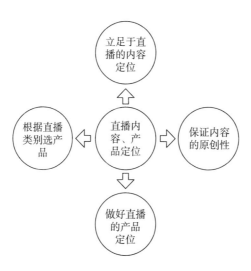

图1-32 打造直播内容与产品定位

1. 立足于直播的内容定位

核心要点

在直播内容选择上，可以基于以下原则来定位：明确主播自身的优势，选择能引起共鸣的内容，观察用户的需求，抓住碎片化信息的重点。

随着主播人数越来越多，相应的竞争也越来越激烈。以淘宝直播为例，虽然淘宝对整个平台进行了相应的栏目分割，分出了全球现场、美妆、母婴等多个不同主题，每个栏目的竞争依然非常激烈，主播该如何在这样的环境下脱颖而出，或者说如何能被大家所熟知、认同呢？

这就需要在直播内容上进行精准定位。这个定位并不是围绕主播自身进行的，而是围绕目标粉丝分类进行的。也就是说，需要把某些标签植入目标粉丝心中。而主播的标签，就是自己独一无二的内容风格。简单来说，就是粉丝一提到某个话题，就会想到我们的直播。例如，一提到口红就想到李佳琦，一提到基层公务员扶贫达人就想到邱学明，一提到游戏就想到"小苍"。

内容是大部分主播在上播前都在头痛的问题：要播什么内容？比较直接的体现是今天的标题怎么写。不少主播将直播内容的选择寄托在粉丝的提问上；一些主播则将其寄托在合作方身上，对方今天要卖什么产品就播什么内容……不论是哪一类主播，首先要从自身出发，确定自己的直播核心。

（1）明确优势。

当我们不清楚粉丝想要什么内容的时候，就不清楚应该播什么内容。所以，主播要明确自身优点，比如自己有哪些特质，可以做哪些别的主播没有做的内容或者哪些内容能比别的主播做得好。如果没有独特的内容，很难在行业竞争的洪流中取胜。

（2）引起共鸣。

并非所有的优势都是有效的，还得看粉丝们是否买单。流于表面的特立独行往往不是长久之计。如果不能获得粉丝的认同，是没办法留住他们的。要引发粉丝的共鸣，就需要升华主题。不论直播的标题是什么、内容是什么，最好能有一定的升华，如同作文结尾点题。

（3）观察需求。

市场在变，粉丝也在变，观察并分析是直播的日常工作，旨在发现粉丝们的核心需求点。然后想办法将自己的优势与需求点相匹配（至少不能相悖），可以说直播就成功了一大半。同样是淘宝直播，有的粉丝需求点在于价格，而有的在于品牌，只有调查清楚，才能播得明白。

（4）抓住重点。

直播是碎片化阅读的产物，大部分粉丝不可能有绝对的、大量的时间来观看直播。在较短的时间内，既要吸引新用户的眼球，又要给时不时"回家看看"的老粉丝较好的体验，所以抓住重点是很有必要的。

2. 保证内容的原创性

直播的内容最好是原创的，这样才具有独特性。其实，原创跟主播自身的才艺脱不了关系，因为主播必须精于某方面的才艺，才能在才艺的基础上自由发挥，所以原创需要更高的技术含量。只要有较好的原创内容，通过直播平台进行发挥，就很容易吸引观众的眼球。比如很多才艺类直播，如果将原创歌曲作为直播内容，效果就不是翻唱其他人的歌曲能够比拟的。

做直播也要掌握原创的技巧。对灵感和创意的要求为原创增加了难度，这也是现在很多声音条件好的歌手不容易走红，反而是一些很有创意的原创歌手可以依靠自己创作的歌曲吸引更多听众注意的原因。直播平台上从来就不缺乏唱歌好听的人，但那些有特色的原创曲目更能吸引粉丝。当然，一味追求新鲜感而混入低俗、恶趣味的内容是不可取的。那么，究竟如何让原创变得更轻松呢？

首先，原创不等于无中生有。

所谓原创，是在吸收和接纳了流行趋势的基础上，结合自身特色产生新的内容，并不是创造。拿绘画来说，所用到的工具、技法，往往都是人们所熟知的，不可能去开发一个全新的软件或者发明一个全新的工具，而是在素材的组合、变形上下功夫等。

其次，原创也有模板可以套。

原创不是每天从头开始，更多的主播所选择的原创是有体系的。通常是保持某个元素不变，对其他的元素进行替换重组。这个不变的元素就是自身的特色，让粉丝们看一眼就知道这是某位主播的风格。

原创是做好直播的核心，因为粉丝们需要原创内容的刺激。坚持原创和创新，保持直播内容的新鲜感，做出新意和诚意，这样才会有长久的生命力和源源不断的粉丝。

3. 做好直播的产品定位

核心要点

产品定位可从消费者需求、主播自身能力、竞争对手的定位与不足这三个方面下功夫。

产品定位，简单来说就是综合消费者需求、主播自身能力和竞争对手的情况，制定自己的营销策略与计划（见图 1-33）。在前文的基础上，我们在这里着重强调消费者的需求。粉丝作为消费者的需求很复杂，也很简单。复杂，是指他们对产品各有所爱，产品尽管标注了各项利益诱惑，但可能还是未能满足他们的要求，而且要求还在随时发生变化。简单，是指他们虽然对产品各有所爱，但对主播的喜爱是共同的，对主播的认可能让他们成为忠实的消费者，形成稳定的市场。

直播的产品定位与其他类别稍有不同。能进入大众视野的主播如果个性极强，就要求该主播推出的产品与自身的气质相符。

图 1-33 直播选品定位的三要素

例如，一位因搞怪而走红的主播，如果开了一家全是蕾丝和雪纺连衣裙的网店，大家就会对其产生怀疑，认为他是不是过于功利。这不能用反差来解释，而只能用产品定位失误来评价。因此，如果是换装主播就要好好地做服装推广，美妆主播就要认真经营化妆品，宠物主播则可以售卖宠物用品，游戏主播则应该做售卖游戏周边的生意。主播的产品定位，一定要符合自己展现给大众的形象，否则效果不会太好。

比如，2020 年 3 月 26 日晚，LV 在小红书第一次尝试直播带货。但也正因为这次直播，差评如潮水一般涌来。观众都在指责 LV 变土了、变 low 了。直播中售卖的是 LV 的 2020 年夏日风情系列产品。柠檬黄、天空蓝款，活泼的撞色展现绚丽夏日风情。可进入 LV 的直播间，主播背后拉着麻绳系着丝巾。几千块钱的丝巾就系在一根麻绳上，鞋子随性地摆在脚边，布景简陋得与 LV 以往的高端大气形象形成强烈反差，就像逛街时无意碰到一家店正在打折，可以淘上几件带着塑料味的平价货。

可见，LV 的产品定位和展示与观众的印象严重不符。LV 属于奢侈品牌，消费者对产品的品质要求高，然而直播展现出来的产品定位却是低廉的，可见错误的产品定位会使产品甚至品牌形象大打折扣。

因此，对直播的产品定位，除了考虑传统电商特别注重的区域优势、货源优势、渠道优势，还需要结合自己的直播内容。直播毕竟不是单纯地卖货和营销，需要一定的节目效果和内容性。

媒体采访薇娅在直播选品方面的"方法论"时，薇娅把她在长期发展中积累的经验分享给大家。她在选品上有三个标准：

第一是粉丝需求。她会根据粉丝提出的要求挑选好的产品来推荐给大家。

第二是市场热度。"我是一个全品类的主播，除了服饰美妆，我还会推荐一些零食、生活用品等。现在针对市场上的爆款产品和品牌，我们都会做一个整理和选品。"

第三是应季好物。"比如在中秋节，我会推荐月饼给大家，过年的时候会为大家推荐各种年货。"

4. 根据直播类别选品

> **核心要点**
>
> 结合主播自身的特点或直播的主题进行选品，能有效提升选品的效率，并可利用主播自身的优势、产品的特点来提升直播带货的转化率。

开店切忌草率，要仔细规划开店的过程。根据直播类别选品，是开店非常重要的一个方面。那具体应该怎么做呢？

（1）背靠直播主题。

主播就是自己店铺的免费代言人，因此店铺风格和产品要尽量与本人相符。差别太大的话，主播的流量优势会被弱化。如果提起店铺根本联想不到主播，那么开店就失去了原本的意义。例如，游戏主播适合开外设店，时尚主播适合开服装店，美妆主播适合开化妆品店等。

如果是作为美妆主播，就可以选择一些彩妆、护肤品之类的产品进行销售。一方面，自己天天用到这类产品，本身对产品的特性比较了解。另一方面，美妆主播形象一般较好，选择这方面的产品进行销售的话，就可以利用自身的形象为产品做宣传。

同样，时尚主播经营服装生意也有得天独厚的优势。对穿搭有自己的见解，能够把同样的服装搭配出新的效果，他们本身就是"造型设计师"（见图1-34）。对于他们的同款推荐，粉丝一般都会买账。比如，什么身材的人适合穿什么衣服，主播自己作为模特进行展示，比任何图文广告都有说服力。

图 1 - 34 换装主播搭建的直播场景

对于游戏主播而言，电竞周边（键盘、鼠标、耳麦、电竞椅等）都有自己的讲究。在直播场中进行这类数码产品的展示比零食的契合度要高，广告效果不言而喻。粉丝会出于对操作技术的崇拜，而信任主播所销售的周边。另外，游戏主播开设网咖也可以算是开店变现的一种，因为主播天天接触这些东西，有很大的发言权，也很容易引导粉丝的消费倾向。

（2）打造特色产品。

同一类产品，市面上会有不少的品牌和风格。我们首先要对产品进行了解，粉丝购买产品还是会从产品的实际功效出发的，而不仅仅是为情怀买单。如果没有足够吸引人的特色，是不具备长线竞争力的。另外，"名人效应"会让粉丝们带着放大镜来看待主播的产品，稍有不慎主播就会受到来自网络的口诛笔伐。这里给大家提供一些思路：

第一，利用自己的优势，可以是专业，也可以是兴趣，提供实惠和可靠的产品。

第二，带动粉丝参与，一起开发属于大家的独一无二的产品，这是特色的稳定来源。

第三，利用产品核心卖点赋能主播提高转化率。比如在直播一款抗糖饮料的时候，主播可以解说产品的成分、适用人群和场景等，提高此款产品的定位水平。

第四，展示产品、品牌相关证书，利用证书的权威加持，增强顾客的信任和提高产品的定位水平。

把直播产品选好了，直播内容也做好了，是不是直播就成功了呢？答案是：不一定。直播间要吸引观众进来，若没有人气支撑，如何成功带货？下面，我们一起讨论提升直播间人气的技巧。

九、提升直播间人气的技巧

试想一下，作为主播的你辛辛苦苦准备一场直播，结果观看的人却寥寥无几，你会不会觉得很失望呢？更糟糕的是，在直播的过程中，当你卖力地宣传产品时，直播间的气氛却始终冷冷清清，隔着屏幕都能感觉到场面的尴尬，更别提带货了。所以说，一场成功的直播带货，一定要有人气支撑，人气越旺说明用户的参与度越高，用户参与度越高，他们下单购买的概率就会越大。

那么，作为主播，如何才能炒热直播间气氛，提升直播间人气，让直播真正发挥带货的功能呢？

1. 主播的直播技巧

（1）展现最好的互动仪态。

当有用户进入直播间，就意味着直播已经开了个好头。接下来，主播需要将最好的互动仪态展现给用户，这样才能抓住他们的"眼球"。要想展现最好的互动仪态，主播需要做到以下两点。

1）亲身示范。

所谓亲身示范，就是指在直播的过程中亲自使用这款产品。如果销售服装，主播就要亲自试穿；如果售卖食品，主播就要亲自试吃；如果推荐护肤品，主播就要亲自试用。在所有的互动方式中，亲身示范最简单，也最常见。绝大多数主播在进行直播带货时，都会采用这种互动方式，比如李佳琦的直播带货就是从试口红开始的。

需要注意的是，在亲身示范的时候，主播的吐字要清晰、声音要洪亮。如果解说了很久，用户却听得一头雾水，那么直播效果可想而知。

2）注重表情和动作。

丰富的表情也是直播中主播与用户进行互动的一个重要途径。主播在与用户进行互动时，应尽量让自己的表情更丰富、更生动，同时多做一些小手势、小动作等。这些小细节会提升主播的亲和力，从而有效拉近主播与用户之间的距离。

（2）展示幽默。

在现实生活中，拉近人与人之间关系的最有力的方式之一就是展示幽默。相信大多数人都很难拒绝有幽默感的人。同样的道理，在和用户互动的过程中，主播不妨多展现自己幽默的一面。比如，讲些笑话，说一些有意思的故事，或者做一些有趣的动作等。

（3）感谢用户。

在进行直播带货的过程中，有的用户为了表达对主播的喜欢会主动赠送礼物，或者送上赞美之词。此时，主播如果主动向用户表示感谢，那么用户就会觉得主播是一位有礼貌、懂得感恩的人，从而加深对主播的好感。而好感一旦产生，信任就会随之而来。当用户充分信任主播后，主播推荐的产品才更容易被用户所接受。尤其是对于那些被主播点名感谢的用户而言，他们跟主播之间的黏性以及购买主播所推荐产品的概率往往会提升。

说到这里，可能有人会问：如果没有用户送礼物或夸赞主播，还需要感谢用户吗？答案是肯定的。主播可以通过委婉的方式提醒用户关注、与自己互动。比如："今天带给大家的产品，大家觉得怎么样啊？求点赞。"又比如："这个价格可是我好不容易争取到的，大家快夸夸我……"诸如此类，还有很多。

2. 提前做直播预告

一般可以在开播前三个小时发布自己的短视频，并在文案中提醒粉丝当天开播的时间。这会吸引更多的粉丝进入主播的直播间（见图1－35）。

图 1-35　广东夫妇在抖音做直播预告

例如，一位美妆博主的直播预告短视频可以是这样的：一个人拿着美妆博主精美的照片说"这是你们喜欢的××哟，而现实生活中是这样的——"，然后画面呈现美妆博主穿着睡衣、戴着眼镜坐在沙发上，另一个人对她说："你在干吗，还有两个小时就要开播了，还不快去化妆！"

用这种形式的对比文案进行直播宣传，将会更具有趣味性和观赏性。

3. 明星造势

如今，在一些主播直播带货时，我们经常会看到明星的身影。比如，2019 年，李佳琦在进行直播时，就邀请了包括韩红、胡歌、朱亚文、林更新在内的许多明星前来助阵。而但凡是有明星加入的直播，人气都会提升不少。

明星除了受邀助阵外，许多人如今也已加入了直播带货的阵营，成为主播中的一员，比如李湘、伊能静等。有着高关注度和个人号召力的明星本身就是流量的中心，而当主播自身的流量和明星的流量结合在一起时，就会产生神奇的效应，变成转化率更高的流量。

所以，要想提升直播间的热度，借助明星的热度来造势也是很好的方式。当然，对于大多数新手主播而言，要争取到与明星合作的机会还是比较困难的，所以这种方式比较适合自身已有一定影响力的主播。

从本质上看，相较于传统的电商形式，直播带货最大的特征便在于其具有高互动性和娱乐性。但这同时也对主播提出了新的要求，如果主播不能提升直播间的人气，又如何能把产品推销出去呢？

十、获取粉丝信任并激发盘活粉丝

核心要点

　　相较于传统的营销模式，如今的电商直播已不再是简单卖货。直播团队运营的重点是粉丝，而不是品牌。通过实现"人""货""场"的有效连接，才能让直播与电商高效运作起来，达到直播带货的目的。

　　所有的营销，都是为了成交，而成交的基础是双方互相信任。粉丝只有信任主播，才会相信主播推荐的商品，最后产生购买行为。

　　如今的电商直播早已不再是简单卖货，"电商＋直播"已经成为连接"人""货""场"的重要模式，成为电商营销的未来所在。

　　以李佳琦团队为例，相较于传统的营销模式，其团队运营的是粉丝，而不是品牌。

　　首先，李佳琦团队运作的是价格——为粉丝争取全网最优惠的价格。

　　目前，薇娅和李佳琦两大淘宝头部主播，都会在直播过程中强调自己销售的商品是全网最低价，以最大的"福利"让利粉丝。此前，就曾发生过李佳琦在直播过程中因为被粉丝告知某款饼干在其平台上的售价高出薇娅平台 5 元钱，而呼吁粉丝退货。在其背后，是直播团队与品牌方之间的一次博弈失利。据知情人透露："李佳琦报出的价格必须确保在采购价基础上增加 10％～20％的销售分成后，依然是全网最低价。"

其次，李佳琦团队要打造的是高黏性用户群体。

不同于之前的广告以品牌为核心，直播电商打破了品牌的桎梏，将营销的重点放在了"人"的身上。明星效应、名人影响的强大带货能力已经不用赘述，但由于明星、名人的工作重点并不在此，所以其广告代言只涉及较小的领域，对广大商家来说性价比并不高。但电商直播完美地保留了明星代言的优点，又为它添上了专业化的色彩。

电商直播以"人"为核心，主播对用户的吸引力在一定程度上要大于商品本身。同时，在主播专业化的背景下，用户对其信任度会进一步提高。在这样的条件下，粉丝效应在购物过程中将会进一步放大，而这种粉丝效应一旦形成就很难消失。

比如快手上的"老铁经济"就是这种模式最好的体现。在这种模式下，消费者黏性将会进一步增强，这对讲求回购效果的电商领域格外重要。

1. 获取粉丝信任

核心要点

水能载舟，也能覆舟。主播的成功离不开粉丝的支持，但千万不要毫无底线地利用粉丝，否则主播的口碑与人设也将崩塌。作为主播，拒绝欺骗与诚信守时是基本要求。

粉丝们极高的支持度、强大的搜索能力和购买力，无一不让主播们感受到一条真理：拥有粉丝就等于拥有了变现基石。在这个爱"围观"的时代，每一个粉丝都是一笔巨大的财富，因为一个粉丝就可以连带出多个潜在粉丝，层层传导。

与品牌和消费者的关系一样，主播与粉丝之间的有效交往要建立在互相信任的基础上。言而无信、过河拆桥、落井下石、挑唆争斗的主播是永远不会受欢迎的。我们要清楚一点：粉丝并非无条件支持主播，主播也不能毫无底线地利用粉丝的支持，双方互相信任和给予价值是必要条件。如果有一天主播的形象崩塌，绝大部分的粉丝也会离去。

我们来看看"央视 boys"成功带货的案例。

"权来康康，撒开了买！"这是央视主持人康辉、朱广权、撒贝宁、尼格买提第一次组合直播带货的口号。2020 年 5 月 1 日晚上 8 点，央视新闻和国美零售合作，用户可以在央视新闻客户端、抖音、国美美店微信小程序等平台在线观看和购买。在 3 个小时的时间里，成交额超过了 5 亿元，观看人数也超过了 1 000 万。

由康辉、朱广权、撒贝宁、尼格买提组成的"央视 boys"，受到广大观众的喜爱。近年来，康辉录起了个人 vlog，尼格买提频上综艺，朱广权号称新闻主播中的"段子手"和"押韵狂魔"，而撒贝宁更是因为极强的综艺感和人气得到了"芳心纵火犯"的称号。

专业主持人的控场能力和诙谐幽默的语言天赋提升了直播的精彩度，他们专业且有趣的人设也深深印刻在观众心中。最为关键的是，"央视 boys"所代表的是国家级的电视台，有此信用加持将更加深得消费者的信任与喜爱，粉丝也愿意为其买单。

（1）拒绝欺骗。

获取信任，从拒绝欺骗开始。

某主播为了提高人气，在直播间进行了抽奖活动。直播间抽奖回馈粉丝本身是一件好事，不仅可以增加主播的关注度和流量，而且能增强粉丝黏性。然而该主播在粉丝抽中大奖后，却没能完全兑现，存在明显的欺骗行为。其行为在中奖者曝光聊天记录后引发了激烈讨论，主播本人和直播平台的声誉都大大受损，流失的粉丝和受损的名誉再也回不来了，其实际损失远远大于当时抽奖的金额。

（2）诚信守时。

直播时间也是一个影响粉丝信任的潜在因素。

开始直播前，一定要给自己定好直播的时间，然后尽量做到定点准时直播，而不是"随缘"做直播，让粉丝们苦苦蹲守。

聪明的主播，虽然偶尔"皮"一下说直播随缘，但也会提前在直播通知群进行公告。不要相信绝对"随缘"的主播能走远。如果今天上午播、明天下午播，而且毫无预兆，且不说粉丝体验如何，主播自己究竟有没有准确的定位也不好说了。如果直播时间完全无迹可寻，再有耐心的粉丝也会有打退堂鼓的一天。

一般来说，如果主播因为有状况，近段时间无法保证一定会开播，可以在自己的直播间挂上直播通知群号，在原本约定的时间到来前给粉丝一个准信。

2. 激发盘活粉丝

有了粉丝就一定能变现吗？不对！只有盘活粉丝才能变现。这就需要主播在移动互联网、新商业模式下继续深耕，创造自己的商业价值。

（1）给粉丝分类。

核心要点

给粉丝分类，能有效地帮助主播进行有针对性的内容推送，在不同类型的平台运营能有效建立商业生态。

在网络世界里，"地"指大大小小的平台、网站和 App。针对不同的群体，"地"的性质也不甚相同，包括严肃、轻松、搞笑、文艺、泛娱乐化等各种风格。如今大大小小的"明星"，也都在各个平台开设了账号。个人微博、工作室微博、微信公众号、直播平台等五花八门的社交账号中，都活跃着"明星"的身影。如何因地制宜利用好社交平台，得向他们学习。

因地制宜就是要根据不同社交平台的风格发布不同的内容。根据每个社交平台的调性，推广的内容也要有针对性。比如，微博的娱乐性强，所以内容以泛娱乐为主；微信的计划性强，所以内容以条理清晰、深度挖掘为宜；还有在一些平台上，图片的作用大于文字，因此图片的选择才是重中之重。同时，直播中动态的即兴行为多，需要主播展现真实的状态，扔掉偶像包袱。

（2）直播内容依时段划分。

核心要点

人体存在生物钟，直播界也有类似的生物钟。我们要学会区分不同的时段，并善于结合产品的特性，分时段向不同类型的粉丝直播。

粉丝活动有活跃期和低迷期之分，上午 10 点至凌晨 1 点是粉丝较为活跃的时段（见图 1-36）。晚 9 点是进入高峰的关键时点，多个平台从这时起开始进入或达到当天平均在线观看人数的最高峰。而早上 6—7 点是一天中粉丝活跃度较低的时段。午后 2—3 点会迎来一个活跃小高峰。高峰期开始直播，在线粉丝数和互动活跃度都会较高，当然也有一个不利的地方，那就是平台的热门推荐位

置变得十分稀缺。

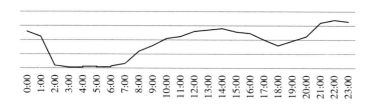

图 1－36 不同时段直播的观看人数趋势

以淘宝直播为例，可以将直播时间分为上午场、下午场、晚上场、深夜场这几个时段，主播可以根据自身的情况选择直播时间和直播内容（见表 1－6）。

表 1－6 不同类型主播的直播时间分析

时间	适合的主播类型
5：00－10：00	新手主播
13：00－17：00	中小型主播
19：00－24：00	大主播
0：00－4：00	中性/夜猫子主播

新手、反应慢、产品单一的主播和商家可以选择按"深夜→上午→下午→晚上"的顺序轮流直播。货源充足和店铺运营超优的主播和商家则可以按"上午→下午→晚上"的顺序轮流直播。但轮播耗费精力、财力，大部分主播和商家都会选择其中的某一个时段进行直播。

晚上场时段适合有专业的电商团队或直播团队、高颜值以及强大的供应链的主播。深夜场时段适合产品单一、内容单一、反应迟钝、不想花太大的精力、特别想快速看到成效的新手主播。不管选择哪一时段，前提都是产品、直播内容、直播玩法要给力。

无论是新主播、头部主播（经济收益高）还是腰部主播（礼物刷量高），一定要避免单天多场直播（30万粉丝以上、日常单场流量过20万的除外）。粉丝基数没有百万的，也要尽量避免多场直播。同时，每个时段根据自己店铺的运营类目、直播栏目做好规划，建议将最低3天、1周、1个月、3个月作为调整基数。

时段好的流量口在晚上场（晚上6点至凌晨1点），头部主播、腰部主播和成熟的商家都在直播，不建议直播不超过3个月的主播和商家在这个场次直播。没有完善的直播规划和产品超级优势，直接进行晚上场直播，相当于浪费平台给主播的每次直播机会，原本可以在其他时段打好基础，却白白浪费掉了这些机会。这就是很多人播不好、没流量、粉丝无法沉淀的原因。

深夜场沉淀粉丝和流量，上午和下午最容易实现转化，晚上场做好一切准备再考虑。还要根据类目和内容选择合适时段，不见得人多的时候就是转化高的时候。初期做直播的核心环节在于转化，不在于流量，不要蛮干。

每一个新事物从诞生到成长都要从基础做起，能一步到位的事情很少。至于结果如何，要看主播和商家自己的实际操作。每位新手主播和商家都有自己的时段定位和优势，要学会错开高峰期，稳步沉淀自己的粉丝基础，激活自己的内容优势。

（3）根据粉丝倾向做出调整。

可以说，直播间的存在需要粉丝及粉丝活跃度来维持。粉丝是直播的基石。随着粉丝消费习惯的建立，粉丝的真实需求能否得到满足将决定其是否继续参与到直播间的互动中来。

第一，杜绝本末倒置。粉丝的需求除了学习、放松之外，占大头的就是购物了。一般来说，因某种兴趣爱好而集结的粉丝群，是营销推广某种商品或服务的宝地，除商品或服务本身外，还有其他的增值服务。但过于强调商品或服务的增值魅力，而忽视了自身调性，只会让人有故弄玄虚、自卖自夸之感。

第二，提高服务质量。粉丝对服务的需求主要表现在贴心、细心、专业、放心、及时等方面。专业是基础，其他则更多地体现为对用户的尊重和重视。在一个直播间里，虽有等级之分，但每个用户都希望自身得到尊重，希望自身的困难在直播社群中得到理解和帮助。如果粉丝发现诉求在直播间中能够得到贴心、细致的反馈和温暖人心的理解，其对主播的黏性将会大幅提升，甚至会成为铁杆粉丝，直播社群自然能保持旺盛的生命力。

（4）与粉丝频繁互动。

核心要点

随着粉丝的增加与积累，主播如何才能关照到各个层次的粉丝群体？把粉丝分为 4 个类型，在同一场直播中，主播可以分类照顾周全。

直播间那么多粉丝，分类有必要吗？答案是肯定的。区别对待可以转化的粉丝，实现粉丝的"区别待遇"，对每个粉丝的情况了然于心，既不因为新鲜感亲昵新粉丝、冷落老粉丝，也不因为和老粉丝熟络而忽视新粉丝。粉丝运营也是一门学问，有针对性地进行服务，才会事半功倍。粉丝可以分为以下四类（见图 1-37）：

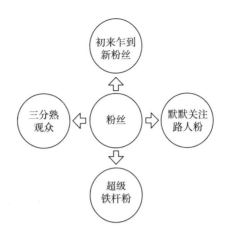

图 1 - 37　粉丝的大致分类

> 初来乍到新粉丝

对于初次进入直播间的粉丝，不管他们是误打误撞还是慕名而来，主播要怎么做才能留住他们呢？首先要从含蓄的关爱开始，比如记住他们的名字，这会让他们感受到温暖。一个善意的招呼、一句暖心的话，或者一种不言自明的默契，都能达到这样的效果。

> 默默关注路人粉

总有那么一批人，可能他们不好意思跟主播说话，或许也不知道怎么送礼物，但就是一直默默地关注着主播。这可是潜力粉丝，千万不要忽略。要制造话题和他们拉近距离，让他们对主播产生黏性。

> 三分熟观众

这类粉丝还没有把主播设为特别关注，看到有直播也不一定点进去，也许会给主播刷点免费礼物，但仅限于此。如何引导粉丝，让他们产生更多期待？可以仔细想想，他们已经看了好几次直播，却还是没能记住自己，这是为什么？是话题准备的问题，还是自己的技能已经过时，或者是内容不够有趣……多从自身找问题，挖掘出一个更好的自己，使自己作为主播更具吸引力。如果以上都做好了，可以再多一点热情、多一份关心。粉丝如果能从主播这里获得情感价值，就不会轻易离开了。

> 超级铁杆粉

铁杆粉丝足以对抗 100 个"黑粉"，这是一股绝不容错失的力量。对于铁杆粉，需要谨记一点：切勿一味迎合新观众，忽略老粉丝。一般来说，和身边亲近的朋友是怎么相处的，就怎么和这些铁杆粉相处。相处的法宝就是用心，越到后面越没有什么套路。相处那么久了，让粉丝感受到真实，才是一个聪明主播的做法。

十一、熟悉平台规则

> **核心要点**
>
> 　　各个平台都有一套区别于其他平台的游戏规则，直播团队若能熟悉这些规则，会让直播事半功倍。

不管你选择在哪个平台进行直播带货，第一步肯定是熟悉平台的规则。比如，在淘宝上直播，主播可以到淘宝论坛上浏览官方发布的帖子；在抖音或快手上直播，可以关注平台的微信公众号，上面有详细的介绍。在了解完平台规则之后，主播接着就要了解开通直播的权限。

每个平台对开通直播权限的要求都不一样。一般而言，平台会对想要做直播的个人用户设一些门槛。大部分平台都会选择与MCN 机构合作，这样一来，其人事流、资金流、业务流都可以实现统一管理。所以，如果你是个人用户，为避免开通直播的权利受限，最简单的办法就是与一家 MCN 机构合作。还有一些平台如快手，正在加快培育直播电商操盘手，这些操盘手能够承担直播电商中的大部分服务工作，与平台有着合作关系，需要开始直播电商业务的新手主播，可以选择和这些操盘手合作。

大家可能会有疑问，不同直播平台的规则到底是怎样的呢？淘宝、快手、抖音、微信这四大平台的具体入驻规则将在第四章介绍，在此不具体展开。

2016 年 11 月，国家网信办出台《互联网直播服务管理规定》，对各大直播平台加强了法律上的监管力度。2021 年 4 月，国家七部门联合发布了《网络直播营销管理办法（试行）》，对直播电商加大了监管力度。

除了相关法律规定，各大直播平台也制定了自己的内部规范。比如 2019 年，今日头条、抖音短视频、西瓜视频和火山小视频四大平台联合发布了《2019 平台直播自律白皮书》，该白皮书就直播平台中出现的涉黄、涉暴以及违反社会公序良俗的内容提出了相关的自律机制。

总之，想要开通直播，商家或个人就需要提前熟悉各大直播平台的入驻规则，并且心中要有法律底线。否则，如果因为触犯法律或违反规定而被封号，可谓得不偿失。

十二、用足流量算法

直播带货的基础是获取流量。流量在哪里，销量就在哪里。没有流量，产品再好、主播再厉害、直播策划再完美，也如同空中楼阁，一切都是空谈。

那么，流量从何而来呢？如何让流量产生最大的价值呢？

核心要点

什么是公域流量和私域流量？为什么要将公域流量转化为私域流量？如何将公域流量转化为私域流量？

1. 公域流量与私域流量

在回答问题之前，我们不妨先来了解一下什么是流量池。顾名思义，流量池是指拥有巨大流量，可以源源不断获取客户的渠道，淘宝、百度、抖音、微博等平台都是流量池。根据流量池属性的不同，流量又可以分为公域流量和私域流量两大类。

公域流量，就是指各大平台上的公共流量，它属于大家共享的流量，而不专属于任何企业、品牌或个人。公域流量的范围很广，比如，淘宝、百度、抖音、微博，以及大众点评、美团、58 同城等服务性质平台上的流量，都属于公域流量。

私域流量，就是指自主拥有的流量。其源于企业、品牌或个人将平台或外部的流量引导并存储起来，变成自主拥有的流量。比如，看到微信朋友圈分享的直播链接后点击进入直播间的用户、观看淘宝直播后进入店铺微信群的用户等，这些都属于私域流量。

2. 为什么要将公域流量转化为私域流量

据统计，中国当下有超过 10 亿的互联网用户，这些用户平均每天在线时间接近 4 个小时，他们在网上社交、购物、看影视剧、玩游戏，其所在渠道每天都会产生难以计数的流量。

如果我们把互联网想象成漫无边际的汪洋大海，那么，那些在互联网世界中的用户就是大海中自在畅游的鱼。对于这些"鱼"，所有人都可以凭本事去捕捞，或者花钱雇人捕捞。并且，随着捕"鱼"的人越来越多，捕"鱼"的成本也将越来越高。

把公域流量转化为私域流量的过程，实际上就是借助一定的方法从流量的"大海"中引流，把原本生活在公共领域的"鱼"引入自家池塘中进行饲养的过程。

相较于公域流量，私域流量主要具有以下五大优势，即免费、黏性高、可重复利用、随时触达、转化率高。

在进行直播带货的过程中，如果能够使用技巧和策略将公域流量池中的流量引入自己的私域流量池，那么，你就拥有了更强的带货能力。并且，因为摆脱了第三方平台的束缚，把各个渠道的流量完全整合起来并掌握在自己手中，获取流量的成本也将大大降低。

3. 如何将公域流量转化为私域流量

对于直播带货而言，流量很重要，流量的转化率更加重要。尤其是对于那些刚开始尝试直播带货的主播而言，如何获取转化率高的流量更是需要解决的第一道难题。而在这一点上，小米公司为我们做出了很好的示范。

通过建立社群，在正式开始直播带货之前，小米积累了一大批忠实用户，成功将公域流量转化为有购买意向、转化率高的私域流量。这关键的一步，也为小米后来的直播带货打下了坚实的基础。

将 QQ、微博、微信、抖音、小红书、蘑菇街等具备连接价值、被用户重点关注的自媒体平台充分利用起来，构建自媒体矩阵、建立社群、打造个人 IP、积累忠实用户的做法，也是将公域流量转化为私域流量的常规做法。主播也可以建立自己的私域群，在群中进行产品预热、售后处理、需求收集和专业分享。

从表面上看，互联网上似乎有无数个流量渠道，有的主播会认为目标用户分散其中，积累私域流量难以着手。但实际情况并没有这么复杂，因为90%的用户都聚集在最常见的那几个渠道中，比如微信、微博、百度、淘宝、京东、抖音、拼多多、美团等。因此，主播在建立自己的私域流量池时，只需要抓住几个主要渠道，并利用这些渠道的特点和规则，构建自媒体矩阵、建立社群、打造个人IP等，达到成功引流的效果就可以了。需要注意的是，在采用这种方式积累私域流量时一定要对自己做好精准定位，并且这个定位一定要符合自己所要带货的产品属性。只有这样，积累的私域流量才会带来更高的转化价值。

我们来看一个将公域流量转化为私域流量后成功运作的案例。

一个"90后"率领一支20人的团队，利用100个微信个人账号给用户提供预订酒店的服务。比如，你想预定北京天坛附近的酒店，他就列出一个符合你要求的清单，再一对一推荐，用户可以直接在微信上选。他给出的酒店价格和携程一样，特别之处在于给你提供免费早餐券，甚至是任性退房券，动气好的话还有优惠券。

这个团队的组织架构很简单：一个外联部，跟各酒店集团谈协议价；一个编辑部，负责编辑朋友圈内容；剩下的最大的队伍就是销售团队，其中的市场部允许有流量的人加盟。这极大地降低了内部管理成本。

他的流量，最早来自各个公域流量池，如通过头条广告、百度广告等把人吸引过来，主打价格比携程还要低、专人服务等利益点，把微信个人账号建设成一个订房呼叫中心，提供一对一服务。而到现在，这个小团队已经实现了一年流水8 000万元，复购用户占80%的成绩。

在本章，我们了解到直播电商借助网红达人在直播间连接起商家与消费者，这既能提高产品销量，又能提升品牌知名度，实现"人带货"的良好效应。"以人带货"可以说是直播电商兴起时的快速热场方法。但归根结底，"好货"才是能让直播电商稳健发展的法宝。各大电商平台以及商家纷纷开始致力于供应链的打造，"货带人"将成为今后直播电商发展的新趋势。

要做好直播电商，首先得选"好货"，这要在许多方面下功夫，包括充分了解哪些适合常规直播、哪些应该避开、同行们都在直播什么产品……同时，也要让所选产品与主播个人的定位相匹配。此外，直播团队既要熟悉各个直播平台的规则，也要用足不同领域的流量。如果能做到主播给力、产品给力，且"人"与"货"完美结合，那么离超级带货还远吗？

第二章

供应链：打造核心竞争力

在本章，我们主要从直播电商供应链基本概念和优势、目前直播电商供应链存在的主要问题、各类直播电商供应链的不同特点和案例分析、全面完善直播电商供应链以确保其长久发展四个层面进行阐述。

一、带你入门直播电商供应链

本节主要以理论加案例的形式，从直播电商供应链三大要素——"人＋货＋场"、直播电商对传统电商的冲击与突破、杭州九堡直播基地的发展及逆袭三个方面来阐述直播电商供应链的基本概念、核心要素和发展路径。

1. 直播电商供应链的"三剑客"："人＋货＋场"

核心要点

直播电商供应链"人＋货＋场"的完美结合，不仅突破了传统电商发展的困境，而且扩大了直播电商自身的流量红利。

英国著名供应链专家马丁·克里斯托弗曾说过："市场上只有供应链而没有企业。"确实，随着直播行业的迅速发展，直播带货使产品销量得到了质的提升。然而，产品的供应才是维持商家直播运转的重要源头。如果没有充足的产品供应，那么直播电商也做不长久。下面向大家介绍直播电商供应链的三大要素——"人＋货＋场"，并通过举例的方式对这三个要素进行拆解，让大家更透彻地理解直播电商供应链。

供应链即"人＋货＋场"三剑客的有机结合（见图2-1）。"人"主要是指MCN机构和主播，前者主要负责签约直播达人并进行内容的持续输出和变现；后者主要是帮助供应商在直播平台宣传和卖货的人员。"货"主要是指各类供应链企业。"场"主要指各类电商和直播平台，是主播和供应商与消费者之间的重要桥梁。

在早期的流量红利阶段，随着主播的成长越来越快，部分有前瞻意识的主播尝到了供应链的甜头。成长起来的主播对货品的要求也越来越高，直播平台官方也在有意推动直播电商业务的规范化、系统化、个性化，于是便有了"品牌直播基地""线下市场直播供应链"等概念。

传统电商往往通过用户在平台上根据自身需求"搜索"相关商品并购买，最终产生交易。直播电商则是通过人与人之间的"传播"来带动交易，整个交易行为是通过人与人之间的连接产生的。只有用户和平台将商家的直播间在各种人群中不断宣传和推广，才能给直播间带来巨大的流量，进而通过销售商品给商家带来利润。

图2-1　直播电商"三剑客"

> **核心要点**
>
> 直播电商重塑了"人＋货＋场"的关系，将 MCN 机构、主播、供应链、商家、电商平台、直播平台整合到一起，形成一个庞大的供应链网络体系。

在直播带货的背后，是"选品—直播—售后"这一整套的供应链运营体系。这套体系主要包含三个支撑点：人、货、场，也就是前面提到的"三剑客"。

"人"主要是指 MCN 机构和主播。MCN 机构主要是帮助签约的直播达人进行内容的持续输出和变现的网红机构；主播则是 MCN 机构"打造"出来的帮助供应商在直播平台宣传和卖货的人员，也是供应商和直播平台的"门面担当"。在直播卖货过程中，主播通过各种营销策略推荐产品并通过各种沟通策略主动连接粉丝，形成粉丝经济，进而最大限度地激发粉丝的购买力，进行流量变现，从而帮助供应商获取最大的利润。

"货"主要是商家，即供应链企业。上下游企业通过不同的分工形成紧密且系统的产业链，它们会与不同的直播平台进行产品的宣传和销售合作，并通过主播对产品的介绍和推广来获取经济利润和品牌效应。直播平台上的货品与其他平台上的货品相比，从产品生产源头到销售终端，基本实现了"去中间化"，即最大限度地降低产品生产、运输和销售过程中的中间成本，进而降低产品价格，让消费者感觉从直播间购买"更值"。

"场"主要是指电商平台和直播平台。通俗地讲，电商平台和直播平台主要扮演着桥梁的作用，一端连接着主播和供应商，另一端连接着广大消费者。广大消费者会在平台上搜寻自己感兴趣的产品和主播，并观看相应的直播内容来对比和评估直播间各种产品的性价比，最终决定自己是否花钱购买这些产品，进而也给商家、主播和平台带来经济效益。就这样，电商平台和直播平台促进了买卖行为从线下到线上的转变，打破了传统的经营格局，突破了时间和地域的限制，让消费者的购物行为更容易发生，也让商家更方便和更高效地赚钱。

2. 直播电商对传统电商的冲击和突破

> **核心要点**
> 　　直播电商对传统电商的商品生产和供应环节进行的深度赋能，解决了传统电商面临的发展痛点。

　　传统电商的根本问题在于非常依赖传统的供应链模式，缺少深度改变商品生产和供应流程的能力，因此已经无法满足消费升级时代的用户需求。

　　虽然现在的网红主播们大多会通过选品的方式来尽可能多地找到优质的商品，但是，如果只是把改变停留在挑货、选货上面，而不是从源头解决电商行业在商品生产和供应流程当中的问题，直播电商的发展依然会步入困境。根本原因是传统机械的、低效的模式终究无法与用户需求的善变完美对接，最终用户面临的痛点势必无法得到根本性解决，行业效率同样无法提升。

　　在电商行业供大于求的背景下，直播电商能够有效解决用户在挑货和选货过程中的痛点和难题。但在零售新业态下，困扰用户的并不是挑货和选货的问题，而是用户的需求无法得到有效满足的问题。直播电商应该对商品生产和供应环节进行深度赋能，通过参与到商品的设计、生产和供应环节中来解决传统电商面临的发展痛点。这种方式既能提升上游行业的效率，也能改变传统意义上的商品生产和供应模式，最终让供求两端有了再度对接的可能性。

核心要点

　　以李佳琦团队和薇娅团队为代表的电商主播和 MCN 机构，均通过搭建和完善自身前后端供应链来强化自身的带货优势。

　　比如，相较于传统电视购物节目的主持人，李佳琦团队的本质是买手团队，他们挑选商品、预估销量、进货、备库存、直播销售，然后发货，形成的是一个完整的商业闭环。他们推荐商品，但并不完全对扩大品牌影响力负责。

　　再比如，一些大型 MCN 机构会通过优化自身的供应链来强化优势，吸引更多的直播流量。以薇娅所在的谦寻为例，2017 年，谦寻转型成为 MCN 机构，将公司从广州搬到了杭州九堡——一个离主播和阿里巴巴都更近的地方。为了发挥供应链优势，谦寻再度从九堡搬到了阿里滨江园区，租下了一整栋楼，其中的两层共计 1 万平方米的面积，用于供应链基地的搭建。

　　"我们把常年跟谦寻、跟薇娅合作的食品品牌、美妆品牌和生活百货类品牌，都邀请进来。其实，这是帮助商家提高效率，因为原先是商家要做活动，想推某个款，才去找各种主播，然后跟他们联系，再寄样品过去。"按照董海锋的想法，原来的模式带来的问题是主播和商家之间会有信息差。

"新出来的一些主播，其实她的供应链是很让人头疼的。主播可能就是个小女孩，很难面对面地去跟一个工厂或朋友谈，客服售后也很难自己管理，因为她没有这方面的经验和能力。但是，有时候主播的体量就在那里，她就得管那么多人，就得对接那么多的产品和事儿。"从主播的角度来看，谦寻搭建供应链基地的目的，就是解决所有的后端问题。

3. 经典案例分析：杭州九堡直播基地

核心要点

　　杭州九堡把握住了供应链改革的风口，成为直播电商供应链第一村。其快速发展路径大致也遵循了"人、货、场"的供应链改革原则。

（1）人——从荒无人烟到"人气"爆棚。

杭州九堡由之前的无人问津，到现在新禾联创产业园里每个供应链基地门外几乎都放着寻找主播的易拉宝（扫二维码进群便可对接如涵、构美、纳斯、明睿传媒等多家 MCN 机构），可谓经历了天翻地覆的变化。主播当然是这一环节最重要的元素。在这里，在淘宝平台上粉丝超过百万的主播超过 1 200 人，他们年均直播场次超过 300 场，单场直播平均时长接近 8 小时。其中，李佳琦在 2018 年直播场次达到了 389 场。单场直播 8 小时，意味着每天的工作时长高达 14～15 小时，留给主播的休息时间屈指可数。

晚上 9 点，新禾联创产业园灯火通明，紧闭的窗帘宣告了一个事实：直播已经开始了。直播对灯光要求非常严格。一般的直播间除了配备两个 OLED 摄影灯外，为了保证不受自然光影响，一旦直播开始，主播便会把窗帘拉上。在一场直播中，前 20 分钟往往是热场，主播简单介绍今天播的内容，等待粉丝慢慢进场。当场子热起来后，为了保证热情不退场，大主播都会尽可能减少喝水的次数。

除此之外，九堡的房屋、店铺出租，以及火锅等美食生意也因直播基地的建立变得人气爆棚。

（2）货——从产品滞销到水涨船高。

机会和财富沿着供应链层层传导，并在这里迅速聚集，甚至连最下游的面料厂商都分到了一杯羹。"我们今年的收入比往年多了 30%"，位于九堡近 10 公里处的五星工厂面料厂厂长刘敏感叹。服装加工厂的工人的薪资就此水涨船高，能达到每天 400～500 元，最低每天也有 300 元。

九堡没有一夜暴富的神话，这背后是一台精密的"机器"。主播在直播时往往选择用"样板衣"直播，而当"首批销量"确定后，业务部门便开始和后端的工厂进行商议、合作，进入生产流程。"我们会提前联系好物料、仓库、工厂，等直播下单结束，物料已经运送到工厂，马上裁制。着急的时候，也不发物流，都是货车直接把物料拉到工厂，当晚直接缩水、裁剪。夸张的时候，工厂都是连夜开始生产服装。以生产夏季的 T 恤为例，有时候货品急需的话，排期一天可以生产 2 000 件 T 恤。"如涵供应链负责人胡玉婷告诉记者。

核心要点

和时间赛跑、对直播电商供应链各环节的追求达到极致，正是许多 MCN 机构和主播在直播电商浪潮中脱颖而出并赚得丰厚利润的秘诀。

这是和时间赛跑的游戏。胡玉婷向记者分析道："时间越长，库存的风险越大。供应链配合度越高，反应速度越快，那么我卖多少，就可以提前几天返多少，库存风险就越低。"

直播对供应链上下游反应速度的追求达到了极致。正因如此，如涵连样衣制作也搬到了公司内部。在如涵绿谷办公室的一层，缝纫机、线头、布料堆积，新制成的样衣挂在办公室里；已经播过的样衣密密麻麻地陈列在衣架上，拥挤地摆放在两个办公室的过道里。

所有的中间环节都要尽可能减少。因此，不少 MCN 机构搬到了九堡。离新禾联创产业园不到 1 公里处便是朝阳工业园，5 公里处便是乔司镇，这些地方密集地聚集着成百上千的成衣厂商、贴牌厂商、面料厂商。

（3）场——从废旧厂房到直播间、供应链基地。

西子环球原本是西子电梯的生产地，因为业务扩大，整栋楼都搬空了。但直播的兴起让废旧的厂房得以焕发生机。6.6 万平方米的厂房，经过墙壁刷漆、电梯里贴上广告、地毯换新等，变成了 200 多家商户的电商直播基地。有趣的是，其中一家 KTV 被天下网商整体承包了下来，打造成了直播基地，甚至连金马五金广场的五金铺子现在都成了直播档口。

（4）钱——直播电商供应链的目标。

一位 MCN 机构负责人告诉记者，一般拥有 30 万粉丝的主播一年的税后收入能达到 150 万元。淘宝官方数据显示，2018 年，在淘宝平台上月收入达到百万级的主播就有上百人，同时坐拥百万粉丝的主播也有 1 000 余人。这样的造富速度，让人羡慕。

二、直播基地的发展现状

在对直播电商供应链的基本概念进行详细的阐释之后，本节主要从市场饱和、利润率降低、同质化严重、退货率高四个方面来分析当前直播电商供应链所面临的问题和挑战。

> **核心要点**
>
> 直播市场渐趋饱和，使得许多直播基地面临"退货率高""同质化严重""利润率降低"等难题。

近年来，许多厂商之所以纷纷转战直播电商，是因为相较于其他电商模式，直播电商的传播路径更短、效率更高，非常适合交易量庞大的批发市场。

2019 年伊始，越来越多的人意识到了供应链的重要性，于是纷纷参与到直播电商供应链的发展浪潮中来。同时，随着直播行业的快速发展，各大批发市场和厂商看到了商机。为了快速解决库存积压问题，不少厂商通过布局网络销售渠道，开始建立直播基地，开启自播，用价格优势来吸引广大用户。恰逢当时很多 MCN 机构的主播都面临"无'货'可播"的局面，直播基地如及时雨般迎合了各大 MCN 机构主播的需求。同时，当时打造供应链的商家较少，供应链上的盈利空间较大，第一批供应链企业很快就赚得"盆满钵满"。但是，在直播电商供应链急速发展的过程中，也逐渐显现出许多问题，比如退货率高、利润率降低、同质化严重等。

1. 市场饱和

> **核心要点**
>
> 　　直播电商市场饱和主要体现在主播市场饱和、直播基地饱和，以及由此带来的传统供应链升级失败。

　　线下直播基地解决了货源供应的问题，便利了主播挑选自己将要推广的产品，也便利了主播高效地对产品的质量进行把控，从而提高直播质量，也最大限度地保证了产品和商家的信誉。正因为直播电商拥有如此"诱人"的优势，一时间大量的主播纷纷涌向各个直播基地进行直播带货。

（1）直播基地和主播市场饱和。

　　直播基地可观的利润激发了大量的厂商和电商人员纷纷挤入这一领域建立直播基地，结果市场一下子就趋于饱和了（见图2-2）。

图2-2　从少量基地分割电商大市场到爆满的基地分割饱和的电商市场

以杭州地区为例，发展不到半年，直播基地的数量就高达几百个，共建有 3 000 多个供应链服务模式的直播间。主播数量更是迅速增长，《2020 年中国网络表演（直播）行业发展报告》显示，截至 2020 年底，我国网络表演（直播）行业主播账号累计超 1.3 亿，其中日均新增主播峰值为 4.3 万人，远远超过了市场需求。这一现象使得市场一下子变得饱和。

（2）传统供应链升级失败。

2019 年，许多具备一定实力的机构开始筹建自己的产品供应链。这种"自建"供应链的模式和直播基地的模式类似，都在线下拥有独立供应链，并在传统供应链的基础上建立了直播间，通过招募、培训主播等方式快速进行出货和变现。

但与此同时，又出现了一个令直播基地头疼的问题：直播基地的数量增长过快，主播总体数量快速增加，而具有带货能力的主播数量则增长较慢，直接导致的结果是直播间供过于求，但能带货的主播却供不应求。

核心要点

除此之外，利润率降低、同质化严重和退货率高，使得许多直播基地尤其是中小型基地的发展遭遇瓶颈。

---

2. 利润率降低

直播基地的规模扩张迅速，而带货主播数量的增长较慢，导致其最后面临着带货主播稀缺的难题。随着直播基地供大于求，主播对款式和价格的要求越来越苛刻，都要求最低价、最好的品质，导致整个行业利润率严重降低。

3. 同质化严重

由于市场迅速饱和、产品创新能力不足，直播基地出现了严重的同质化现象，加之高昂的场地租金和人员成本，又使得供应链上的盈利空间进一步缩窄。有些供应链企业刚进入这行没多久，脚跟还没站稳就败下阵来了。

4. 退货率高

相较于传统的购物方式，直播购物属于"爆发式购物"。很多时候，通过一场直播能卖掉几千件产品。然而，由于用户在规定期限内可以无理由退货，直播退货率高达50%～60%。这在一定程度上是由直播行业的变化节奏较快，且同质化严重，很多产品的可替代性强等原因造成的。再加上许多直播基地的供应链管理水平跟不上行业的变化节奏，特别是中小型供应链，缺乏科学配套的场地与人员管理体系，管控能力较差，售后服务水平较低，很难与其日益扩张的营运规模相匹配。

三、不同类型的直播电商供应链模式

了解了直播电商供应链的基本要素和直播基地的发展现状之后，我们有必要了解不同类型的供应链模式及各自的特点。本节主要从基本概念、优缺点、具体案例三个方面来介绍"品牌集合模式""品牌渠道模式""批发档口模式""尾货组货模式""代运营模式"等九种不同的直播电商供应链模式。

1. 品牌集合模式

核心要点

　　品牌集合模式一般是供应链机构利用自身供应链优势，通过和品牌商合作，建立自己的直播基地，并对外邀请主播来卖货。

（1）品牌集合模式的介绍。

　　这种模式下直播销售的产品一般以上一年的老款为主，优惠力度相对较大，其中不乏新款，但折扣力度较小。目前的品牌直播基地基本上是采用这种模式，对应的直播大型活动有超级内购会。要想真正理解品牌集合模式，可以从经营方式和归类方式两个方面来看。

　　从经营方式来看，品牌集合模式具有如下三大特点。第一，多品牌共享供应链资源，统一管理供应链，打破了传统供货模式中的品牌分割和垄断的局面。第二，利用渠道资本而非生产资本。以往带货模式往往会更多地在生产环节投入大量资本，以期提高产品质量，从而吸引更多的消费者。而品牌集合模式打破了不同品牌供应商之间的界限，采用将不同品牌集中在一起的方式，通过不同的电商平台来实现产品推介和销售。第三，品牌资源丰富或货品渠道多样。顾名思义，通过这种直播带货模式能收集并同时推荐不同品类的高质量产品，让消费者有更多的选择。

　　从归类方式来看，品牌集合模式的品牌和品类组合方式是直观、简单的。通过品牌和品类多寡矩阵组合来判断，大致有四类：多品牌多品类、单品牌单品类、品牌集合类、多品牌单品类。

> **核心要点**
>
> 品牌集合模式的供应链优点在于所有库存风险均由品牌商承担，供应链机构实际上多为赚取差价的中间商，并没有太大的库存风险。

（2）品牌集合模式的优点。

这种模式下，挂牌的直播基地还可以承办超级内购会活动，获取官方资源后召集众多主播来做直播，每月一场超级内购会能产生很不错的收益。比如，2019 年 9 月 20 日，在浙江省桐庐县崇福镇的"爱嘟"皮草供应链基地里，蘑菇街主播 cherry 参与了一场皮草专卖直播。就在当晚，成交额突破 100 万元，刷新了 cherry 此前保持的最高纪录。之后，在蘑菇街于杭州艺尚小镇举办的秋冬订货会上，cherry 团队又和这家崇福最大的皮草供应链基地签下供货订单，稳定的货源为她冲击高销量提供了保障。

直播电商发展至今，这是第一次由电商平台组织举办的大型线下直播订货会。订货会集结了来自蘑菇街平台的 200 多个主播、300 多个全国知名的直播电商供应链机构（能直接提供货源的工厂），基本覆盖了直播的全品类，包括美妆、百货、箱包、内衣、家居、鞋服、食品等。除这些核心品类外，零食、洗护和近年来在平台上备受欢迎的珠宝品类都设有相应的展区。

整场订货会就像一个大型批发市场，各大商家都守在自己的展位上等待主播上门挑选货品。主播一边挑选款式、一边体验产品，和商家互相添加微信号，建立起带货意向。部分带货意向十分强烈的主播则会和商家或直播电商供应链机构约好时间，到基地的直播间测试款式，根据直播时的用户反馈最终确定直播的款式，补全订单信息。

为了让主播能够直观地看到新款服饰的试穿效果，商家还在现场举办了多场新品秀，让模特们穿上自家的新品服饰在现场临时搭建的 T 台上走秀，使主播更快地做出决策。

此次订货会的意义在于将货源和主播进行匹配。对主播而言，直播后最怕货源在质量与数量上不稳定。例如，有的供应链机构提供的同一款上衣，第一批货品的面料与第二批货品的面料有明显的差别，用户体验较差。考虑到货源稳定的问题，主播一般倾向于选择与具有一定实力的优质品牌或者供应链机构合作，而平台更有能力集合这些优质的商家和供应链机构，所以主播也倾向于参与平台组织的各种订货会。

核心要点

品牌集合模式的缺点就在于它单纯依靠外部主播来直播带货，供应链机构本身不生产货，不做电商运营，也不孵化主播，完全是靠天吃饭。

（3）品牌集合模式的缺点。

该模式下的产品因款式陈旧，营收不稳定，也缺乏核心竞争力，再加上是帮品牌商清理库存，所以成本不低。供应链机构要维持30％以上的毛利，加价率一般在两倍以上，所以性价比也不是很高，直播间的价格并非全网最低。

（4）品牌集合模式的典型案例。

品牌集合模式比较典型的一个例子便是"腔调 Taostyle "门店。它集合了近 30 个淘宝服饰和鞋包配饰类品牌，包括"Ayuko" "LAMPS""步履不停""Roaringwild""Thessnce""市井蓝染"等。

相较于传统零售，该门店利用直播带货的最大好处在于，销售时间和空间不受限制。商场的营业时间一般是上午 10 点至晚上 10 点，但是对于线上消费而言，晚上 8 点至凌晨 2 点是年轻人活跃的时段，也是高频消费时段。

核心要点

"腔调 Taostyle"门店利用直播带货的最大好处在于销售时间和空间不受限制。它集合了多方品牌，供应链机构赚取差价的同时，也无库存风险。

考虑到这一点，"腔调 Taostyle"目前有三种直播方式：第一，在商场的营业时间范围内，选择在直播间内直播；第二，商场营业结束以后在线上继续营业，主播会在店内的休息区直播；第三，以快闪店的形式，让用户在直播时主动打卡。

在直播过程中，入驻的商家也会参与进来，像品牌方"Ayuko"等，会不定时地来店内进行直播并和用户互动。此外，由"步履不停""Roaringwild"等品牌方提供货源，供应链机构赚取差价的同时，也没有库存风险。

2. 品牌渠道模式
（1）品牌渠道模式的介绍。

核心要点

品牌渠道模式下商家往往利用线下门店基础来创建自身供应链，同时，商家还会定期与外部主播合作，打造自身优势。

品牌方具备一定的线下门店基础，依托原有的资源，创建自有供应链，定期开发一批款式并与外部主播合作，或者绑定几个比较合适的主播做联名款。直播只是品牌方增加的另一个销售渠道，大主播播完之后，也可以安排小主播来轮番带货。

与品牌集合模式不同的是，品牌渠道模式下的供应链机构通常只有一个，即一个具有一定数量线下门店的品牌方。

> **核心要点**
>
> 品牌渠道模式的优点在于款式新、直播转化率高、利润高，缺点在于开发周期长，与主播的合作不稳定。

（2）品牌渠道模式的优点。

此类供应链的优点是产品的款式通常比较新，和主播风格匹配度高，因此直播转化率相对较高，销售利润由品牌方控制，利润空间较大，一般都能达到50%以上，而且产生的库存也可以放到线下门店出售，面临的库存风险大大降低。

（3）品牌渠道模式的缺点。

由于品牌方开发周期长，新款数量不多，款式更新频率较慢，再加上很多此类型的供应链机构没有专业的电商运营团队，邀请外部主播难度较大且合作时间不好控制，档期不好配合，所以这种类型的供应链开播率不高，直播场次较少，很难实现高产。

（4）品牌渠道模式的典型案例。

> **核心要点**
>
> "巴拉巴拉童装店"正是在疫情期间抓住了品牌渠道模式的风口，突破了滞销的窘境。

"巴拉巴拉童装店"是一家专门售卖3～12岁儿童服饰的店铺。它一开始只有一家线下实体店，利润率很低。经过一段时间的学习和发展，店铺老板逐渐由"线下销售"转为"线上线下同时销售"，线上销售主要是通过传统的微信朋友圈、微信群等方式。销售方式的转变使得这家店铺的销量在半年内提高了20％。

疫情期间，由于许多消费者收入变少、出门逛街的频率大幅下降，该店铺的生意又进入了低谷期。在这种情况下，店铺老板通过对淘宝和抖音等直播平台的观察、学习和总结，开辟了一种新的销售途径——"直播卖货"。最初，店铺老板自己通过淘宝直播平台卖货，后期通过朋友介绍，联系了一些"不知名"但是有一定粉丝量的小主播帮自己卖货。经过一个月的包装和推进，店铺的生意因为淘宝平台和抖音平台的带动，提升了大约35％，这让店铺老板第一次尝到了直播卖货的甜头。但是由于并没有与主播签订固定的协议，主播的时间与店铺卖货的时间很难匹配，而店铺老板又没有太多的直播带货经验，该店铺的直播卖货进程"乱中有进"。

看来，要想持续尝到品牌渠道直播模式的甜头，还真需要老板花心思研究一番，总结出系统的店铺直播发展思路，使其由"乱中有进"进阶到"稳中猛进"。

3. 批发档口模式

核心要点

批发档口模式主要有"走播""邀播""第三方组织"等形式，优点在于款式新、性价比高，缺点在于管理难度大、售后服务不完善。

（1）批发档口模式的介绍。

这种模式的供应链主要存在于批发市场中，其实现方式主要有三种：一是单个档口与线下市场"走播"（在市场里边逛边买的模式）的主播合作；二是将批发市场商户整合为供应链，邀请主播进行直播；三是由第三方或者物业牵头，组织档口加入其中，成为供应链机构，比如之前淘宝平台做过的活动"老板娘驾到"。

（2）批发档口模式的优点。

第一，在批发档口模式下，款式更新比较快，种类多样，性价比极高，很受"走场主播"的欢迎。此外，批发档口模式下产品价格相较市场销售价格适中，用户更愿意购买主播推荐的产品。基于此，这种模式对初入职场的主播成长有非常大的帮助，无论是涨粉还是成交，都是目前主播们比较喜欢的。

第二，如今市场上的产品琳琅满目，令人目不暇接，因此用户更加需要专业人士的指导，而在批发档口中直播的主播正好能与掌握产品信息的商家直接沟通，帮助用户选择合适的产品，降低用户在购物过程中挑选产品的时间成本。

（3）批发档口模式的缺点。

第一，档口数量较多，管理难度较大，目前还没有形成有特色的、专业的直播电商供应链，因此，对于一些刚开启直播通道的商家而言，这是一个很大的挑战。

第二，档口更新比较快，一般不会提供退货服务，这很容易引发用户的不满情绪，也会大大降低主播和商家的信誉。因此，对于服装这种退货率高的直播类目来说，很多档口不愿意自己组织直播带货，害怕用户流失，或者拉低自身评价值和信誉值。

综合来看，目前批发档口模式比较适合针对小商品的直播带货。比如，世界闻名的"义乌小商品批发市场"就是靠商品优势和直播流量优势，开辟了一片销售的新天地。

（4）批发档口模式的典型案例。

核心要点

"老板娘驾到"直播活动，以市场为导向，以档口为载体，一方面邀请成熟主播到市场档口带货，另一方面档口老板娘自己在淘宝直播的帮助下做主播。

批发档口模式的典型代表是 2018 年的"老板娘驾到"电商直播活动。该直播活动以市场为导向，以档口为载体，主要分为两大板块进行：一是成熟主播到市场档口带货，二是淘宝直播平台帮助线下老板娘和档口小妹自己做主播。

2018 年 12 月开始，一批线下老板娘、档口小妹在淘宝直播的孵化下，转型为淘宝主播。"她们做淘宝主播有天生的优势，表达能力好、了解服装生意，又不缺货源。"淘宝直播相关负责人介绍，目前老板娘淘宝主播的数量已经超过 430 位，遍及全国 120 多个市场。其中，常熟、广州、杭州、海宁、义乌、深圳等地的老板娘淘宝主播格外活跃。而韩国、尼泊尔、斯里兰卡等国外市场也开始出现老板娘淘宝主播的身影。

在常熟服装城，老板娘淘宝主播的人均成交额最高可以达到单日 21 万元。被称为"老板娘中的薇娅"的黄小敏，2010 年就在常熟服装城开店。做了 9 年服装店老板娘的她，2018 年开始接触淘宝直播，并顺势在 2019 年 1 月开了自己的淘宝店"黄小敏精选"。她很快发现，这样的模式才是推广自家商品的最佳渠道。黄小敏虽然做淘宝直播的时间不长，但是通过使用淘宝直播间人气互动软件提前导入话术，引导粉丝互动评论，关注主播，很快就累积了 18 万粉丝。在其中一场"老板娘驾到"活动中，她的销售额更是超过 255 万元，这是她原来线下销售额的几十倍。

4. 尾货组货模式

（1）尾货组货模式的介绍。

2016—2018 年，绝大多数淘宝主播并不是只带货新款，他们更多的时候也卖尾货市场的库存产品。也许有人会问，尾货是平时卖不出去的产品，用户会因销售模式的不同而买单吗？答案是肯定的。

对于刚起步做直播的商家而言，如果只是带货新款，而不销售尾货，那么很容易会出现"赔本赚吆喝"的情况。此时，尾货可以为直播带货提供两个"撒手锏"——低价和补贴，从而提供让用户无法抗拒的购买价格。

核心要点

尾货组货模式的初衷主要是解决商家手中的尾货资源，主要有原单尾货、库存尾货和剪标尾货三种。

这种模式下的供应链机构前身就是尾货商，其手上掌握着大量的尾货货源，可通过建立直播团队服务于主播，或与直播机构合作建立新的销售渠道。要想真正掌握这种模式，就需要详细了解尾货的不同分类。

原单尾货，即品牌加工厂在接到品牌商下达的订单时，为了达到生产质量要求多生产的部分。例如：品牌商下达的标准数量是

10 000件，加工厂为了保证10 000件达标，通常是要多生产的，比如多生产2 000件。那么，当品牌商经检验合格取走10 000件货品后，剩下的2 000件就成为原单尾货，这部分原单尾货中可能包含部分次品，也可能全部达标。

库存尾货，即一些商品过季后，品牌专卖店、加盟店等会下架退回积压的部分货品。这些货品的款式通常会比当年的款式陈旧1～2年，多数款式的花样和码数不齐全。其出厂的时间越长，价格就越低。

剪标尾货，即品牌加工厂在处理已经出厂的尾货时，为了保障品牌商的权益而对货品的某些部位进行处理，以保证它们与市面上销售的品牌货品不完全一致。这样的处理多为把衣服的领标、水洗标等剪掉，但不影响穿着。例如，海澜之家的尾货通常在出厂时是必须把领标和水洗标剪掉的。

（2）尾货组货模式的优点。

核心要点

　　尾货组货模式的主要优点表现在货源充足、商家毛利率高且主播和商家均能在直播带货过程中积累大量粉丝和忠诚客户。

尾货组货模式是目前常见的供应链模式之一，此类型供应链的优点主要分为三个方面。

第一，尾货数量大、款式多、品质不低、库存充足，商家不存在没有货源供应的情况。

第二，尾货的性价比极高，商家销售的毛利率也很高。这是因为商家生产尾货的边际成本很低，且基本不会影响商家的预期利润，所以在销售尾货的时候，商家通常会制定一个比市场原价低很多的价格，来迅速吸引消费者而扩大销量，这样消费者就能以超低的价格买到正版商品。

第三，商家利用尾货可以进行各种促销活动，如打折、秒杀、赠优惠券等，对直播涨粉很有帮助，同时也深受主播的青睐。对于主播来说，粉丝、销量和口碑是他们脱颖而出的三大关键砝码，而大多数时候，在直播间推广尾货可以让他们"一举三得"，他们可以以超低的价格拿到正版商品，又能吸引大批粉丝，还能保证自己的口碑。

（3）尾货组货模式的缺点。

核心要点

尾货组货模式的缺点表现在：对于消费者来说，款式可能较为陈旧且码数不全；对于商家来说，其在支付货品尾款和品牌授权等方面可能存在一定的困难。

尾货组货模式的缺点主要集中在以下两个方面。

第一，货品款式较为陈旧，库存量比较大，但单款产品的库存不多，卖完就没有了，这就使得许多消费者即使看上了直播间的尾货，也会因为没有合适的颜色和尺码而放弃购买。而且，大量收购尾货对资金要求比较高，很多供应链机构因此倒闭。这是因为，一方面，由于尾货的数量较少，很容易被市场潮流所淘汰，尾货出售企业一般会快速出售手中的尾货；另一方面，由于尾货非常抢手，许多尾货出售企业会要求直接支付全部或者大部分货款，尾货收购商赊账的可能性很小，所以需要耗费大量现金流来支付货款。

第二，目前市场上的尾货销售和过去的尾货销售有些不同。例如，在过去销售尾货时，我们可以直呼其名（说出尾货品牌），但如今在各大直播平台上，这种做法是不被允许的。如果没有得到品牌商的授权，那么直播平台将通过自动检测，对出现此类问题的直播账号进行警告，甚至是封号。这就要求直播团队制定缜密且具有吸引力的直播营销策略，以防销售尾货赚得的利润还不够支付罚款，得不偿失。

（4）尾货组货模式的典型案例。

核心要点

尾货组货模式在工资收入一般的上班族中比较受欢迎，但是商家要想持续利用这一优势，就必须充分了解该模式涉及的市场策略和法律规则等。

尾货组货模式也吸引了很多人的关注，比如许多上班族在闲暇时间经常会逛电商平台上专卖尾货的秒杀店，而恰好有一些店铺模式是"一周一新"，即每周都会更新店铺产品，整个店铺的产品几乎每周都会被买光；并且这些秒杀店并不是短暂地销售一段时间，它们一直凭借自身尾货的独特性而屹立不倒。

如果商家能够利用好尾货组货模式，充分学习和掌握尾货销售的营销策略、市场规则、法律规范、售后服务等，那么就算是卖尾货，生意也会很火爆。对于刚接触直播电商的商家而言，不妨使用尾货和新款的销售组合来进行直播带货，因为刚接触直播电商的商家大部分由于运营资本和经验不足而无法充分订购价格太高的应季商品，而尾货的低价优势会帮助他们入门直播电商供应链的运营，从而一步步积累自己的运营资本，摸索属于自己的直播销售模式。

5. 代运营模式

（1）代运营模式的介绍。

核心要点

　　代运营模式主要是具备一定基础的机构和主播采用，二者帮助商家解决直播电商售前、售中和售后问题，并收取一定的佣金。

　　代运营模式主要适合有电商基础，又具备一定直播资源的机构和主播。二者帮助商家解决电商各种中间环节的问题，并帮助商家把售后服务问题解决掉，在一般情况下只拿提成或者服务费。

　　代运营这种供应链模式，一般的收费方式大致有三种：第一种是"服务费＋佣金提成"，签约一般以季度为周期，其中服务费是事先确定好的，佣金提成部分要根据主播在直播带货过程中的表现来酌情调整；第二种是代运营机构只收取服务费，商家一般会按照主播的带货量来支付费用，这种收费方式看似收费较少，实则不然，有时候主播的带货量会远远超出商家的预期，那么由此产生的服务费则会大大提高；第三种是代运营机构按用户数量收费，不过这种收费模式比较少见，少见的原因是这种收费方式并不规范，因为用户数量很容易被主播和商家操控，且有效用户数量和僵尸用户数量区别和统计起来非常麻烦。

核心要点

在直播电商市场中，代运营模式主要由三种机构组成，分别是：全能型运营机构、网红代运营机构和模块托管型机构。

目前市场上的直播代运营机构主要分为三类。

全能型运营机构。这种机构通常会提供"一条龙"服务：在主播人选、场景搭建、脚本撰写、主题策划等环节，都会为商家提供细致的服务。这种机构模式有点像幼儿园的"全托"。目前，国内市场上还没有全能型运营机构，因为这种运营机构涉及的板块众多，可控性较差。

网红代运营机构。通常这种机构会与相关品牌签约，共同孵化网红主播，孵化成功后的网红主播就会成为品牌的代言人，从而为品牌赋能。这种模式能够让更多品牌拥有孵化网红主播的能力。但是，真正培养一个带货能力超强的网红主播需要在前期投入大量的时间、资金和人力，沉没成本很高，代价很大。因此，这种代运营机构一般都具有很强的资金实力和运营能力。

模块托管型机构。这种机构只为商家提供主播培训、代播等几个模块的服务，核心的运营工作则由商家自己掌控。这种机构目前最受市场认可。如果商家选择这种代运营机构，运用得当的话，能大幅提高运营效率。

（2）代运营模式的优点。

此模式的优点是，代运营机构不需要准备场地，不需要准备货品，直接帮商家操盘，赚取商家的返点或者中间差价，因此不需要承担库存风险，毛利也是固定的，只需有一个懂直播的团队帮商家直接操盘即可。

具体来说，采用代运营模式的商家，经过专业团队的操盘，直播带货可以取得不错的效果。最重要的是，这种方式能帮助商家省不少心。

核心要点

对代运营机构而言，代运营模式有节省场地、无库存风险、毛利固定等优点。同时，这种模式也有商家与机构之间信任度低、配合度低等缺点。因此，商家自身需要打造专业的团队。

（3）代运营模式的缺点。

第一，这种供应链模式下的合作不稳定。当大量的退货出现、大量的利润被分走，商家很快就会反应过来，不再和这种团队合作。这种模式适用于双方的短期合作。商家直播带货要想长久发展，还需要另辟蹊径。

第二，商家和代运营机构之间存在信任度低的问题。在很多时候，一些商家很难对外部机构产生信任，现实中也确实存在弄虚作假的机构。另外，商家对代运营机构有很高的期望，认为自己花了钱，就应该取得很好的带货效果，但有时因为多种因素的影响，带货效果不如人意，这时商家就会认为该机构没有帮助自己实现目标，从而引发双方的信任危机。

第三，代运营机构不配合商家的工作。有些不专业的代运营机构和商家合作后，对于商家提出的一些要求配合度极低，如商家希望对直播脚本进行一些调整，而代运营机构不予理睬，还是按以前的脚本直播等。

> **核心要点**
>
> "千园直播"作为代运营模式的典型代表，是一家品类齐全、业务广泛、信誉强的一站式直播代运营服务商。

（4）代运营模式的典型案例。

代运营模式的一个典型例子便是"千园直播"。"千园直播"是一家去网红化的、敢于承诺保底的电商直播代运营服务商，致力于为全类目商家提供直播运营一站式解决方案。

千园直播主营店铺直播代运营项目，并陆续开展了直播自媒体内容运营、直播品牌 IP 打造、店铺直播运营培训等业务。公司拥有 300 余人组成的直播团队、数万平方米的直播基地，已成为淘宝、京东、拼多多等多个平台的官方认证机构，与苏泊尔、百草味、三只松鼠、郎酒、百果园、七匹狼、南极人、恒源祥等 300 多个知名品牌达成合作，完成超过 1 万场店铺直播，覆盖男装、女装、消费、电子、零食、家居、百货、美妆、宠物等十几个类目，建立了成熟完善的全类目直播运营体系和 SOP 流程。

6. 品牌电商模式

> **核心要点**
>
> 品牌电商模式利用原本的电商团队和店铺，邀请主播对商品进行推广，以此扩大商家的流量。这种供应链模式的自由度高，容易上手，但是无法实现稳定且高产的直播预期。

（1）品牌电商模式的介绍。

品牌商原本就有电商团队，甚至有淘宝或者天猫店。这种供应链模式主要在新品上市的时候邀请主播开播，通过直播来获取前期的基础销量数据，然后利用直通车和钻展完成后期推广，通过自然搜索带动整店成交。

（2）品牌电商模式的优点。

品牌电商模式的供应链自由度更高，目的就是把直播作为电商的聚划算，在为品牌商带来销量的同时，也帮产品完成基础数据的沉淀，接下来用直通车或钻展推广时便更容易上手，预期利润和库存均掌握在品牌商的手中，不会像其他类型的供应链那样要承担太大的压力。

（3）品牌电商模式的缺点。

这种供应链模式下，产品的上新率不高，上新款式不多，主要销量还是源于店铺运营，与主播合作的档期也不稳定，因此开播率不高，很难通过直播实现高产。

（4）品牌电商模式的典型案例。

"网易严选"电商模式的理念，决定了网易严选可做成一个品牌，而不能做成平台。只有做品牌，才能深入和监控整个商品流程，保证品质。有人说，神射手之所以神，并不是因为他的箭好，而是因为他瞄得准。知道了"网易严选"电商模式的目标，就更能很好地解读网易严选的举措。

核心要点

网易严选对供应链的深度参与以及对每个环节的极高要求，是其在品质、服务体验、品牌等方面全面升级的秘诀所在。

不了解这些，你可能以为网易严选是简单的精选电商。其实，网易严选的动作不限于精选。好的原料不等于好的商品，好的工厂也不等于好的商品，但它们是基础。网易严选深度参与供应链的每个环节，包括原料选取、工艺把控、设计、质检等。

比如质检，在商品进入流水线生产前，网易严选会要求制造商先打样，然后自费将样品送往全球权威的第三方检测机构——Intertek、Bureau Veritas、SGS其中一家进行质检。网易严选更有产中检测、产后检测、入库检测、巡检、抽检等诸多环节。业内人士还透露，在检测标准方面，网易严选正聚力打造企业质检的最高标准。

而在设计方面，网易严选和江苏卫视合作，推出的原创设计系列产品"黑凤梨"，除了在产品品质方面深耕外，在设计上寻求突破，高颜值、高品质成为特点。目前，网易严选配备国内一流的设计团队，设计团队的人数已达百人，设计中心根据消费者的需求和网易严选本身的风格，提供日式、北欧、新古典、新中式等不同的设计方案，再由供应商进行生产。除此之外，网易严选拥有将近400人组成的外包团队，而且这个数字还在不断扩大。其中包括很多国内、国外优秀的设计师，比如日本、韩国、丹麦、法国、意大利以及国内非常有名的个人设计师。

对商品供应链的深度参与以及对每个环节严格的标准和极高的要求，是网易严选的秘诀所在。这样才能带来品质、服务体验、品牌等的全面升级。

7. 前播后厂模式

核心要点

前播后厂模式将主播与供应链进行对接，极大地提高库存周转率和物流效率。该模式将前端生产和后端销售完美地匹配在一起，但是团队能力较弱的电商企业也会因此盲目扩张，最终得不偿失。

（1）前播后厂模式的介绍。

前播后厂模式是指原本工厂就有正常的生产订单，工厂场地也足够大，邀请主播进行直播，货品不足可以随时生产，改变了原有的销售模式，可提升工厂的动销和利润率。简单地说，该模式就是直播平台将主播与供应链对接：主播在前台快速聚集订单和扩大销量，位于后台的工厂再去组织生产，来提升库存周转率和物流效率。

（2）前播后厂模式的优点。

前播后厂模式最大的优点是将前端生产和后端销售完美地匹配起来，减少了生产和销售过程中的信息错位和供需不匹配的情况，从而大大减少了机会成本和沉没成本，让生产更有针对性。

（3）前播后厂模式的缺点。

这种模式下的供应链机构大多没有电商经验，电商团队服务能力较弱，做直播并不是工厂的强项，在转型供应链的过程中需要步步为营，盲目扩张很有可能得不偿失。

（4）前播后厂模式的典型案例。

> **核心要点**
>
> 　　在经历了几年的探索之后，蘑菇街找到了一个最适合它的方向——以"内容＋KOL＋电商"为起点，驶向"时尚目的地"的未来彼岸。

　　蘑菇街是前播后厂模式的典型代表。

　　新的内容、新的传播形式为新一代互联网零售平台的成功带来了可能。拼多多是其中一种，它沿着社交关系这条传播链条重新组织流量，实现了某种程度上的颠覆。蘑菇街则是另一种，试图打通内容、KOL、商家之间的关系。

　　内容天然自带流量，这也是蘑菇街能够成为潮流目的地的关键原因。蘑菇街将重心放在了与时尚相关的优质内容上，鼓励各种UGC、PGC内容生产者进驻，从而依靠内容将那些追求时尚的年轻人也吸引到这个平台上。

　　公开资料显示，截至 2018 年 9 月底，蘑菇街移动端月活用户达到 6 260 万，而在微信、QQ、微博等社交平台上同时还拥有着超过 4 000 万的粉丝。通过对用户的大数据分析，蘑菇街实现了内容与电商的有机结合，能够根据用户在浏览的时尚商品进行智能化推荐，从而提升从逛到买的有效转化。

　　当然，蘑菇街上的时尚内容形态有很多种。而在各种内容形态中，蘑菇街又重点选择了直播这种冲击力、交互性更强的方式。也正是这种强互动性，以及内容展示的高丰富度，使得直播本身更容易关联到交易。这也就是蘑菇街如今主打前播后厂模式的核心。

核心要点

　　蘑菇街帮助达人和主播对接和整合现有的供应链，实现分层赋能。在这个过程中，KOL 无须建立自己的直播间，用户也能获得很好的购物体验。

　　相信很多人都经历过电视购物时代。大多数电视购物并非实时的"直播购物"，但依然有着很广泛的受众群体。这也从另一个侧面说明了"直播"这个元素，本来就具有为零售业提供变量的可能性。

　　在前播后厂模式下，内容的生产者不再完全是专业团队，个人也可以依靠直播内容成为时尚领域的 KOL。蘑菇街则提供了一个这样的平台，让这些 KOL 能够连接到自己的目标粉丝的同时，也能以最轻资产的方式快速实现变现，让相对不稳定的打赏转变为更实际且可持续的交易。

　　截至 2018 年 9 月 30 日，已经有超过 4.8 万名时尚达人入驻蘑菇街，同时平台上活跃着超过 18 000 名时尚主播。9 月当月，蘑菇街每天直播产出量达 3 000 小时，相当于 125 家电视频道 24 小时连续不断地播出，用户则每天花超过 35 分钟在蘑菇街上观看各种时尚内容直播。前播后厂只是开始，背后是供应链的变革，这种变革并不仅仅停留在前端的流量层面，因为任何流量组织方式的变革都会引发供应链的巨大变革，而两者往往是相辅相成的。

　　这一点正发生在蘑菇街，很多主播从个人主播发展为组织生产的内容 MCN，再从单纯做内容的 MCN 发展为有独立品牌的MCN，而这些品牌本身又十分适应直播电商这种形态。

　　例如，传统模式下，一条服装生产线一开工可能就意味着上万件甚至更大的单款产量。但在前播后厂模式下，消费端需求和购买量可以被快速反馈给品牌，进而以最短链路传递到生产端，使得敏捷生产成为可能。一款衣服可能只是小批量地生产几百件，在直播售卖过程中收到用户有价值的反馈意见，就可以迅速调整下一批几百件的版型设计，甚至连最初的版型设计也有可能来自用户的提议。

前播后厂模式正成为蘑菇街的新增长驱动力，而最终的结果是从前端流量组织到后端供应链的各个层面都实现了重塑。

8. 设计师模式

核心要点

　　设计师模式主要是由供应链机构和设计师合作直播带货。该模式的优点是款式新、毛利高、档次高，缺点是设计成本较高、直播容错率较低。

（1）设计师模式的介绍。

供应链机构和设计师合作，然后与工厂合作生产，邀请（寄样）主播进行直播。这类供应链一般为轻奢型供应链，客单价偏高，对应的活动由专门的设计师来全程策划和执行。

（2）设计师模式的优点。

该模式的优点是款式更新比较快，毛利率相对较高，主播也更倾向于合作，而且由于款式的量不大，一般不会有太大的库存积压。同时，这种模式比较容易吸引高收入群体，从而帮助商家和主播提升自己的直播定位和档次。

（3）设计师模式的缺点。

设计师模式最主要的缺点便是设计师的成本太高。一方面，商家、平台和设计师必须对市场流行趋势有准确的判断；另一方面，电商团队需要对主播的风格有较强的把控力，不能出现主播风格与设计师及产品的风格不符或者主播对商品一知半解等情况。

（4）设计师模式的典型案例。

核心要点

"Doo 珠宝旗舰店"通过采用这种模式在一开始便享受到了巨大的红利，但是后期由于资金等方面的问题，便产生了设计师与主播等各方面的矛盾。

"Doo 珠宝旗舰店"是 2015 年在淘宝平台上挂牌注册的线上珠宝店铺，主要是销售各种各样不同风格的定制化珠宝产品。该店铺是由一名珠宝设计师开设的，具体的业务流程一般是：顾客在线上提出自己感兴趣的珠宝样式—设计师根据顾客的要求在最短的时间内给出产品样图—顾客与设计师就细节进行沟通—敲定价格—下单并制作。

为了跟随直播电商发展的浪潮，并尽快扩大自己的销量，该店铺的店长便尝试开启直播销售之路。他会利用现有的运营资金雇用价格适中的主播进入自己的直播间帮助自己宣传店铺以及相关产品，自己在旁边适当地就产品的设计理念和设计思路进行讲解。这种模式在一开始确实给店铺带来了巨大的红利，迅速帮助设计师打开了销路，订单量激增，设计师也忙得不亦乐乎。

但是，随之而来的便是设计师与主播的矛盾。在采用了一段时间的直播之后，设计师发现，由于资金有限，很难请到高质量的主播。现有的主播往往由于自身专业水平和服务态度的问题，并不会对设计师设计的珠宝产品进行充分的学习和了解，在宣传的过程中自然就会出现"疲于应付""流于表面"等情况。这使设计师在获得巨大订单量的同时，也受到了很多消费者的质疑。

9. 精品组货模式

（1）精品组货模式的介绍。

> **核心要点**
>
> 精品组货模式较为高产和稳定，其选品流程主要包括寻找参考数据、展开产品调研、对产品进行评估、核算成本与利润、解决货源等。

精品组货模式也叫买手制模式。这种供应链模式下的团队有很强的选款能力，能够匹配到高质量的主播，并进行深度捆绑合作，从而实现高产高效的目标。一般服务这种类型的供应链的主播不多，但都是稳定且高产的。在精品组货模式下，产品的质量就会显得极为重要，因此有必要深入了解该模式的选品流程和相关原则。

第一，寻找参考数据。例如，可以查看亚马逊上的销售榜，挑选出受欢迎的产品，并对产品进行周期性（周、月、季）分析，分析后再确定是否可以开发。

第二，展开产品调研。了解产品的市场容量和趋势后，接下来需要对产品的价格、排名、评论、库存、商标、图片、名称、描述、包装、链接、ASIN 码等信息进行调研，全面了解某款产品，看看它是否符合选品要求。

第三，对产品进行评估。了解目标产品的价格、排名、评论、销量、商标等信息后，就可以对产品进行下一步的评估了。必要时可以购买样品进行测试。比如针对电路板市场，可以购买双面板与多层板的电路板，分别进行检测，看看两层的和多层的构成零件有哪些差异，哪款产品的质量比较好。

第四，核算成本与利润，确定选品。一款产品经历了海选、调研、样品测试的过程之后，接下来，就应该核算它的成本和毛利情况了，这是非常关键的一步。产品的成本，包括采购成本、平台佣金、物流运费等方面。毛利应该这样算：单件产品毛利＝售价－采购成本－物流运费－平台佣金－其他费用。其他费用包括推广费用、仓储费用等。综合计算后，如果这款产品还有不小的盈利空间，那么就是可以开发的。

第五，解决货源。确定一款产品是可以盈利的，卖家就可以放心寻找货源了。

综合以上分析，选品时不要选择体积过大的产品，物流的收费标准和产品的大小、重量都有关系，所以在店铺运营前期不建议上传一些太大或者太重的产品——这些产品的物流费用都是比较高的。

核心要点

精品组货模式的优点主要是供应链客观透明，直播稳定且高产；缺点表现在运营难度大、选品阶段资金投入大、货品积压风险高等方面。

（2）精品组货模式的优点。

该模式的优点是和主播深度捆绑，开播率较高，产出也比较高，利润应该是所有供应链模式中最可观的。由于长期和主播稳定合作，售后退货等数据也控制得很好。

（3）精品组货模式的缺点。

第一，运营难度大，需要对市场具有高敏锐度、选品能力强的专业人才，该类型的供应链不仅专业要求较高，而且要服务一批风格相似的主播，没有丰富经验的人是难以胜任的。

第二，选品阶段的资金投入较大。该模式对产品上架要求较多，在质量、款式、数量等方面都要严格把控。与此同时，该模式的推广费用、仓储费用等也很高。相应地，选品时间很长，效率也自然会下降。

第三，货物积压风险大。在该模式下，挑选出特定的产品之后，不能一下子将其全部上架销售，而是需要每隔一段时间销售一部分，以保证上新率。这就给供应商带来了很大的压力，因为需要时刻关注新产品的出现和囤入。

（4）精品组货模式的典型案例。

创立于2008年的韩都衣舍，主打年轻时尚女装品牌，是韩风快时尚第一品牌。韩都衣舍在2010年获"十大网货品牌""最佳全球化实践网商"的称号，2012年起连续7年在国内各大电子商务平台的行业综合排名位列第一，2020年成为天猫女装类目粉丝数量第一的品牌，赢得了超过5 000万年轻女性的青睐。韩都衣舍创立初期因为销售团队太过薄弱，创始人赵迎光"为了控制风险，只好将压力转移到产品部门"①。他在服装类垂直电商饱受质疑的时候，

---

① 营销案例——韩都衣舍买手制模式．（2014-03-27）．http：//blog.sina.com.cn/s/blog_4960aabd0101ks1d.html.

采用精品组货模式（买手制）改造韩都衣舍的商业运作。买手制并非韩都衣舍首创，国际服装界如 ZARA 等都在用买手制进行运作，但韩都衣舍成功地把这个模式变成了自身的核心撒手锏。

韩都衣舍有 5 个产品部，100 多个买手小组，生产部和市场部的主要工作是配合买手小组做产品，因此韩风快时尚流水线的生产原动力源于每个买手小组。从微观上看，每个买手小组由 3～5 人组成，他们的角色有选款师、产品制作专员、订单库专管员和文员。每个买手小组有很大的自主权，选什么款，生产什么，规格是什么，生产多少，什么时候铺渠道，定价多少，什么时候打折，何时撤货等都由买手小组决定。每个新成立的小组可以从公司领到 15 万元的运作费用，然后开始从韩国购买样衣，改良后下单生产，之后再铺向各个互联网渠道。

下面以韩都衣舍最为成功的款型之一——K903 牛仔裤为例，了解其买手小组的运作流程。

第一步，买手小组先从韩国购进牛仔裤样衣，并在样衣的基础上进行改进。中韩两国的消费者在生活习惯、体型上的不同会影响服装的制作。例如，韩国的冬衣比较薄，引入后要做加厚处理；两国人群的骨架也有差异，引入后要对肩宽、袖长等进行调整。

第二步，将经改进的 K903 牛仔裤制成衣版，由买手小组向生产部下单，并上网试销。试销期间，市场部负责牛仔裤在网络渠道的整体运营，包括：规范化上传产品的资料、为顾客提供更为精准的网页搜索、流量分配、视觉传达优化等。

第三步，根据网上试销情况决定是否进行量产。如果试销阶段发现产品滞销则考虑撤货，不再进入下一环节；如果卖得不错，则进入量化阶段。在量产化阶段会对产品进行加色、加码和减价的运作，即将原来没有覆盖的颜色和尺码补齐，推行大规模生产以后，产品成本立马下降，消费者买到的 K903 牛仔裤比试销阶段价格要低。

第四步，进入韩都衣舍的互联网分销渠道。这是一个全网营销网络，包括自有网站、天猫以及其他电子商务平台。

K903 牛仔裤已经成为韩都衣舍的基本款，常年畅销就常年生产。但基本款所占的比例并不高，只占到韩都衣舍整体的 20％左右，余下的 80％是买手小组不断引入的新款。这些产品被不断引进，不断淘汰，基本上体现了快时尚生产的快节奏。

四、直播电商供应链的努力方向

在充分了解和对比了各种直播电商供应链模式后，我们不禁思考这样的问题：哪种直播带货模式能在直播电商的发展大潮中坚持到最后，成为风向标呢？不同的供应链基地和模式应如何完善现有的发展体系呢？

本节将从一体化整合、供应端产品资源对接、建立并完善选品标准、搭建直播电商服务体系、严格管控成本等方面给出建议。

核心要点

当前直播电商供应链首先要在整合优化产销各环节、供应端产品资源对接以及建立并完善选品标准等方面进行努力。

---

1. 实现生产、供应、营销一体化，解决"找货难"的问题

整合供应端资源，构建直播电商供应链，通过"共享、开放、整合"的理念汇集现有优质资源,将优质生产商、供应商、品牌方、商家接入生态链,实现生产、加工、销售一体化,为商家提供充足的货源。与此同时,供应链平台和商家也应适时打造自有直播团队,形成"供货—直播—变现"的营运闭环,提高运营效率,减少成本支出。

2. 供应端产品资源对接,解决产品单一、款式少的问题

与行业百万级供应端对接,连接货品源头,为主播、商家直播带货提供性价比高、款式新颖、多样化的产品。丰富的产品资源有助于直播电商打造引爆单品的营销方式,满足上万规模的产品需求,形成差异化的竞争力。

3. 建立并完善选品标准,匹配产品、主播、商家

产品的风格与调性和主播的风格相匹配是主播成功带货的关键。优质的直播电商供应链机构应该为主播、商家直播带货确立选品标准,通过数据分析实现产品、主播、商家的匹配,深度挖掘粉丝需求。可以通过如下方法和步骤实现该目标:

(1)数据采集:通过数据分析预测供需变化,解决货品的预订与主播的预约问题。

(2)选品标准:通过数据分析建立选品标准,提供直播带货多元化产品展示。

(3)资源对接:通过对接供应端、MCN 机构,帮助商家实现货品与主播的对接。

> **核心要点**
>
> 　　除了以上三个方面，当前直播电商供应链还应搭建并完善服务体系，为主播提供更高效的平台，为顾客提供更优质的产品；另外，还应加强成本管控，防范盲目扩张带来的市场饱和等问题。

4. 搭建直播电商服务体系

　　直播电商供应链基地可以依托相关优质集团资源，来构建直播产业生态链，贯通上下游，围绕着"渠道整合"的核心搭建渠道平台，为主播、商家提供更优质的产品与更高效的运营服务。

　　比如，"缘见七十二变"直播产业链孵化基地围绕着直播带货不断提升业务能力，通过渠道兄弟旗下子公司"广州宅幸福文化科技有限公司""广州大道圣行企业管理有限公司"为商家提供一站式直播电商服务，包括供应链、直播电商、培训、广告传媒、企划/执行等。

5. 加强成本管控，切忌盲目扩张

　　如果租建了大面积的供应链基地，并在其中装修数十个直播间，却没有匹配和足量的主播入驻直播间，就很可能陷入入不敷出的死循环。当这些高昂的成本无法收回时，许多商家为了避免亏损或者急于盈利，最终会变相地抬高产品价格，妄图将亏损的部分转嫁给消费者。但如此一来，就可能陷入过早夭折的悲剧：死忠粉变成路人粉，直播流量加速流失，货源积压严重，供应链基地的一部分商家撑不住，最终没做多久就以破产收官，得不偿失。

第三章

用数据说话：
数据模型分析

选好产品并与平台建立伙伴关系，能有效促进直播带货的发展。如果能基于数据分析提升带货能力，并预测直播电商的发展趋势，将有助于业务领先。

随着 5G 时代的到来，国内各种类型的视频应用呈现爆发式增长，大量的运营数据形成了宝贵的数字资源。平台数据多维度分析、数据可视化是理解大数据并使大数据贴近人们生活的重要手段之一。

早在 2006 年 7 月底，百度和 Google 就已基于自身强大的数据管理系统推出各自的搜索检测工具，即"百度指数"和"Google i 趋势"。用户可以搜索一段时间内某关键词的被关注程度。这为市场研究者提供了一种评价市场的辅助参考工具。当时，这一产品被定义为比较高端的互联网应用产品。

核心要点

淘宝卖家通过"淘宝指数"平台发掘信息，结合直播带货，能让热播影视剧主角同款服装大卖。熟悉与善用指数分析的企业更能领先一步。

经过近十年的发展，这项技术被运用到越来越多的地方。如 2012 年 1 月初，淘宝推出了自己的电商数据可视化分析平台"淘宝指数"。在淘宝指数及淘宝购物平台的相互作用下，电商与指数保

持着一种微妙的关系。一部热播的影视剧就可以使主角同款服装的搜索指数一路飙升。

在淘宝商圈内，卖家专家们通过追踪指数寻找话题，共同定义时尚、引导消费，一些企业因为引领了潮流而在激烈的竞争中占据市场高地。在未来的商业世界里，数据化思维是必需的，掌握数据才是王道，因此要养成查看数据、分析数据的习惯，以数据引领电商行为。

一、数据分析有什么用

进行数据分析，有助于了解直播行业的市场大小和市场份额，也能够指导初期的直播内容等，具有多方面的用处（见图3-1）。

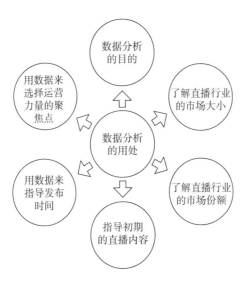

图 3-1　数据分析的用处

1. 数据分析的目的

核心要点

进行数据分析是为了利用数据分析的方法来更好地了解自己、了解竞争对手，及时调整直播策略。淘宝直播自2017年开播以来，一直坚持这么做。

进行数据分析是为了发现并解决直播运营中出现的问题，从而推动直播业务的增长。根据想要解决的问题类型，可以将进行数据分析的目的划分为三类：

（1）分析现状。

进行数据分析的基本目的就是分析现状，比如直播的竞品有哪些、和竞争对手相比自己有哪些优势、直播产品的市场占有率是多少等。

（2）找出原因。

商家在直播的过程中，也许会遇到用户有时很多，而有时却大量流失的情况。出现这种波动时，可以通过数据分析找出原因。

（3）预测未来。

对于每一位直播运营人员而言，通过数据分析来预测行业的未来趋势是常见的手段。

直播运营人员可以根据数据分析结果来判断直播产品复购的增长率。比如，在某次直播中，某款产品的直播转化率很高，那么在下次直播中，就应以这款产品为主打产品，从而为直播带货带来更高的转化率。

在某些情况下，直播运营人员还可以通过数据分析推测平台算法找到其中的规律，对直播内容做相应的调整。

"知己知彼，百战不殆。"直播运营人员要充分利用数据分析的方法来更好地了解自己、了解竞争对手，及时调整直播策略，方能运筹帷幄。比如，淘宝在 2017 年的"双十一"狂欢节中开启了首次淘宝直播。在那之后的三年里，淘宝建立了数据系统，成立了人工数据记录团队，能够自主引流拓客、招商选品，并且能够自动抓取全网爆款、随时查询历史成交记录等。数据的精确使用，使得淘宝在"双十一"狂欢节选品中拓宽了视野，可见数据的力量多么强大。

2. 了解直播行业的市场大小

核心要点

通过简单的公式就能了解用户在直播间停留的时长，有助于直观地分析市场。

互联网平台直播带货的用户数据是可控与可视的，我们能够通过数据分析的方法来了解直播的效果。商家要想通过数据来分析直播内容的受欢迎程度，首先就要了解目前直播行业的市场大小。我们以淘宝直播为例：

淘宝直播一天的 UV[①] 在 1 500 万左右。通过淘宝直播入口在

---

① UV（unique visitor），即独立访客。一般地，我们可以用两个指标来统计访问某网站的访客，即"访问次数"和"独立访客数"，访问次数和独立访客数是两个不同的概念。独立访客数相当于带身份证参加展览会的访问人数，每一个出示身份证参加展览会的人，无论出入几次，都只记作一次独立访问。这里所说的"身份证"，在网络上就是访客的 IP 地址或 Cookie。

手机淘宝 App 首页的位置逐渐上移这一现象，就可以看出阿里巴巴对直播电商的重视以及扶持力度。

要想知道每个人观看直播的平均时长是多少，可以通过如下公式快速计算：

$$总时长 = 平台总 UV \times 个体观看时长$$

例如，某天有 1 000 万 UV 登录淘宝直播平台，如果每个人观看 10 分钟，总时长就是 1 000 万 UV×600 秒＝60 亿秒。

如果某天某些用户进入你的直播间且并不准备离开，这就意味着这些用户在你的直播间里消耗了时间，而在同一时间段，其他主播的直播间流量就变少了。所以，数据分析能帮我们直观地了解直播行业的市场大小。

3. 了解直播行业的市场份额

核心要点

优秀主播的一场直播，人均观看时长可以达到 6～10 分钟，我们可以通过如下公式：直播间人均观看时长 $= \dfrac{直播时长（秒）}{观看人数}$，快速衡量用户的黏性强不强，并以此来审视和调整直播内容与策划，争取更高的转化率。

目前，直播电商的类型丰富多样，例如亲子、美食、珠宝、服装、生活、美妆、旅行、医疗保健等。那在这些直播频道里，怎样才能知道自己的直播间占多少市场份额呢？接下来通过公式分析一下。

很多新手主播的直播时间虽然很长，但观看人数很少。事实上，运营者关注的不应该只是进入直播间的人数，而应该更多地关注直播间的人均观看时长。也就是说，要更关注用户进入直播间后能不能长时间地停留在直播间里。

据了解，有一些主播一天直播七八个小时，在线转化率虽然不是很高，但观看人数较为可观。那么这个时候，主播可以适当改变直播内容，比如可以在直播中设置抽奖、发红包等环节。在改变直播内容后，可以观察这些数据会不会发生变化。我们会发现，人均停留时间越长，代表用户的黏性越强，转化率越高。

计算直播间人均停留时长的公式为：

$$直播间人均观看时长 = \frac{直播时长（秒）}{观看人数}$$

优秀主播的一场直播，人均观看时长可以达到 6～10 分钟。所以，如果我们想衡量直播内容是否受欢迎，可以尝试用上面的公式代入数据进行计算。如果发现问题，就要及时分析背后的原因，及时优化自己的直播内容。

4. 指导初期的直播内容

在平台上开始直播的时候，需要用数据来指导直播内容。

例如，如果面对的是喜欢做饭的观众，那么直播时就可以按食物的类别对直播内容进行分类，然后对不同食材烹饪的直播数据进行分析后，确定具体的直播内容。在直播初期，我们可以根据直播的访问次数和点赞量这两个数据来确定用户到底喜欢什么样的烹饪内容、它们到底有什么特点等。然后可以在此数据分析的基础上总结出接下来的直播导向，以优化内容策划和拍摄等。

5. 用数据来指导发布时间

核心要点

　　由于不同平台的用户类型不一样，需要分析各个平台的视频或直播观看高峰期，用数据指导内容发布的时间，以达到最大的宣传效果。

　　每个平台都有自己的观看流量高峰时段，怎样才能让流量高峰时段的内容实现更高的曝光，是一个很关键的问题。因此，对于不同的平台，我们可以尝试使用人工方法来记录一些数据。

　　例如，在不同的时段尝试发布内容，然后分析什么时段获得的播放量和推荐量比较高。对于秒拍、快手这样的平台，可以观察平台数据增长曲线。而在有些平台上不能立即获得播放量数据，那么就需要隔一段时间再看该平台上的增长数据。而点赞数据恰好相反，点赞数据增长时长约为 24 小时，此后不会再大幅增长。而在媒体平台上可能会出现很早之前的视频的点赞量在某一时刻突然大幅增长的现象。

　　又如，头条新闻的每日发布时间是上午 10 点、中午 12 点、下午 4 点、晚上 7 点等。经数据分析发现，晚上发布的数据量增长更明显。需要注意的是：下午 6 点之后，有一定的审核期，时长无法估计；但下午 5 点到 6 点发布的内容的审核时长会更短；晚上 8 点以后发布，审核时长会比较长。这完全是由头条新闻的审核团队决定的。

　　再如，秒拍短视频平台一般是中午 12 点、下午 6 点和晚上 10

点左右发布的数据量增长更明显。可以通过收集这些数据，确定最佳的内容发布时间（见表3-1）。

表 3-1 抖音用户活跃高峰期

时间段	高峰期
12：00—13：00	午高峰
18：00—19：00	晚高峰
21：00—22：00	夜高峰

6. 用数据来选择运营力量的聚焦点

核心要点

　　一个团队必须清楚地知道力量应该集中在哪一块。特别是对人力资源不足的团队来说，更需要通过大量的数据分析来达到事半功倍的效果。

可以使用数据来指导直播内容的策划，并通过数据来反复优化直播内容，引导用户交流互动，以获取越来越高的用户满意度。

通过大量的数据分析，我们发现直播观看量大或收藏量高的视频有一些相似的特点：（1）实用点非常多。比如，一个视频演示了某款手机有13项隐藏功能。（2）内容很实用。例如，淘宝平台上有一个视频演示了一些电脑快捷键的应用，由于内容很实用，收藏量很高。

而转发量高的视频一般有以下特点：内容非常实用、内容非常酷炫、内容紧跟热点。

另外，评论量高的视频一般有以下特点：紧跟热点、用户参与度高、有看点可聊。

以上是对短视频平台交互数据量的粗浅总结。目标不同，聚焦点也不一样。

总之，直播运营工作要求商家或个人从开播第一天起就养成查看数据、分析数据的习惯。所以，从这个角度来看，无论你要做多少场直播，每场直播结束后都要进行数据分析。数据可以分为多种类型，不同类型的数据对应不同的业务层面，做好对应的数据分析有助于优化相应业务。

二、数据的主要类型

面对直播和视频行业"大数据"时代的到来，以用户为中心的各大平台、网站为了能从数据中最大限度地获取有价值的信息，纷纷建立自己的用户数据可视化分析平台，希望通过对海量数据的挖掘和可视化展现来提升自己的影响力，从数据共享这个层面推动多方共赢。

网站可视化数据分析平台是指以视频网站数据、视频网站数据供应商或者合作商共享数据为基础，基于视频技术、大数据处理技术、大数据可视化技术等手段获取的视频播放量、搜索量、评论数、站外引用数等多维度数据，锁定用户观看、搜索、传播、评价等全方位应用行为，通过运算、挖掘和分析，并以排行榜单或者用户数据可视化的形式予以定期发布，帮助用户最有效地获取有价值的信息的平台。

为避免引入无效的数据，视频网站还会对各自的数据分享平台上的数据进行清洗和过滤，不断检验、质询数据的可信度与价值，确保数据的真实、客观和有效。例如淘数据网站，如图 3-2 所示。

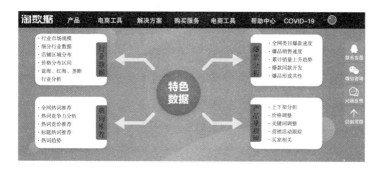

图 3 - 2　淘数据网站

数据分析至少要注意以下几种类型的数据：

1. 粉丝（用户）数据

谁会根据我们的内容产生购买行为？他们可以接受的价格区间是多少？他们喜欢的直播品类是什么？只有了解了这些，才能针对痛点，将产品最大限度地推广出去。

核心要点

　　每个平台都有自己特定的用户群体，而且不同性别、不同年龄段的人，对产品的喜好千差万别。我们只有针对各个平台的粉丝（用户）数据加以分析，才能深度了解直播的最佳时间、内容和模式，提高转化率。

（1）粉丝（用户）性别分布。

用户的性别不同，审美会不一样，购买欲也就不同，所以可以根据性别占比对自己的视频内容和产品做一些风格、类目上的改变（见图 3 - 3）。

147

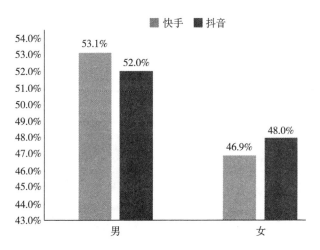

图 3‑3 快手、抖音用户性别占比差异

资料来源：抖音和快手两大带货平台的数据分析及对比．https：//
zhuanlan. zhihu. com/p/341289107.

例如，男性用户可能更多地关注电影大片、足球比赛、成功学
书籍、游戏精华等。而女性用户可能更多地关注美容护肤、待人接
物的技巧、美食指南等内容。

我们可以根据自己的能力与特长，在不同性别人群划分的基础
上选择直播内容，以便涨粉和变现。

（2）粉丝（用户）年龄分布。

用户年龄段不同，购买力也就不一样，同时关注的产品类目也
会有所不同。

一些平台的统计分析表明（见图 3‑4），"80 后"与"90 后"
是主要的高活跃度群体，他们是平台消费的主力军。而这些高活跃
度群体中，有 70% 以上是平台的核心用户，即每天都会观看并深度
参与互动。

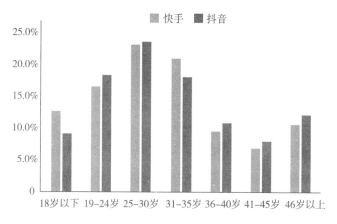

图 3 - 4　快手、抖音用户年龄差异

资料来源：同图 3 - 3。

　　我们还可以用更细化的年龄段来对用户进行分类。比如 23 岁以下的用户，可能会更偏向于新奇潮流产品。年龄段较高的人群经济条件更稳定，我们可以根据相应占比，对所做的产品类目、价格有大致的方向。

　　分析用户的年龄段是非常重要的，因为每个年龄段的用户都有自己关心的事情。只有通过分析用户的状态，迎合用户的需求，输出用户想要的内容，才能被用户接纳和喜爱。

　　（3）粉丝（用户）活跃度。

　　活跃度在很大程度上代表着账号定位是否明确、视频是否垂直，同时也代表了用户的购买率和复购率。这也是为什么属于同类型的账号，会偶尔出现拥有 5 万粉丝的账号比拥有 10 万粉丝的账号带货能力更强的情况。

　　（4）粉丝（用户）消费能力。

　　除了分析不同性别、年龄段的用户数据外，还要分析用户的消费能力。包括用户购买产品的意愿和金额、不同时段的（一天中的不同时段、一年中的不同季节或节日等）消费意愿，还有不同城市的用户购买能力等。

2. 产品数据

> **核心要点**
>
> 直播前要先了解所卖的产品是什么、产品有什么优缺点、厂商的底价等，这样才能更好地向用户推荐。产品数据的要点有四个。

我们到底要推广什么产品？它的销量怎么样？它是否能带来大额利润？只有清楚了解这些方面，我们才能决定大力推广哪款产品。

（1）产品出单量。

作为一名合格的电商人员，要知道到底哪款产品的销量高，对产品的出单量排行有一个清晰的认知。

（2）产品转化率。

产品的转化率指的是产品有效成交数与视频播放量之比。我们可以通过计算产品转化率来考虑某款产品值不值得做。

（3）产品失效率。

除了产品转化率，还要留意产品失效率，毕竟产品失效率过高的话，和出单量一抵消，也就没什么收益了。

（4）产品出单时间。

通过分析产品在每个时段的出单量，可以根据哪些时段出单较多来调整视频的发布时间。

3. 行业数据

> **核心要点**
>
> 　　数据分析当然少不了直播电商平台的情况，四个与之有关的榜单有助于快速了解行业数据。

　　现在平台上什么视频最热？什么产品卖得最好？有哪些大牌网红主播？有哪些后起之秀？这些也是我们要了解的。只有对行业趋势有一定的认知，才能把握住未来的机会。

　　（1）推广产品排行榜。

　　通过对榜上产品多维度的分析（比如价格、佣金、推广增量、关联的热门视频等），我们可以对自己的内容和产品进行有针对性的调整。

　　（2）电商达人销量榜。

　　通过对榜上的电商账号（如图3-5所示）进行多维度的分析（比如主播类型、粉丝数、点赞数等），我们可以借鉴其优点来对自己的内容进行优化。

　　（3）行业排行榜。

　　通过选择页面上不同的类目（种草、穿搭、生活等），我们可以了解每一个行业的大V账号，分析他们的整体运营数据等，提升自己对行业实时热点的敏感度和对未来趋向的认知。

　　（4）涨粉排行榜。

　　在涨粉排行榜上，我们可以清楚地看到某账号在一段时间内的粉丝增量。对于想要增粉、打造IP链的主播来说，分析这个榜上

图 3-5   直播数据排行

的账号无疑是最好的选择。

除上述常见的数据类型外，我们还要学会根据不同的分析侧重点对数据进行组合，或使用数据分析工具对数据内容开展有效的分析。总而言之，学会使用数据会给直播内容与流量变现带来事半功倍的效果。

三、数据分析的日常工作

数据分析要持之以恒，是直播电商的日常工作。下面将介绍如何获取数据、基本的数据整理方法、分析数据的简单方法等。

1. 获取数据

明确数据分析的目的之后，接下来我们要了解如何获取数据。以淘宝直播为例，简单介绍平时查看数据的方法。一般情况下，可以采用以下三种方法：

（1）在"生意参谋板块"中查看手机淘宝直播的访客数和下单转化率。具体操作流程为：卖家中心—生意参谋—流量分析—看板—转化。

（2）直接在 PC 端直播中控台查看相关数据。

（3）若是淘宝达人主播，则可登录阿里创作平台，依次点击"统计—内容分析—渠道分析"进行查看。

如果想要查看相关隐藏数据，那么还需要通过一些特殊的付费渠道（直播软件助手）来查看。

2. 整理和处理数据

> **核心要点**
>
> 数据的整理涉及很多内容，但更重要的是：对数据进行整理后还要做长期的统计分析！

整理和处理数据的过程其实也是统计数据的过程，需要在日常工作中不断积累。有不少直播运营人员没有养成统计数据的习惯，每次找出数据后只是草草地看一眼，当直播遇到问题时，再把大量的数据翻出来整理统计，导致工作量大且数据分析的效率很低。因此，直播运营人员找出数据之后，要及时地对所有的数据进行统计分析。

一般的直播数据统计需要包含以下内容：日期、时段、时长，累计观看人数、累计互动数、累计商品点击数、用户点击占比，用户最高在线时长、用户平均停留时长，用户回访率、新增用户数、转粉率、本场开播前累计用户数、场间掉粉数，订单笔数、预估转化率等。然后，将这些具体的数据整理保存在 Excel 表格中。

其实，数据的整理和处理是直播中很关键的一步，这是一个了解和复盘的过程。整理和处理数据有助于认识未知领域，明白直播该怎么入手，同时它也是在直播后复盘时很重要的一部分，能够让主播和商家在原有的经验上不断改进，以达到更好的直播效果。

以欧莱雅为例。欧莱雅一直想要打造一个专属的智能美妆时代，而直播的数据化、智能化便是其着手打造的要点之一。

在直播开始前，欧莱雅会利用数据进行消费者洞察，得出直播的营销方案，这样就能抓住消费者的痛点，在直播过程中不断利用爽点来激活直播氛围。

在直播结束后，欧莱雅也会进行复盘整理，利用直播得来的数据强化自己的直播特色，对直播进行 IP 化。

3. 分析数据

核心要点

分析数据才是数据工作的落脚点，有对比分析法、特殊事件法、曲线分析法三种分析方法。

做好数据统计后，直播运营人员需要对各项数据进行分析，这也是数据工作的最终落脚点。我们向大家推荐三种分析方法：

（1）对比分析法。

这种方法是通过对比以前的直播数据，找出异常数据。特别要强调一点，"异常"不是指差，而是与平均数相比偏差较大。比如，某主播的日增粉量长期维持在 50～100 这个区间，某天直播后日增粉量达到 200，虽然这是好事，但也算异常数据，直播运营人员需要密切关注，并查找原因。

（2）特殊事件法。

我们发现，大部分数据出现"异常"都会关联某个特殊事件，例如平台首页或者频道改版、标签变化、开播时段更改等。这就要求直播运营人员在日常做数据工作时同步记录这些特殊事件，然后对比分析。

（3）曲线分析法。

曲线通常能够代表走势。直播运营人员可以挑 3～4 类相关性较强的数据，放到一起对比分析走势，从而预测趋势。数据分析，其实就是一种量化法。量化后的数据往往会更直观，直播运营人员也能从中找到问题并"对症下药"。

因此，要多看数据，根据数据得出的结论对直播具有非常大的指导意义。不能不看数据，也不能不懂数据。

4. 目前数据整合的瓶颈

> **核心要点**
>
> 　　目前，由于数据监测、统计技术的限制以及一些人为的操作，直播电商的数据整合存在一定的瓶颈，从而影响到数据的分析。

（1）对用户的反馈不及时、不明确。

由于存在非同源数据的情况、短视频平台和用户的信息不对称，当尝试将不同视频媒体进行最优组合时，很难进行比较与判断，导致短视频公司很难进行选择。

另外，短视频平台的数据监测一般是交给第三方来做，这也使得网络视频广告投放前期的分析数据与短视频平台实际投放后产生的数据形成了割裂，难以通过效果数据印证短视频平台对用户的反馈是否及时。

（2）来自不同终端的数据难以进行整合。

除了来自不同视频媒体的数据难整合外，以现有的技术条件，来自同一视频媒体不同终端的受众数据也难以整合。

伴随着电子设备的迅猛发展，我们正处在一个"多屏化"的网络环境中。除了传统电视媒体之外，平板电脑、手机等数字化的媒介终端构成了一个多元化的传播网络。在这种情况下，人们会根据使用环境来选择不同的媒介终端。

目前，短视频平台都有对应的手机客户端和电脑客户端，人们观看视频的习惯大多是白天使用电脑，在上下班途中使用手机，而在晚间选择电脑或者手机。由此可以看出个人使用媒介终端的多样化，并且大多数人会跨屏观看。

但是，目前网络视频媒体还没有完善的技术能够分析受众的跨屏观看行为，最重要的一点就是针对同一个受众无法去重。例如，受众既通过电脑观看视频，又通过手机观看视频，那么视频媒体就会将这两次观看认定为两个受众的观看行为，很难整合在一起，从而实现跨终端的去重。

（3）数据造假。

品牌衡量一个主播合作费用的高低，主要依据相关数据，包括粉丝数、观看量、销售量、转化率等指标。面对主播为了达到品牌期望的数据标准这一需求，优化数据的服务商应运而生。其中，也不乏 MCN 机构暗箱操作。

例如，品牌花了数万元"坑位费"，但带货却不足千元。又如，主播成功带货数十万元，商家还没来得及开心，结果退货率超过八成，细究背后，恶意刷单、流量造假屡见不鲜。对于主播或 MCN 机构数据造假，目前仍无有效的方法对其进行干预，这是行业快速发展中的不良竞争的体现。

四、用数据开展运营的重点

一般情况下，随着一款新产品的推出，需要面对的第一个问题就是如何获得用户。"数据"已经成为产品运营的上游部分，是品牌成功推广、产品运营商精准筛选目标用户并分析目标用户行为时使用的主要方式或渠道。

> **核心要点**
>
> 通过数据分析帮助直播电商更高效地运营，并提高转化率，是最终目的。因而，分析不同渠道的获客效率与转化率，成为数据运营的重点。

每个渠道的用户质量不均衡，不同渠道的用户具有不同的属性。依据这些有差异的渠道和需求对不同渠道上的用户进行测试后，如何获取高质量的用户数据？如何评估渠道与产品目标用户？某个渠道是否值得投入大量的人力、物力？这都是需要关注的问题。

现在的合作渠道主要有：

> 每次操作费用（CPA）：支付每项操作费用（如下载、注册、登录等行为）。

> 每次销售成本（CPS）：实际销售的产品转化为广告的数量。

> 每次点击费用（CPC）：对每次点击进行收费。

> 每千次展示费用（千元）：每显示 1 000 个用户再进行结算。

> 每次成本（CPT）：经常显示结算结果。

对品牌商而言，不同于与主流媒体的合作方式，在直播电商中使用广泛的是 CPS，因为其风险小，有效益保证。但随着竞争日益激烈，短期内以收入为导向的产品难以以这种方式获得用户，高品质渠道用户资源倾向于某些 ARPU[①] 值高的产品。因此，一些迫切需要推动需求的产品不能与渠道 CPS 配合。

那么，只有通过其他的一些方式来宣传才能实现推广，这意味着这种合作有风险，即渠道用户混合，并且在自己的特征和属性中有一个渠道，大量投入资金可能也无法达到预期效果，用户活动和保留等数据指标也达不到预期。

1. 数量指标

要在渠道中推广，用户数量达到一定规模是不可或缺的前提。可以使用以下维度来衡量渠道用户数：

> 每单位时间的展示次数；

> 下载次数；

> 安装次数；

> 激活次数；

---

① ARPU（average revenue per user），即每用户平均收入，是运营商用来测定其取自每个最终用户的收入的一个指标，但并不反映最终的利润率。

➤ 注册数量；

➤ 登录次数。

由于不同渠道对各个环节的统计定义有所不同，可以从以上指标中选取要对比的渠道中定义相同的指标进行横向比较。

对比时要控制好变量，在推广方案相同的情况下选择最佳位置，或者在成本投入相同的情况下进行比较。

2. 转化率指标

> **核心要点**
>
> 通过简单的转化率公式，可以快速地分析每个渠道在各方面的用户转化率，从而找到直播电商在某个环节存在的问题。

渠道用户在看到产品宣传广告并最终转化为产品用户的过程中，要先后经历：广告触达→进入下载页面→点击下载→下载成功→点击安装→安装成功→激活→注册→登录。这样一系列过程可以用一个漏斗模型进行简化，见图3-6。

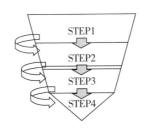

图3-6 渠道转化漏斗模型

资料来源：通过数据评估渠道用户质量的方法．（2016-08-30）．https：//www.sohu.com/a/112839774_218499.

其中，转化率的计算公式如下所示：

$$转化率 = \frac{后一个环节人数}{前一个环节人数} \times 100\%$$

➤ 转化率指标应用举例

以下为某天 A 渠道和 B 渠道最好位置的数据表，以及通过转化率公式分析出的用户转化率情况，如表 3-2 所示。

表 3-2　渠道数据及转化率分析

不同环节	渠道 A（人次）	渠道 B（人次）	转化率分析	渠道 A（%）	渠道 B（%）
广告触达	11 118	12 035	—	—	—
进入下载页面	6 671	7 462	广告触达→进入下载页面	60	62
点击下载	5 003	5 148	进入下载页面→点击下载	75	69
下载成功	2 810	1 811	点击下载→下载成功	56	35
点击安装	2 472	1 611	下载成功→点击安装	88	89
安装成功	1 483	805	点击安装→安装成功	60	50
激活	1 320	724	安装成功→激活	89	90
注册	1 122	637	激活→注册	85	88
登录	1 065	630	注册→登录	95	99

资料来源：参考搜狐网相关数据整理，https：//www.sohu.com/a/112839774_218499。

分析表 3-2 左边不同环节的数据时可见，在相同投入的条件下，如果从广告触达、进入下载页面、点击下载 3 个角度来看，渠道 B 要优于渠道 A。但是再看表 3-2 右边的转化率分析数据，经过层层计算后会发现渠道 A 的转化率要高于渠道 B。

通过对比进入下载页面→点击下载、点击下载→下载成功、点击安装→安装成功这 3 个转化率指标，不难发现渠道 B 的转化率明显落后于渠道 A。

再通过观察设备数据后发现，渠道 B 的用户主要集中于三、四线城市，这些地区普遍网速偏慢，导致用户下载后的转化率偏低。

又经过体验后发现，产品的硬件性能有一定要求，渠道 B 的整体设备性能偏弱，安装过程的持续时间是渠道 A 设备的 2 倍甚至更长，导致渠道 B 的"下载→安装"转化率低，最终影响了广告效果。

使用上述转化率公式来对统计数据的各个方面进行分析，不仅容易判断每个渠道在各方面的用户转换率的情况，而且能够监控自己的产品在推广过程中可能存在的问题。

那么，商家要如何赋能主播，提高转化率呢？首先，可以提供产品的核心卖点文案，其中包含产品基本内容、适用人群、切入点和效果及反馈。其次，可以提供相关证书，如产品的 GAP 检测、SGS 检测或欧盟认证等；商家可以给予主播产品在进行实验时的对比素材，通过让消费者亲眼见证产品的效果来使消费者信服。最后，商家可以介绍其品牌背景，如介绍与品牌合作的各大原料供应商或实验室等，从而使得消费者更加信任该品牌。

3. 质量指标

> **核心要点**
>
> 电商平台都希望用户黏性越强越好，一般可以对以下四个指标进行观察。

通常电商平台会关注以下指标：

（1）用户占用率：只用一个客户端登录的用户比例（越小越好）。

（2）N 日用户留存率：新增日之后的第 N 日依然登录的用户占新增用户的比例，体现了平台的质量和保留用户的能力。例如：

第 30 日留存率＝新增日之后的第 30 日还登录的用户数/第 1 日新增用户数

用户留存率是用来分析应用或者网站的服务效果是否能够留住用户。因此，留存率实际上反映的是一种转化率，即由初期的不稳定用户转化为活跃用户、稳定用户、忠诚用户的过程。随着这个留存率统计过程的不断延展，就能看到不同时期的用户的变化情况。

（3）人均日用时间：用户平均每天使用时长。

（4）每日的平均次数：每天登录的平均用户数。

4. 收入指标

核心要点

如何知道不同渠道用户的有效转化率？我们可以通过不同平台的活动运营数据、操作数据内容、渠道操作数据等进行分析。

运营的最终目标是获取收益，对 KPI[①] 负责。在广泛的渠道推广产品时，运营商往往处于弱势，信息通常更加封闭，较难获得更多的

---

① KPI（key performance indicator），即关键绩效指标，是通过对组织内部流程的输入端、输出端的关键参数进行设置、取样、计算、分析，衡量流程绩效的一种目标式量化管理指标。

数据。而在数据有限的情况下，渠道用户的质量如何准确评估，是每个经营者在做出决定改善促销资金使用时必须明白的地方。

在对任何数据进行分析时，要满足现有常规指标的分析，不能只依据某一个指标来做决策，单一指标往往是片面的；只有根据不同的产品或渠道特点来定制一些比较适合的指标进行比较分析，才能得知最真实的情况。

（1）活动运营数据分析。

规划作为一种常用的操作手段，为了应对难以估计活动效果这个问题，在活动开始之前通常需要确定一个关键问题来加强核心数据，这样的核心数据包含新用户注册、用户激活（百度索引、新浪索引、媒体索引）信息。

此外，业务规划活动可分为两类：第一类是非商品交易互动活动。这类活动主要是通过用户交互产生的数据和产品核心数据来提升互动效果，深度挖掘老用户和新用户的互动率，帮助我们了解各种类型的互动活动对新老用户的区别。第二类是促进商品交易的活动。这类活动主要关注点击情况的关键节点、推广页面、各种转换率比日常非活动状态好的页面的活动产品。

促销活动的数据分析应做得更细一点，按照新用户和老用户进行分段分析、支付客户单价分析和后续用户保留分析等。在销售会员增值服务的情况下，除了分析活动总销量外，还可以分析各级用户的支付情况。

（2）操作数据内容分析。

对于短视频平台的内容编辑，应该更关心内容显示的模式，包括内容更新、曝光、流量、逗留时间、转发、收集、点赞以及评论浏览路径"曝光点击—阅读—共享"转换率等。

对于特定产品，需要加强操作的内容，更加关注内容的推广指标。

如通过内容召回用户，则需要注意内容用户登录平台的次数。现在越来越多的电商尝试使用内容作为销售指导，这样的内容操作除了需要重点关注图形阅读的基本次数外，还需要关注产品链接的点击商品浏览和订单情况。

（3）渠道操作数据分析。

核心要点

通过对每个获取用户的渠道进行分析，发现产品转换率的差异，从而优化各个渠道的转换效果。

广告渠道交付是获取用户的主要方式。渠道操作需要分析每个渠道的转换率，然后优化每个渠道的转换效果，从而降低每个用户的购买成本。

当新版本发布有明显的数据波动时，只看渠道用户获取路径的数据是无法帮助我们做出操作判断的。建议将不同维度的数据进行比较，与历史数据相比，或者比较相同时间点的不同维度，都有利于找出渠道转换率数据变化的根本原因。

下面用一个案例来说明如何分析渠道保留率来找出问题。一个社会类 App，新版本的用户数急剧下降，如何看待这个问题？

DAU①分为新用户和老用户。通过查看老用户的保留率，我们可以研究老用户流失的原因。通过观察新用户的去留状态，可以分析产品和渠道存在的问题。通过数据比较分析可以发现，老用户对

---

① DAU（daily active user）指日活跃用户数量。

新版本的接受度并不高，总体保留率非常低。

对于项目运行情况，如果有必要对项目开始后的数据进行分析，则应包括以下和数据相关的事项：

1）数据项和埋点分析[①]。

核心要点

数据项是基于直播电商业务流程的需要而设置的，建议根据业务流程涉及的环节尽可能多地设置。数据项越详细，越有利于对业务进行分析，方便日后对不同环节的优化与调整。

操作上，需要基于对业务流程的理解，尽可能多地列出数据项，可以根据用户行为路径数据建构漏斗模型，路径越详细越有效。

数据项作为基础数据，需要通过技术在相应的路径上进行测量来获取统计数据。操作上，需要根据这些基础数据进行分析，比较路径转换和分析之前的相同数据，之后澄清项目的运作情况。

需要进一步完善的数据项，要根据项目周边的核心数据进行向前和向后的扩展，然后对用户后续行为进行统计，对用户源进行质量分析。

此外，数据分析对象可以分为报告数据和不报告数据。报告数据是每天在数据背景中直接看到的数据。通常，用户的关键路径数据需要作为报告数据呈现。它类似于新老用户的路径行为差异比较，需要一个很长的过程。不建议在项目的早期对非核心数据做比

---

① 埋点是在应用中特定的流程收集一些信息，用来跟踪应用使用的情况，后续用来进一步优化产品或为运营提供数据支撑。其目标是对埋点进行持续的数据收集，为深入分析做准备。

较，只有在产品运行阶段的技术分析运行一段时间后才可以比较。

2）数据分析周期。

数据分析周期指的是数据生成的操作间隔时间，用于进步分析。项目的初始分析周期可以是1天，在条件成熟的情况下可以是7天甚至更长时间。

除了进行转换率数据所有关键方面的分析，基础数据的操作还可以在 Excel 表中进行，可以通过折线图显示每个路径的数据趋势，也可以用条形图来显示每个路径的转换率。

3）数据分析结论。

数据分析是手段，最有价值的是分析得出的结论。通过数据分析总结出有效手段，可以加强数据的运行，进而增加数据量。分析手段固定成产品形式可以进一步扩大数据效应。

4）项目运行调整。

其实，数据本身不能直接改进产品，只能起到一定的辅助作用，最终还是要取决于运营商对业务的深刻理解。数据是产品改进的基础，要使用数据来证明项目的价值，继续使用数据来推广产品、技术和渠道。数据在这一点上就好像运动器材一样，并不能直接给我们带来健康的身体，关键要看锻炼者怎样理解不同的器材，合理使用它们来达到想要的运动效果。

5）项目总体汇报。

核心要点

项目的总体汇报可以按项目的生命周期进行划分，每个时期汇报的重点都不一样。总体汇报中要多运用核心数据和周边数据发掘潜在用户，也可以与其他项目进行对比分析，提升活动的效益。

大型项目进程可以分为几个不同的时期，一般是：检验期—进入期—增长期—高速增长期—成熟期—衰退期。每个时期都会有不同的重点，需要反映项目的整体运行。

如果项目可靠，数据埋点合理，平台数据分析工作做得好，再加上项目背景、项目目标、项目数据、业务分析、经验重用和后续计划的总结文件都是可靠的，那么项目报告的问题一般就不大了。

数据报告可分为核心数据和周边数据（包括内容数据、用户数据和比较数据多个维度）。作为报告的重点，在对项目当前情况进行总结前，在实践中常使用的标准是大家熟悉的产品核心数据。另外，经过详细的周边数据来分析操作层面的内容，就可以分析哪种类型的内容是项目用户的目标。

短视频平台的数据关注内容是 PGC 和 UGC 的数量，以及共享和浏览的情况。可以将内容数据与其他项目进行比较，通过比较数据的内容，证明项目内容的品质，这对推动产品活动是非常有价值的。

五、直播电商业务数据分析思路

核心要点

　　直播电商最关心的核心问题是"人、货、场"，这也是数据分析的重点。

电商的本质是零售。我们在做数据分析时，始终要围绕成交这个核心目标。这其中就涉及人、货、场三个概念：

➢ 人：流量、用户或会员。

> 货：商品。

> 场：凡是能将人与货匹配，最终实现转化的，都可以称为场。例如，搜索、推荐、推送、导航栏、活动、视频、图片、文本、直播等都属于场的范围。

这三个概念组合起来，就是电商需要关注的核心问题，也是数据分析的重点（见图 3-7）。

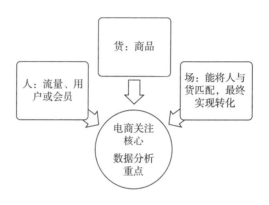

图 3-7　电商数据分析重点

● 不同商品需要放置在什么场中卖给用户？例如，口红在搜索、短视频、直播哪个场中卖得最好？

不同商品适合的场是不同的。比如，很多女性会通过观看短视频购买化妆品，在图片展示区买衣服。如果用错了场，商品的转化率会受到明显的影响。大家是否知道不同的商品在哪些场好卖，在哪些场难卖？如果知道，你会采取和现在不同的方法吗？

● 不同的场应该卖什么商品？导航栏、搜索、推荐分别适合卖什么特征的商品？打折券的 ROI 如何衡量？这些对成交非常关键的洞察，是可以通过数据分析来判断的。

● 不同用户需要的商品和场有何不同？为不同用户画像，需要呈现哪类商品和相匹配的场？对于不同生命周期、不同级别的用户，应该采取什么样的运营手段？是否了解新用户首次购买的路径？在哪些路径下的销量最高？新用户倾向于买什么商品？

下面以业务流程的方式，与大家分享直播电商数据分析的一些思路：

1. 业务场景

> **核心要点**
>
> 　直播电商业务场景的核心是"主播＋直播"。

直播电商的一个业务场景就是主播的直播间。每当你在主播的直播间"剁手"的时候，这个业务场景就在发挥作用。近年来，基于直播平台和一些网红的综合作用，各大商家都选择直播这种流量大户，通过直播宣传或者人气火爆的网红来进一步宣传展示自己的产品。

直播电商业务场景的核心是"主播 ＋ 直播"，通过直播带货的方式，将处于幕后的商家和消费者联系在一起，把流量转化为营收，将产品售卖出去。比如，李佳琦在他的直播间就经常采用突破个人的"轻综艺"直播场景。他的妈妈会经常出现在直播中跟观众互动，这样轻松的直播场景往往能带来不错的效果。

总之，业务场景只有与主播人设符合，才能达到事半功倍的效果，不可刻意为之。

2. 业务模型

核心要点

    由于直播电商的根本目的是带货，也就是通过名气主播的宣传，带动观众购买商家的商品。所以，直播电商的业务模型可以抽象概括为以下指标：营业收入、用户转化率以及各类流量。

（1）营业收入。

    营业收入是利润的主要来源，但不是净利润。营业收入是从事主营业务或其他业务所取得的收入。我们通过图3-8可以看到，在统计直播电商营业收入时，需要考虑至少三个渠道的成本支出：一是商家聘请主播的 A 成本，二是商家在平台销售商品的 B 成本，三是消费者通过平台购买商品时支付的 C 成本。

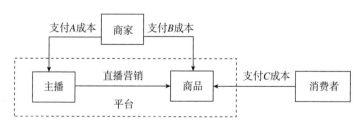

图 3-8　直播电商营业收入模型

资料来源：根据知乎上的文章《业务数据分析思路——直播电商》整理，https：//zhuanlan. zhihu. com/p/138106968。

    下面，我们用简单的公式进行数据分析的思路归纳。

➤ 简单净利润：$W = C-(A+B)$，$W>0$ 时表示简单净利润为正。

➤ 简单收益率：$\dfrac{W}{A+B}$，$W>0$ 时表示简单收益率为正。

➤ 主播端收益来源比重：$W\times\dfrac{A}{(A+B)}$。

➤ 商品端收益来源比重：$W\times\dfrac{B}{(A+B)}$。

为了简化分析，图中设定的成本支出包含了所有附加成本（如税费等）。

（2）用户转化率。

用户转化率是指做出购买行为的用户的数量和未知意向的潜在用户的数量的比率。例如，我们要在平台上直播销售一款产品，有 100 个用户观看，其中有 20 个用户买了我们的东西，那么转化率就是 20%。

分析用户转化率，可以助力企业的核心业务，提升企业的盈利能力。下面，我们用简化的公式来说明，同时参考图 3－9。

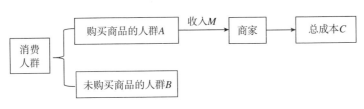

图 3－9 用户转化率模型

资料来源：同图 3－8。

➤ 用户转化率：$\dfrac{A}{(A+B)}$。

➤ 每用户平均收入（ARPU）：$\dfrac{M}{(A+B)}$。

➤ 每付费用户平均收入（ARPPU）：$\dfrac{M}{A}$。

➢ 每付费用户平均净收入：$\dfrac{M}{A}$。

其中，A 代表期望行为数，$A+B$ 代表总行为数，M 代表实际进账收入。

为了简化分析，图中设定消费者购买商品带来的收入是实际进账收入，也就是扣除了购买过程中商家要支付的所有成本。

（3）各类流量指标。

直播平台各类流量指标产生模型如图 3-10 所示。

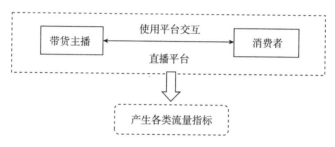

图 3-10 直播平台流量指标产生模型

资料来源：同图 3-8。

下面简单介绍几个主要的流量指标：

➢ **最高同时在线人数**

这个数据可以考核两个维度：一是主播的实时直播对消费者注意力的吸引；二是在一定程度上代表了直播内容是否让消费者感兴趣。大主播的最高同时在线人数可以达到 2 000＋，但很多主播的最高同时在线人数不到 200 人。

➢ **直播间停留时间**

这是指观众在直播间里的停留时长，又叫人均驻留时间。观众在直播间里的停留时间越长，越有可能产生销售转化，达到品牌宣传推广的目的。停留时间体现了消费者对直播间最直观的综合评分，因为大量流量都是在直播间观看 1 分钟左右就决定去留。要判断一个新手主播是否有潜力，甚至可以用这个单项指标来判断。

网络数据显示，直播间停留时间达 3 分钟可以算及格，淘宝直播间人均驻留时间约为 5 分钟，通常头部主播的直播间用户的停留时间大多比较长。例如，淘宝头部主播薇娅可以让用户在直播间内停留 16 分钟，而李佳琦可以做到 30 分钟。但是腰部主播却出现两极分化，一部分主播只能做到 200 秒，另一部分主播则死死卡在了 6～8 分钟的长效在线停留。

所以观察停留时间的数据，既可以为主播规划职业提供方向，也有利于直播间的初期调整。总的来说，只有优质的直播才能吸引更多用户在线驻留观看。

➤ 转粉率

粉，即粉丝。转粉是指把不是粉丝的观众或访客转变为粉丝的过程。一个用户从进入直播间，到产生兴趣，再到转粉，建立起对主播的信任，最后才会购买。所以一个直播间做得好不好，转粉率是一个非常重要的指标。因为只有消费者喜欢你的直播内容，你才有机会把商品销售出去。

$$转粉率 = \frac{新增粉丝数}{(观看人数 - 粉丝回访数)}$$

一个新主播，转粉率如果在 3%～5% 之间，则是比较正常的数据。太低和太高都不好，太低说明做得太差，太高则会被平台判断为在刷数据。

➤ 互动率

互动是影响直播间推流的一个重要数据。通过互动率指标可以大致判断直播间互动的效果如何，简单来说就是直播间互动的人数越多，直播间越容易火爆。将评论人数除以观看总人数，就可以大体算出互动率。互动率达到 5% 就可以说是及格了。

$$互动率 = \frac{评论人数}{观看总人数}$$

3. 宏观分析思路

核心要点

下面将简单介绍直播电商营收、直播带货转化、直播间流量三个方面的分析思路，所列步骤仅作为参考。

（1）直播电商营收分析。

步骤一：指标埋点，上线活动，技术维稳，统计数据。

步骤二：计算净利润、收益率、收益来源比重三大基础指标。

步骤三：基于大指标和业务场景细分，拆解出中等指标。举例如下：

➢ 净利润 → 商品 M1 的净利润、商品 M2 的净利润……

➢ 收益率 → 商品 M1 的收益率、商品 M2 的收益率……

➢ 主播端收益来源比重→源于主播 N1 的比重、源于主播 N2 的比重……

➢商品端收益来源比重→源于商品 M1 的比重、源于商品 M2 的比重……

步骤四：基于中等指标和业务场景细分，拆解出小指标，举例如下：

➢ 商品 M1 的净利润 → 商品 M1 在不同直播场次下的净利润、源于各个主播的净利润。

➤ 商品 M1 的收益率 → 商品 M1 在不同直播场次下的收益率、源于各个主播的收益率。

➤ 源于主播 N1 的收益比重 → 不同直播场次、直播商品下源于主播 N1 的收益比重。

➤ 源于商品 M1 的收益比重 → 不同直播场次、直播主播下源于商品 M1 的收益比重。

步骤五：结合各类指标结果，以"宏观→微观""大→小""粗→细"进行数据分析。举例如下：

➤ 最近一个月举办的 10 场直播所带来的净利润为 K 元。

➤ 来自商品 Mi 的净利润为 K_{Mi}

➤ 其中，商品 Mi 在第 j 场直播中带来的净利润最多，设为 $W_{Mi \cdot j}$ 元。

（2）直播带货转化分析。

步骤一：指标埋点，上线活动，技术维稳，统计数据。

步骤二：计算用户转化率、每用户平均收入（ARPU）、每付费用户平均收入（ARPPU）、每付费用户平均净收入四大基础指标。

步骤三：基于大指标和业务场景细分，拆解出中等指标。举例如下：

➤ 用户转化率 → 商品 M1 的用户转化率、商品 M2 的用户转化率……

➤ 每用户平均收入 → 商品 M1 的 ARPU、商品 M2 的 ARPU……

➤ 每付费用户平均收入 → 商品 M1 的 ARPPU、商品 M2 的 ARPPU……

➤ 每付费用户平均净收入 → 商品 M1 的每付费用户平均净收入、商品 M2 的每付费用户平均净收入……

步骤四：基于中等指标和业务场景细分，拆解出小指标。举例如下：

> 商品 M1 的用户转化率 → 不同直播场次、直播主播下的商品 M1 的用户转化率。

> 商品 M1 的 ARPU → 不同直播场次、直播主播下的商品 M1 的 ARPU。

> 商品 M1 的 ARPPU → 不同直播场次、直播主播下的商品 M1 的 ARPPU。

> 商品 M1 的每付费用户平均净收入 → 不同直播场次、直播主播下的商品 M1 的每付费用户平均净收入。

步骤五：结合各类指标结果，以"宏观→微观""大→小""粗→细"进行数据分析。举例如下：

> 先分析近期 10 场直播带货的用户转化率走势。

> 再分析商品 Mi 在近期 10 场直播带货中的用户转化率走势。

> 最后分析商品 Mi 在主播 Nj 近期 10 场直播带货中的用户转化率走势。

（3）直播间流量分析。

步骤一：指标埋点，上线活动，技术维稳，统计数据。

步骤二：统计直播时长，并根据直播时长得到观看人数的时间序列，基于该时间序列计算流量峰值、流量低谷、流量均值、流量中位数等描述统计类大指标。

步骤三：基于大指标和业务场景细分，拆解出中等指标。举例如下：

> 流量峰值 → 主播 N1 的直播间流量峰值、主播 N2 的直播间流量峰值……

> 流量低谷 → 主播 N1 的直播间流量低谷、主播 N2 的直播间流量低谷……

步骤四：基于中等指标和业务场景细分，拆解出小指标。举例如下：

> 主播 N1 的直播间流量峰值 → 主播 N1 在第 j 场直播的流量峰值。

> 主播 N1 的直播间流量低谷 → 主播 N1 在第 j 场直播的流量低谷。

步骤五：结合各类指标结果，以"宏观→微观""大→小""粗→细"进行数据分析。举例如下：

> 某款商品由 10 名带货主播负责，统计得到该 10 名带货主播的直播间流量时间序列。

> 主播 N1 的直播间流量峰值和主播 N1 的直播间流量低谷。

> 主播 N1 在上午直播时段的流量峰值和主播 N1 在上午直播时段的流量低谷。

六、打造主播人设模型

直播带货的核心是树立主播的人设，以此吸引粉丝并实现最终转化。下面就主播的人设打造进行分享。

核心要点

　直播带货的关键是"主播＋直播"，因此主播是实现直播带货转化的关键。产品的类型多种多样，主播应根据自身的特点，结合粉丝的需求树立人设，做到"人、货、场"的相互匹配与促进。

1. 找到主播的定位

在申请开通直播权限前，就应当问自己这样一个问题：为什么要做直播？

　　某机构的主播面试官在问面试者这个问题时，得到了各种不同的答案。有人说自己的穿衣品位很好，有人认为做直播能赚钱，也有人回答做直播可以给自己的平台店铺带来流量。面试官问这个问题，是想了解面试者是否有清晰的个人定位，以便今后能为其设计相应的人设打造方案。而实际情况是，大部分面试者并没有清晰的个人定位。

核心要点

　　主播人设是根据粉丝群体的心智情况，主动将主播的某些特定标签植入粉丝的心智当中，让粉丝对主播形成特定的认知，例如"口红一哥"李佳琦。主播人设清晰能让其在激烈的竞争中脱颖而出。

　　一家公司需要定位，一款产品需要定位。同样，作为主播就更需要定位了。但主播定位并不是围绕主播进行的，而是围绕目标粉丝的心智进行的。也就是说，将主播的某些标签植入目标粉丝的心智中，从而让粉丝对主播形成特有的认知偏见（主观但并不全面的认知）。

　　以坐拥"1 000万＋"微博粉丝的大网红张沫凡为例。有人问过张沫凡这样的问题：你觉得你火是因为什么？她说"因为我很真实"。的确，张沫凡出了名的是她直率的性格，"坦率"的人设帮她吸引了一波黏性十足的粉丝。粉丝说"她不玻璃心，在视频里经常有啥说啥，经常自黑"，大家喜欢叫她"老公"。因此，她的美妆产品受到广大粉丝的青睐，每次直播也是异常火爆。某年"双十一"，她就一举拿下前1小时破1 000万元的惊人销量。

　　随着各大平台的主播人数越来越多，相应的竞争也越来越激烈。虽然直播平台进行了相应的栏目切分，例如淘宝平台被切分为全球现场、美妆、母婴等多个不同主题，但每个栏目下的竞争依然非常激烈。主播该如何在这样的环境下脱颖而出，或者说如何能被大家所熟知与认同呢？主播的个人定位就是利器。

我们需要明确：直播要满足粉丝的哪个核心需求？

首先，大部分主播在上播前都因为一个问题头疼：今天要播什么内容？最直接的反应就是"今天的标题怎么写？"。

其次，就是将直播的内容寄托于粉丝的提问上。

另外，有一些主播一上直播就开始推销当天的产品，没有任何铺垫，也没有与粉丝的互动。

上面这些情况都不利于增粉与提升转化率，建议主播采用以下方法打造人设。

（1）从自身出发，确定自己的核心价值。

核心要点

　　主播首先可以通过列举法分析直播内容，结合自身特点发掘直播的创意。其次，主播要用真诚引起共鸣，打动粉丝，从而提高转化率。

首先，罗列主播能输出的价值。

当我们还不清楚粉丝想要什么内容的时候，就不清楚应该直播什么内容。所以，主播在开播前需要对自己的优点和特色进行分析，设计直播话题。而这一切都基于主播潜藏着哪些优点，以及可以做哪些其他主播没有做的内容，或者在相同或类似的内容中，有哪些内容能比其他主播做得更好。

其次，引起粉丝的共鸣。

主播必须树立一个信念，就是要对粉丝真诚与走心，没有套路便是最大的套路。

新手主播可以通过相同或类似产品的直播尝试，初步明确自身的价值主张，慢慢展现自身的特长与业务特色，并在这一过程中让粉丝对其产生信任，以便在今后的直播推荐中驱动粉丝下单。

（2）从粉丝需求出发，强化自己的核心价值。

核心要点

　　主播设身处地为粉丝着想，从产品源头为粉丝谋福利，将会收到粉丝的热情回报。

首先，观察其他直播间粉丝的核心需求点。

同行分析是日常工作的重要组成部分，比如关注"全球现场"这个栏目时发现粉丝的核心需求点在于价格。

其次，以其中的一个点作为自己的价值主张。

例如，某平台"全球购"栏目中有一名成长速度非常快的男主播，该主播一开始就将最优惠的代购价作为核心价值给予粉丝。其他主播往往将专柜代购作为货源渠道，强调的是专柜正品。这名主播则在供应链上下足了功夫，找到了品牌的总代理或一级代理商进行合作，拿到了专柜拿不到的价格，加上背后有相对较强的服务团队，使得粉丝们收到产品时感叹物超所值，引发了粉丝们的疯狂购买。

2. 打造主播的人设

在直播初期，为了吸引观众、积累人气，不少主播都会打造鲜明的人设，以求给观众留下深刻的印象。

（1）清晰的人设是直播的关键要素。

核心要点

　　人设就是人物设定，而打造人设就是打造出一个具有鲜明个性的人物的过程。

　　大家有没有过这样的经历：路边有许多早餐店，这些店里卖的早餐种类大同小异，几乎每家都有面条、包子、豆浆。而在这些早餐店中，有时候我们会发现有一家店的生意特别好，每次去都要排队，别家则显得冷冷清清。为什么会出现这样的情况呢？是他家的早餐更好吃吗？分析后我们可能会发现，这家店的味道和别家其实没有太大的差别，而人们之所以总愿意光顾这家店，是因为这家早餐店的老板十分亲切，喜欢与顾客聊天，让来店的顾客心情愉悦。

　　在这个例子中，人们之所以会成为早餐店的"用户"，是因为老板的人设让人们在吃早饭时感到心情愉悦。

　　直播带货也是一样的道理。在抖音、快手、腾讯或淘宝平台上，每天都有很多人直播带货，可是用户凭什么关注你并购买你推荐的商品呢？这其中最重要的一个答案便是：直播能够吸引他们，主播具有让他们喜欢的清晰人设。

　　那么，究竟什么是人设呢？简单来说，人设就是人物设定，而打造人设就是打造出一个具有鲜明个性的人物的过程。在打造人设的过程中，商家要结合主播的个性、特点，杜绝打造虚假人设。

　　有人曾说，直播运营是一场心智之战，要想打赢这场没有硝烟的战争，你首先要给自己打造一套具有战斗力的装备。这套装备，就是你的人设。从本质上看，直播带货其实也是"以人带货"的过程，在这个过程中，树立一个辨识度高、难以被轻易取代的人设，可以帮助主播形成独特的个人标签，让主播在未来很长一段时间内很难被复制和替代。

（2）直播人设的打造方法。

第一，每个人的身上都有闪光点，这个闪光点便是别人会喜欢你的主要原因。因此，在打造人设的时候，商家可以从主播的闪光点入手。比如，一个性格开朗、幽默的人，在直播的过程中就可以充分发挥并利用这种幽默，把幽默设置成个人标签。

第二，找到一个适合的风格。在选择直播风格时，商家一定要充分考虑主播的性格，选择的风格一定要与主播自身完美契合，切忌为了打造人设而虚构出某种形象。

第三，主播在明确自己的人设时，也可以采用体现自己特点的账号名称。例如，使用体现其性格特征的账号名称：李暴躁；使用体现个人专业特征的账号名称：整形师××、化妆师××等；使用体现身份特征的账号名称：辣妈××、主持人××等；还可以使用体现地域的账号名称：新疆小姨妈、内蒙古大妞等。这能够使主播的定位更加清晰，更能吸引粉丝，如图 3-11 所示。

图 3-11　淘宝直播的人设定位经验分享

3. 打造一个被千人千面算法识别的标签

核心要点

　　打造的人设需要在不同平台、不同的直播规则下都能被清晰识别。这将提升商家与用户对主播的青睐。

（1）直播标签的作用。

标签就像一张"微名片"。随着直播规则的不断调整，获得直播平台的流量的方式也变化多端。在这种情况下，直播标签也成为获得流量的方式之一。

第一，直播标签所带来的流量更精准、更优质。

通常情况下，我们总是认为一个店铺的访客越多，流量越高，其实不一定。另外，这些流量也不都是优质的流量。例如，消费者在浏览某些网页或者朋友圈的时候，看见很特别的衣服，会出于好奇心点进店铺的直播页面看看，这时消费者不一定有购物意向，那么消费者在这家店铺消费的概率就很低。所以，这种依靠访客来估算流量的方法并不可靠。

但店铺的直播标签就不同了。比如，消费者想在淘宝平台上买一条牛仔裤，那么只需在手机淘宝中搜索关键词"牛仔裤＋女"或"牛仔裤＋男"。如果看到合适的裤子，消费者就会直接下单。

其实，直播标签就是以"人群＋货品＋主题"为导向的，和直播带货的"人、货、场"相贴合。主播对产品越了解、越专业，直播越场景化，那么直播获得的流量精准度就会越高。

需要注意的是，淘宝引进"千人千面"算法后，店铺的直播标签化问题越来越多。如果标签和店铺产品的契合度不高，那么就会影响该店铺直播带货的转化率。

第二，小标签有助于中小达人和商家提升用户黏性。

千人千面的小标签，给很多垂直细分领域的商家提供了很好的机会，在这种垂直标签的影响下，这些商家能够挖掘到更多的忠实粉丝。

（2）如何打造一个被千人千面算法识别的直播标签。

很多时候，主播通过直播带货，卖的就是标签。那么，主播应该如何打造专属的标签呢？答案是：必须符合主播自身的特征。具体来说，主播可以从以下几点着手，打造专属的标签。

核心要点

打造专属的人设标签，先要从分析主播最擅长的事情着手，然后要分析各类头部主播选用的标签，形成错位发展，最后快速确立自己的专属特色标签。

第一，分析自己最擅长的事情。

在打造直播标签的时候，主播可以从分析自己最擅长的事情入手。例如，李佳琦在从事直播行业前，曾是欧莱雅专柜的彩妆师，给别人推荐彩妆这件事本身就是他十分擅长的。因此，在打造直播标签时，他就充分利用了这一优势，成功打造了自己的"美妆"标签。

第二，统计头部主播的直播标签和时段。

要想打造一个能被千人千面算法识别的直播标签，我们还需要知彼。建议做一个表格，将不同类别的头部主播每天的直播时段和选用的标签统计出来。做表格的目的是最大限度地避开竞争对手。如果我们和其他相同类别的头部主播同时开播，我们直播间的流量一定会被抢占。通过这项统计，就可以清晰地知道哪些标签是冷门的、哪些标签即使选了也竞争不过对手，从而选择适合自己的最佳标签。

第三，根据自身竞争力大小选择标签。

对于流量不稳定、竞争力较弱的中小主播而言，直播标签的测试与选取一般有两种方法：一是迅速抢占新标签。主播可以通过逐渐优化直播间的产品来匹配到相关的精准流量，迅速抢占新标签，从众多竞争者中脱颖而出。二是轮番测试相关标签，选出最优。在选择自己的标签时，主播可以用 3～5 天的时间，把每个相关标签提前测试一遍，通过测试结果选出一个最优的标签。

上述两种方法都旨在帮助主播找到适合自己、对自己增加流量帮助最大的标签，比较适用于新手主播。而对于那些相对成熟并且竞争力较强的主播来说，可以直接选择流量基数比较大的标签。

总而言之，主播在直播的时候，可以跨类目选择标签来测试流量大小，可以利用同类目小标签来测试流量，建议以 3 天或者 1 周的时间为节点来调整基数。另外，也要注意搜集和分析大主播的标签，找到平台对标签分配流量的规律，这样才能打造出被千人千面算法识别的直播标签。

七、建立粉丝模型与运营

核心要点

直播团队需要对进入直播间的人群进行有效的划分，并针对不同的人群采用不同的运营策略，做到既活跃了直播间，又挖掘了潜在客户，最终提升直播间的产品转化率。

1. 直播间人群的划分

在日益激烈的直播竞争中，直播品类与主播类型比较相近，一名新手主播如何在众多竞争者中胜出呢？除了如前文所介绍的做好主播人设的打造和直播内容的设计外，还要对直播间的粉丝进行有效的划分与管理，毕竟粉丝才能带来真正的商业转化。同时，对粉丝的划分能为后续的直播内容设计提供指导。下面将对不同用户进入直播间的目的进行区分，并有针对性地分析运营策略。

（1）团队成员。

核心要点

直播团队的成员团结与否、合作是否顺畅，关系到主播的成长。因此，需要拥有团队精神一起努力才行。

团队成员，就是直播运营的参与者。作为一名主播，背后有强有力的团队，会使直播事业蒸蒸日上。但最大的问题是，直播这个行业属于新兴业态，没有成熟的运作体系可以参考。现在大部分主播都很年轻，甚至有的刚成年，一般社交经验不足，往往以自我为中心，缺乏团队精神。而团队成员大多是从其他行业转行过来的，往往也缺乏相关经验。所以，主播的成长也是比较难的一个过程。

主播背后的团队成员应当具备以下能力：

> 内容策划；

> 营销推广；

> 产品结构设计；

> 对接商家；

> 粉丝维护和控场等。

主播背后的团队成员需要团结协作，帮助主播达到最佳的直播效果，例如提升在线人数、观看人数、销售额、收入。相应地，主播则需要提升与产品相关的专业知识、直播现场的应对能力、跟粉丝沟通的能力等。

（2）铁杆粉丝。

核心要点

铁杆粉丝是主播直播事业发展的另一坚强后盾，是最应关注与满足需求的群体。

铁杆粉丝是发自内心支持主播的一群人，见不得黑粉攻击主播，更见不得主播堕落。这样的一群人往往构成了主播的保底在线人数，也是整个直播间发言最活跃的一群人。

铁杆粉丝是主播的宝贵财富，也是主播直播事业得以发展的动力。主播及其背后的团队应当尽全力满足这一群体的需求。

（3）购物者。

核心要点

　　购物者虽然与主播的交流互动不多，但对转化率的贡献最大，占比也最大。

　　这一群体进入直播间的目的就是消费，比如看看是否有优惠、产品是否适合自己等。这一群体进入直播间后会看看有什么合适的东西可以购买，如果有就让主播展示，如果没有就离开。这一群体所占的比例应该是最大的，在不少直播的成交记录中，很多下单的人并没有在直播间发言，而且这一群体对整个直播间的成交额贡献很大。我们可以将这群人理解为客户。

　　（4）娱乐者。

　　娱乐者往往是切换直播间最迅速的一群人，哪个直播间有抽奖就到哪个直播间，抽完奖迅速离开。有些人则拿主播取乐，比如让主播不断试自己根本就不想买的衣服等。

2. 有效筛选粉丝群体

核心要点

　　直播团队一方面要深度挖掘目标用户，提升转化率；另一方面也要结合新趋势设计直播内容，以获取用户的关注。

在对直播间的粉丝群体进行区分后，还要根据实际情况进行有效的筛选，并锁定目标粉丝，提升直播间的转化率。

直播团队可按照以下三点开展对粉丝的筛选并锁定目标粉丝。

（1）深度挖掘主要目标用户。

不同目标用户群体的关注点不一样，主播切忌贪多，"捡了芝麻丢了西瓜"的例子太多。做账号定位时，只需迎合主要目标用户群体。另外，采用倒推法与正向拓展法，有助于分析目标用户的需求，从而制定内容策略。

例如，主播小 M 是专门售卖职业装的，这种服装的主要客户群有银行职员、保险业务员等，小 M 想要将衣服卖给保险业务员，那么小 M 需要怎样做才能吸引他们买自己的衣服呢？

我们可以通过倒推法和目标用户画像进行拓展：

➢ 保险业务员需要什么→有保险需求的客户；

➢ 保险业务员需要如何增强客户对保险的认可度→需要借助宣传保险优势的文案→小 M 可以提供这类文案；

➢ 这些目标用户是被小 M 的文案所吸引，因此成为小 M 的"私域流量"，小 M 得以顺利地销售自己的职业装。

从上述案例中得到的启发是：在直播中，输出的内容并非一定得与自身要变现的产品产生直接的关联。我们要做的是仔细分析目标用户的需求点，迎合了目标用户的需求点就不怕吸引不了目标用户。

（2）实时结合直播内容风向标做出改变。

用户红利已经慢慢退去，但内容红利才刚刚到来。现在还去做泛娱乐的搞笑段子已经很难媲美同类型的头部主播。但是，打造人格化的搞笑段子剧可能还有一定的市场。有时候，一些直播内容虽然不如其他搞笑段子剧优秀，但这些主播正是因为顺应了红利期的变化阶段，紧紧抓住了用户的心理，因此才收获了一大批黏性极强的用户。

（3）紧跟目标用户的需求点。

用户的需求各不相同，一个账号的内容通常无法满足所有用户的需求。因此，在确定目标用户时，关键不在于多而全，而在于小而精。如果账号做到一定量级的时候，发现账号下的用户需求点越来越多，那么可以考虑做矩阵账号，正如抖音承接的今日头条算法本身就是"靠内容找人，而不是人找内容"。将用户细分导量到各个针对不同需求的账号下，输出对应的内容，以内容优势来获取用户的关注。

3. 呼应粉丝需求

> **核心要点**
>
> 评论区与私信不容忽视，因为这里正是主播与用户开展互动的好地方，运营好了，自然会更有助于强化主播人设，最终提升直播的转化率。

目前直播互动的主要阵地是评论区。运营好评论区，可以营造一种独特的社群氛围。评论也是不同用户附加在直播内容之上的原创内容，很容易让粉丝产生认同感和归属感，有时候价值甚至超越了直播内容本身。就好像我们在一些平台看到有趣的直播时，总会忍不住打开弹幕，希望从众多评论里找到笑点和"梗"，然后模仿，哪怕只发一条"哈哈哈哈"，也足以让观众暂时忘记孤独，产生参与感。

在评论区这个承载了用户情感的地方，粉丝的每一条评论其实就是对主播所生产的"产品"的诸多意见。如果主播及其团队能及时回复，就会让粉丝感觉到被尊重，带有个人特色的口吻也会进一步在粉丝的内心塑造出主播"有血有肉"的形象，拉近主播与粉丝的距离。同时，在评论区回复，也会引发更多的评论留言，提升直播间的人气与曝光率。

除了评论区，私信也是一个和粉丝进行互动的区域。在私信区域出现的粉丝留言，抛开垃圾信息，一般是粉丝针对主播本人的特定信息，体现了粉丝的真实想法。这就要求主播及其团队合理运用主播的人设形象，恰到好处并诚挚地回复粉丝。这不仅是一种互动，也是强化主播真实人物形象的一种方式。

"知己知彼，百战不殆"，直播电商作为其中一个互联网行业，我们有必要围绕直播所展开的工作进行分析。做数据分析是为了更好地利用数据分析的方法来了解自己、了解竞争对手，及时调整直播策略。在本章，我们了解了数据分析的作用、主要的数据类型、日常的数据分析工作等内容，知道了可以用哪些指标指导日常运营。此外，利用数据还有助于对主播人设进行个性化打造，更好地运营粉丝群体等。因此，需要养成数据复盘和分析的习惯，否则将快速被行业淘汰。

第四章

平台端合作：
建立伙伴关系

在本章，我们主要从直播电商平台的独特优势和选择原则、直播电商平台的类型和特点分析、直播电商平台的准入规则和发展特点、平台伙伴关系的建立与发展这四个方面进行阐释。

一、直播电商平台的独特优势和选择原则

本节主要从"门槛低、易传播""真实性、丰富性""互动性、不确定性"等六个角度对直播电商平台的独特优势进行了阐述，进而从"角色—平台""产品—供应链""多角度评估"三个层面来分析选择直播电商平台的主要原则。

1. 直播电商平台的优势

众所周知，直播电商无疑成了近年增长最快的新型电商模式。无论是企业 CEO 还是明星，都纷纷开始用直播的方式卖货。同时，淘宝、京东等各大电商平台也在加速拓展直播电商业务，很多农村老百姓也在疫情期间通过直播卖货的方式销售自家的农产品来增加收入。截至 2021 年 1 月，在抖音平台上获得电商收入的主播已超百万[①]。

是什么吸引着他们纷纷涉足直播电商领域呢？究其原因，便是直播电商平台所具有的低门槛、易传播、真实、丰富、互动性强、

---

① 巨量算数和抖音电商发布的《2021 抖音电商生态发展报告》。

社群化等深受用户喜爱的多种特性。

> **核心要点**
>
> 　　直播电商平台门槛低且易传播，主播可以在规定范围内自由直播，用户可以利用碎片化时间随时随地观看直播。同时，其贴近生活且形式多样，内容真实且丰富。

（1）门槛低、易传播。

视频直播内容生产及发布的门槛都比较低，主播可以自由地生产直播内容，用户利用碎片化时间可以随时随地观看，摆脱了传统视频对场景的限制。

另外，任何人都能成为直播内容的生产者，都能在法律允许的范围内自由地表达自己，将自己的想法及观点传播给他人，实现了人与人之间的有效沟通，增强了交互的丰富性，提升了传播效率。

直播电商依托于各种短视频平台来发展直播经济和粉丝经济，是一种极大的捷径。

（2）真实性、丰富性。

我们经常会在网络上看到光鲜亮丽的明星和高大上的场景，但是这离我们的现实生活很远。相比之下，我们更希望看到真实的人物和场景。

直播电商平台能将真实的生活场景展现在观众面前，满足了观众对真实性的需求。另外，直播可以与生活全面结合，"直播＋"使得直播内容得到了极大的丰富，从而提升了直播的观赏性。

相应地，在传统电商中，消费者往往会根据平台上的产品图片或者视频，来判断产品的属性以及产品是否适合自己。但是，出于扩大销量和利润的目的，商家往往会对图片和视频进行过度美化，从而导致消费者买到与预期存在较大差异的产品。而在直播卖货的过程中，消费者可以观看主播对产品的实时介绍，并在没有过度美化的情况下了解自己意向中的产品，这种方式会使他们下单购买时更理性、更务实，同时也能够减少商家面临的投诉和退换货成本。

> **核心要点**
>
> 　　直播电商平台在没有任何彩排的情况下，为主播和用户提供了可有效实时互动的场所，具有人性化和猎奇化的属性。

(3) 互动性、不确定性。

可有效实时互动是直播电商平台最独特的天然优势。平台上实时互动的主要形式有弹幕、评论、打赏等，有效地增强了用户与商家和主播的参与感。平台也因实时互动的存在而具备了社交属性，即用户和主播可以就各种产品问题及时进行交流，甚至可以像朋友一样进行沟通。

直播过程中的互动使人与人之间的连接变得更加人性化。当然，直播除了具有强大的互动性之外，还有极大的不确定性。直播没有彩排，呈现出来的是主播及用户的真实反应。因此，在直播过程中，尤其是在户外直播及生活直播中，经常发生"意外"。当然，很多直播也因这些"意外"而备受欢迎，因为这种不确定性使用户的猎奇心理得到有效满足。比如，李佳琦直播间的"不粘锅翻车"经历：虽然李佳琦在直播间卖力宣传不粘锅的各种好处，但是由于操作不当，在直播演示煎蛋的过程中，不粘锅竟然"粘锅了"！这场直播意外使得其播放总量实现了翻倍增长。

（4）社群化、趣味性。

大部分人观看直播是带有目的性的：追逐某个人，追逐某款产品，或者追逐某种现象。也就是说，观看同一场直播的人大多有相同的兴趣爱好，这些有共同兴趣爱好的人极易集合成一个社群。

例如，很多人喜欢观看体育赛事，由此形成了体育赛事直播；很多人喜欢打游戏，由此形成了游戏直播；很多人喜欢在网上购买各种产品，因此形成了购物直播等。平台上人与人之间的实时互动，满足了众多用户的社交需求，使互动更具有趣味性，也更能引发用户的共鸣。

核心要点

直播电商平台迎合当前用户的消费习惯，将拥有共同爱好的人聚集在一起；同时设计符合观众喜好的直播内容等，使平台的社群化、趣味性大大增强。

（5）切合用户习惯。

直播电商平台之所以如此火爆，还有一个重要原因，就是它们适应了现阶段大部分用户的娱乐习惯和购物习惯。

现阶段，各类短视频平台深受用户喜爱，视频播放量急剧增长。例如，2019 年第一季度，微博上的视频（包含直播在内）日均播放量高达 12.3 亿次，环比增幅 59％，同比增幅 49％。由此可见，用户的习惯发生了很大的变化，他们对包含直播在内的短视频平台产生了极大的兴趣。

现在，基于自己短视频平台的粉丝基础，网店也几乎成了成功主播的标配。在这些主播中，有的依靠自己的资金自营网店，有的则受邀成为网店主播，利用自己的人气为商家推销产品。

核心要点

　　相较于传统电商，直播电商为用户提供了更为直观、生动的视频内容来全方位地展示产品，大大提高了用户对产品的判断效率和决策效率。

(6) 帮助用户高效地做出消费决策。

和文字、图片相比，视频传递的产品信息更生动、更全面，更受广大用户的喜爱。视频能更为全面地展示产品及服务信息，从而帮助用户高效地做出消费决策。为了更好地展示产品信息，跨国电商巨头——亚马逊就为部分产品制作了360度全景视频。

以上六个方面基本涵盖了直播电商平台的所有优势。当然，很多人投身于直播带货，都是期望从中获益。但是，直播带货说起来简单做起来难，尤其是对于零基础的人来说，贸然进军直播行业，只是流于表面，而不脚踏实地并不断提升专业水平，很可能淹没在直播大潮中。

要想真正做好直播带货，首先必须找准自己的定位，确定合适的发展和运营模式，做好充足的开播准备。在这一过程中，对直播电商平台的选择就显得尤为重要。

2. 直播电商平台的选择原则

(1) 你要扮演什么角色，就选什么样的平台。

对于普通人来讲，直播电商的确提供了一个"发家致富"的机会。不过，面对众多直播电商平台，如何选择最适合自己的那一款就显得异常关键。当然，对直播电商平台的选择主要与角色定位有关。如果你是商家，你的目标则是以产品为主，那么你既可以与直播达人合作并支付其佣金，又可以自播自销。如果你是主播，你的目标则是以直播内容为主，那么你既可以选择与商家合作，又可以自立门户，发展自己的"个人电商"或者"家庭电商"。

目前，直播电商行业内主要有以下三种挑选平台和发展业务的策略：

> **核心要点**
>
> 　　直播达人可以自立门户，通过梳理自己的独特人设来扩大和巩固自身的粉丝群，进而增加产品销量。

第一种，直播达人自立门户，自己直播。

网红达人通过在平台上树立自己的独特人设，来吸引、扩大和巩固粉丝群。不仅如此，他们还会在此基础上，紧跟直播电商平台的各种活动，做好产品推广和粉丝积累工作，从而进一步拓展业务，增加产品销量，见图 4-1。

比如，名为"二郎神"的主播，起初主要是游戏主播，在此过程中，他凭借自己有趣的风格和专业的讲解吸引了一大批忠实粉丝。基于庞大的粉丝量，许多游戏厂家纷纷找他合作。经过精心的挑选和试用，他每次都会在游戏直播结束后推广一些性价比高的游戏设备。这不仅帮助他吸引到了更多的粉丝，还帮助他获得了额外的收入。

图 4-1　大狼狗夫妇在直播间进行护肤品带货直播

第二种，MCN 机构对直播达人进行系统包装。

> **核心要点**
>
> 　　MCN 机构往往被视作个体主播的集合体，主要是通过专业而全面的培训帮助主播成长，打造专业而规范的直播电商团队。

MCN 即 "multi-channel network"，它是一类通过专业而全面

的培训来系统打造主播的公司或组织，其主要目的是帮助主播成长，从而进行专业孵化和团队作战。

往往一个专业的 MCN 机构每个阶段会培养上千甚至更多的主播，会从外形、仪态、风格和直播技巧等方面对一批有潜质的人进行严格系统的培训，将他们变成各类专业主播，同时给他们配备专业的运营团队。当然，这些主播要将直播产生的收益按照一定的比例返给 MCN 机构。

例如，"无忧传媒"连续几年获得了"抖音第一 MCN"的称号，并培养了大批实力强劲的主播，比如"麻辣德子"（粉丝：3 865.6 万）、"多余和毛毛姐"（粉丝：3 354.1 万）、"大狼狗郑建鹏 & 言真夫妇"（粉丝：4 301.5 万）等。

核心要点

除了以上两种方式，商家也可以自己开通直播，来扩大自身的品牌影响力，但前提是要保证自身产品的质量和口碑。

第三种，商家自播。

商家通过自播来扩大自身的品牌影响力，在保证产品质量的基础上形成产品壁垒，树立自己的特色。

淘宝店铺"开心妈妈旗舰店"主要销售各种生活家居用品，比如拖把、扫帚、擦玻璃工具等。在一开始，店铺的产品功能齐全、质量好，但是销量并不高。为了扩大销量，店主便定期自播，将自家的产品一一展示给观看直播的消费者，并且每次直播都会有很多优惠活动。就这样，直播带货使这家店铺实现了利润的翻倍增长。

（2）你要卖什么类型的产品，就要选择什么样的供应链。

核心要点

　　商家和主播在决定直播带货之前，一定要考察淘宝、快手、抖音等平台上的产品特色。

　　以快手和抖音为例，从选品和供应链的角度来看，抖音上服装、鞋帽等非标品更好卖、产地直销占比高，快手上日用百货等标品占比较高[①]。

　　抖音上适合带货的品类主要包括服装、日用化妆品等，这些产品一般都属于冲动型消费品、时尚消费品、大众消费品，基本上都是店铺上新和产地直销。

　　快手以服饰鞋包、美妆、食品、珠宝玉石、百货等品类为主，这些产品包括大众消费品、品牌商品、性价比商品、新奇特产品。根据快手2021年第二季度财报，快手小店作为快手电商的闭环模式，对电商交易总额的贡献率在第二季度增长至90.7%，2020年同期为66.4%。快手电商的闭环生态系统持续得到进一步的拓展与加强。

　　2020年10月第三方统计数据显示，抖音热销直播产品电商渠道90%来自淘宝，京东和抖音小店占据10%。而快手直播产品电商渠道淘宝仅占4%，快手和有赞分别占46%、40%。

　　所以，在选择平台之前要先考虑清楚自己的产品种类和直播电

---

　　① 标品的主要特征是有明确的规格、型号和外形等，只要提起这款产品，大家想到的都是一样的东西，比如手机、电视和电冰箱等家电产品。非标品的主要特征是没有明确的界定，提起某件东西，大家只能想到大概的类型，但是它具体长什么样子是想象不到的，比如连衣裙、外套和鞋帽等产品。

商平台的供应链类型。

（3）多角度综合评估，最适合的才是最好的。

核心要点

　　选择直播电商平台要从平台属性、主播特点、产品特点、带货模式、利益分配模式、平台隐藏的潜在机会等多角度综合评估。

从平台属性来看，淘宝、京东、拼多多、唯品会等属于电商平台，这类平台的共同点是拥有成熟的运作能力和庞大的用户基础。淘宝直播起步最早，头部主播集中度较高，代表性主播有薇娅、李佳琦等。京东直播和拼多多直播属于后起之秀，目前还没有代表性头部主播和MCN机构。

从带货属性来看，淘宝上产品种类最全，在前期对头部主播进行大力推广，从而使直播带货的理念得到了快速普及。目前淘宝倾向于采取商家自播和直播达人导购的带货模式。京东上产品种类较为齐全，当前主要是依靠培养或邀请各类头部网红主播来扩大其直播电商的影响，而且鼓励商家进行自播，其核心是通过直播，以更加立体化的方式向广大消费者推荐优质正版产品。

以抖音、快手等为代表的短视频平台，具有"社交＋内容创作和推广"的性质。例如，2020年6月，字节跳动成立电商一级业务部门，正式发布"抖音电商"品牌，并出台了一系列政策扶持直播电商，到2021年1月其电商销售额较2020年同期上涨了50倍[①]。

---

　　① 巨量算数和抖音电商发布的《2021抖音电商生态发展报告》。

快手电商2年增长近4 000倍。2018年快手电商GMV为9 660万元，2020年达到3 812亿元；2020年快手电商平均重复购买率达到65％。

直播带货起步稍晚的抖音，目前的直播流量和淘宝、快手相比较少，缺少头部带货主播，而罗永浩签约抖音则是抖音加速直播带货的重要信号。目前，抖音带货产品中"美妆＋服装百货"占比最高，价格区间为0～200元的品牌货，这些品牌风格活泼、有个性，非常契合抖音上的年轻化人群。抖音带货模式以"短视频上热门＋直播带货"为主。

目前，直播带货行业主流分润模式以"坑位＋佣金"为主，佣金率一般为10％～20％，坑位费根据直播网红的等级而有所不同。据说李佳琦目前的坑位费在20万元左右，罗永浩抖音直播首秀的坑位费高达60万元。当然，除了头部主播，大多数腰部和尾部主播的坑位费一般就在几千元到几万元之间。

表4－1为三大主流直播电商平台——淘宝、快手和抖音的生态环境的简单总结和对比。

表4－1 淘宝 VS 快手 VS 抖音：直播电商生态环境

	淘宝	快手	抖音
关系链	KOL－商品－粉丝－购买	KOL－粉丝－打赏－购买	KOL－内容－粉丝－品牌
初衷	·为平台创造流量，进一步提升户留存、转化、客单及时长 ·借助独立流量来源，为淘系引流	私域流量变现	平台流量变现

续表

	淘宝	快手	抖音
用户画像	一线城市北上广深人数较多，用户多为"80后""90后"	以新二线、三线及以下城市用户为主，24岁以下年轻用户更爱看快手直播	以一线、二线城市用户为主，25～35岁用户较多
带货品类	覆盖全部行业，用户偏好女装、美妆、汽车、大家电异军突起	以食品、农产品、服饰、生活用品为主，性价比高的白牌产品较多	以美妆个护、网红产品（新奇特、高颜值）为主，品牌产品较多
算法机制	绩效考核机制，主播权限分级，流量算法和直播间表现挂钩，直播标签和数据机制共同决定直播间流量	公平普惠机制，社区属性更强，通过内容、用户特征及环境特征进行推荐，让更多的人能被看见	爆款机制，"千人千面"的个性化推荐算法，将海亮内容高效分发，利于高热度内容快速形成爆款
潜在机会	·创造销售非闭环逻辑，产生连带购买 ·三高特性：高停留、高复购、高转化，驱动GMV增长	·带货潜力强 ·自建小店：多以红人经济、运营维护私域流量为主，缺乏传统电商平台的消费场景	·帮助品牌商实现品牌曝光 ·成为重量级淘宝客 ·自建小店：多以红人经济、运营维护私域流量为主，缺乏传统电商平台的消费场景
流量特点	·头部KOL得到大量私域流量沉淀，规模效应，替代消费 ·直播特卖化	·重社交方式。粉丝黏性强，增量消费，商品王道 ·直播多元化	流量集中算法分发，内容营销，头部网红流量分散，私域流量未建立，用户黏性较弱

　　除此之外，腾讯也在加速布局直播电商，这对于很多企业和商家来说也是一个选择的机会。目前，腾讯依靠微信系统开发了三类直播带货入口，分别为腾讯看点直播、小程序官方直播插件（正在公测中）以及第三方直播小程序，分别满足不同类型的直播商户需要。

　　与其他直播带货平台不同的是，微信直播具备三大天然优势。

第一，流量属于商家。微信作为最大的社交平台，拥有超过 11 亿的日活用户，因此商家可以面向特定人群进行直播带货。第二，运营门槛低。商家一天就可以快速掌握平台规则，完善后台基础服务。第三，互动性强、转化率高。微信本身具有强社交属性，商家借助微信直播，结合订阅消息、公众号、视频号、微信群、微信支付等构成一个完整的消费闭环，其用户黏性和转化率远高于其他平台。

除了以上这些平台，百度、小红书、微博等互联网平台也开始进入直播电商赛道，无论是对于企业还是对于创业者，都是一次值得尝试的机会。刚开始涉足直播电商行业的人可以运用以上原则来确定自己的风格、产品和平台。

二、直播电商平台的类型和特点分析

在介绍完直播电商平台的基本优势和选择原则之后，我们需要对不同直播电商平台的类型和具体特点进行进一步的归类和分析，以帮助主播和商家选择最适合自己的直播电商平台。

直播电商平台主要可分为三大类，分别为内容推荐类平台、社交分享类平台和综合短视频平台。

1. 内容推荐类平台分析

（1）内容推荐类平台的介绍。

这类平台中具有代表性的当属今日头条、优酷、爱奇艺等视频平台和新闻资讯类平台。它们的主要作用就是对上传到该平台的短视频内容进行推送，只是作为内容的提供者。

（2）内容推荐类平台的优点。

这类平台的优点主要是：平台本身就积累了大量的用户，用户黏性强。内容推荐类平台虽然有大量的原始流量且用户质量极高，但是这些平台的用户转化为电商用户的难度并不小。

核心要点

内容推荐类平台的优点体现在用户基础好、黏性强；缺点体现在平台对内容的审核严格，且很多短视频团队无法在短时间内进入平台的社交圈。

（3）内容推荐类平台的缺点。

第一，优质的平台对内容的审核要求也是极高的。短视频团队要想在这类平台上投放视频，要经过多个环节的筛选，只有符合条件的短视频才能被推荐到平台上播放。

第二，虽然这类平台能给短视频团队提供丰富的资源和福利，但是无法让短视频团队进入社交圈，也就无法让短视频团队突破平台发展的固定模式，进而完善平台模式。这也是很多短视频原创团队无法在该类平台上建立起自己的品牌效应的原因。在这类平台上发布内容，短视频团队获得的利益主要来自不同渠道的利润分成和广告推广利润等。

2. 社交分享类平台分析

（1）社交分享类平台的介绍。

社交分享类平台是主要用于日常交流的平台，我们常见的如QQ空间、微信、微博等都属于这类平台。这类平台主要是供用户娱乐、社交、互动的，并非专业的短视频投放平台，但是越来越多的短视频栏目选择在这类平台上发布短视频。

（2）社交分享类平台的优点。

这类平台的信息传播速度快，覆盖用户范围广，而且在用户的日常生活中使用频率高，用户对这类平台中的内容关注度高。因此，社交分享类平台成为短视频发布的又一渠道。

核心要点

社交分享类平台的优点在于信息传播速度快，用户覆盖面广；缺点体现在其本身不会给短视频内容提供流量推荐，从而限制了短视频在平台上的传播。

（3）社交分享类平台的缺点。

社交分享类平台和内容推荐类平台虽然都是直播内容的提供者，但两者还是有区别的。它们的区别在于：社交分享类平台本身不给短视频内容提供流量推荐，这大大限制了短视频在平台上的传播。

以微博为例。我们都知道，在微博上发布任何内容，只要创作者愿意花费一定的金额，平台就会进行不同程度的投放推广。在大部分的社交分享类平台上发布短视频内容，创作者主要是依靠用户的转发分享来获得点击量。而且这类平台的社交性、互动性强，非常有利于短视频形成自己的品牌效应和影响力。最典型的"papi酱""日食记"等原创短视频，就在微博上获得了大量粉丝，非常受欢迎。

3. 综合短视频平台分析

（1）综合短视频平台的介绍。

以上两类直播电商平台主要是起到"搬运工"的作用。而综合短视频平台，除了具有内容传播分享和社交的作用外，还可以对短视频内容进行制作。可以说，综合短视频平台集合了上述两类平台的多种作用。

（2）综合短视频平台的优点。

用户在这类平台上不仅可以浏览他人发布的短视频并进行互动转发，还可以利用平台上的工具进行简单的短视频制作。很多用户对短视频制作十分感兴趣，也使得这类平台每天都有大量的短视频内容产出。

核心要点

在综合短视频平台上制作短视频十分简单且能够激发用户的兴趣。但是，随着创作者的大量涌入，产品同质化日趋严重，竞争也愈发激烈。

（3）综合短视频平台的缺点。

第一，同质化日趋严重。

由于综合短视频平台的侧重点是围绕短视频的，单一的内容形式让用户对这类平台的黏性并不强。相比之下，用户更依赖于社交平台。除此之外，短视频内容同质化严重也是这类平台所面临的一大问题。视频达人和直播达人越来越多，许多人并不是想着创作新鲜的、更有价值的视频和直播内容，而是换个场景和换些面孔，机械地模仿达人的风格和特点，这就慢慢造成了视频和直播内容输出的千篇一律。

第二，竞争日趋激烈。

在短视频飞速发展的"红利时代"，很多相似的平台应运而生，造成综合短视频平台之间竞争激烈。因此，搭建这类平台最关键的任务是提高用户黏性，即提高用户对平台的认可度和依赖度。短视频创业不是一件容易的事情，要想做好并获得长久的发展，就需要处理好每个阶段的任务，并在每个阶段都进行适当的创新。

与做内容相比，做平台虽然更容易在极短的时间内产生巨大的影响力，但是在竞争如此激烈的环境下，平台未来的发展是不可预测的。

三、直播电商平台的准入规则和发展特点

通过前两节的阐述与分析，我们已经对直播电商平台的特点、选择原则等有了详细的了解。本节，我们首先对直播电商准入规则和发展布局等进行了归纳，进而对淘宝、抖音、快手、腾讯等直播电商平台的算法规则、优劣势、发展特点等进行分析和对比，以帮助大家更加全面且细化地了解直播电商平台的准入规则和发展特点。

1. 直播电商准入规则和发展布局的归纳

2016 年 11 月，国家网信办出台《互联网直播服务管理规定》，对各大直播平台加强了法律上的监管力度。除了相关法律规定，各大直播平台也制定了自己的内部规范文件，比如 2019 年，今日头条、抖音短视频、西瓜视频和火山小视频四大平台联合发布了《2019 平台直播自律白皮书》，该白皮书对平台中出现的涉黄、涉暴以及违反社会公序良俗的内容提出了相关的自律准则。

总之，想要开通直播，商家或个人就需要提前熟悉各大直播平台的入驻规则，并且心中要有法律底线，否则如果因为触犯法律或违反规定而被封号，就得不偿失了。

下面主要阐述了目前三个主流的直播电商平台——淘宝、快手和抖音，以及其他平台——有赞、拼多多、京东和苏宁等目前的发展布局和未来规划（见表 4-2、表 4-3）。

表4-2　三个主要直播电商平台的发展

	淘宝	快手	抖音
政策扶持	针对粉丝数在2万以下的新晋主播，开设45天的扶育班，同时给予流量扶持，帮助主播实现预期成长	2021年7月，快手电商正式宣布推出"造风者计划"，通过亿级资金、千亿级流量，打造100家年GMV达10亿的服务商、200家年GMV过亿的服务商生态伙伴。此外，快手投资部还将10亿级生态基金用于此计划	"DOC知计划"，组建了由中国科学院、中国工程院院士等专家组成的抖音科普专家顾问组，同时开启"光合计划"
未来计划	理论层面：淘宝直播发力，会有更多资源向直播倾斜。（1）启动百亿扶持计划；（2）打造淘宝直播、淘宝短视频以及淘宝头部第二位一体的整合商业方案；（3）打造微淘、洋淘等日盛典；（4）加强微淘、洋淘的运营；（5）日播30万指标 实操层面：（1）平台会继续扶持头部机构等更多机构；（2）考核打通商家的开播率；（3）平台会扶持专业的第三方代播机构或者培训机构，帮助商家做得更好	（1）2021年9月，快手电商启动了"商家备战成长计划"，通过一系列流量红利，培训课程和产品策略帮助商家快速提升直播能力。（2）2021年116期间，快手电商针对不同梯度的主播推出了"116超级主播挑战计划""116BigDay挑战计划"，"主播单位赛"。各行业头部主播可享受BigDay专属流量包，投放返点支持等，互动流量加持等。新主播则可享受专门的大促版红利计划。（3）品牌拥有专属内容频道，除了独立的激励计划，还可享受"品牌嗨购日"专属流量。此外，快手电商推出了"超级品牌日"——快手电商通过直播获得流量及现金补贴——快手电商资源矩阵支持，平台自播和分销多维度 参与的品牌可获得直播同定制玩法及现金补贴，为品牌商打造营销里程碑	（1）在"资源智选""内容智造""数据智测"等方面集中发力；（2）实施"创作者成长计划"，未来一年帮助一千万名创作者在抖音赚到钱；（3）实施"光合计划"，未来将拿出价值100亿元的流量，帮助10万元优质创作者加速成长

续表

	淘宝	快手	抖音
行业空间（直播电商）测算	（1）预测2020年淘宝站内直播日播量30万场，根据优大人数据统计，每场直播GMW为1万元左右，若按照300天计算，且达成率为50%，则全年有望实现4500亿元。（2）站外平台预计（拼多多）=1.7万亿元×5%=850亿元，抖音1000亿元，快手3000亿元）达4850亿元。（3）考虑到有重复计算，选取4500亿元+850亿元+3000亿元=8350亿元（保守测算）。		
MCN空间测算（GMV和收入口径）	（1）站内纯MCN，占比约为15%，则市场空间有4500亿元×15%=675亿元；提成为7%，则收入为47.25亿元。（2）站内代播服务费：在3825亿元中，三成有代播需求，则市场空间有3825亿元×30%=1147.5亿元；提成为8%，则收入为91.8亿元。（3）站内货品匹配性服务：4500亿元中有30%的非主营类目的货品匹配需求，如按5%的分佣，则收入为4500亿元×30%×5%=67.5亿元。（4）站外直播分成：假设拼多多的分成为3%，其他平台为10%，则850亿元×3%+3000亿元×10%=25.5亿元+300亿元＝325.5亿元。（5）合计GMV空间有675亿元+1147.5亿元+3000亿元=4822.5亿元（其中，阿里巴巴1822亿元）；收入空间675亿元+162亿元+91.8亿元+67.5亿元+325.5亿元=694.3亿元（其中，阿里巴巴368.8亿元）；测算空间的隐含了假设设备条件为抖音对阿里巴巴带货，且未考虑除CPS和品牌服务费外的其他收入来源。		

资料来源：优大人和招商证券。

212

表 4－3 其他非主要平台的发展

		有赞	拼多多	京东	苏宁	微信直播
	直播流量 GMV	背靠微信生态 10 亿月活，小程序 6 亿日活。2019 年第三季度全站 380 亿元，直播电商交易额 10 亿。2019 全年大约 600 亿元	2019 年 11 月 27 日首次直播试水，当晚超十万人观看	2019 年"双十一"期间,京东直播带货累计成交额比"6·18"期间提升了 25 倍,并首次实现了品类的 100% 覆盖,自营品牌开播率突破 60%	DAU 达 150 万	在潜在流量方面,背靠朋友圈 11.5 亿用户、公众号 3 亿用户及小程序 3 亿用户
目前进展	转化链	微信生态→内容→粉丝→购买	KOL→商品→粉丝→购买	KOL→商品→粉丝→购买	内容→商品→粉丝→购买	微信生态→内容→粉丝→购买
	流量特点	扎根在微信生态,浸泡在庞大的流量池里,精准的社群引流。流量直播间变现,再沉淀回到社群,良性循环	通过打通微信小程序进行导流,通过微信生态分享裂变式传播	全面开放浮现权,面向所有主播开放公域流量,只要有货,有直播即可获得流量	私域流量较大,但目前还没有较大的喷发	微信的使用率高,观看直播的门槛低,从侧面拉开了流量,以小程序直播的方式进行直播,提升直播公众号的使用率

		有赞	拼多多	京东	苏宁	微信直播
	扶持政策	联合快手发布"暖春计划",发起线上免费课程,帮助商家在疫情期间找到转型的钥匙	"直播百亿扶持计划"	商家赋能"2+2"计划,针对头部商家给予核心资源及补贴,帮助头部商家实现爆发转化,致力于孵化100个标杆商家、10个亿级商家案例	流量扶持政策",商户将会到"村",把自己的产品有机会带到快手小店,橱窗连视频,利用与苏宁签约的网红直播带货	平台提供的支付营销补贴,广告补贴,公域流量等,加快孵化优秀企业商家,打造知名IP
未来发展	未来计划	•小程序+直播电商打造"云卖货"•进一步打通各大直播平台,直播网红均可直接开通有赞店铺•全面打通有赞后台,商家可无缝使用有赞丰富的电商营销工具	•没有将直播作为独立业务推出的规划•不打算兑现和重复已有的商业模式与场景,而是希望满足消费者的内生性多样需求,利用人工智能技术,与商家一同为消费者创造"多实惠、多乐趣"的新购物体验	•京东直播将格利用新玩法,打造产业带直播节•投入亿级资源对商家和机构进行扶持	•重点推进门店的直播•与阿里巴巴合作,积极打通天猫和苏宁门店的店员,以门店的直播平台推动直播业务	•"引力播"计划,未来一年助力微信平台上10万商家更好地获取用户,完成商业变现•扶持1000+商家通过直播电商模式突破1000万元的年成交额

在简单了解了各大主要平台的发展后，下面着重介绍淘宝、快手、抖音、微信等常用平台的具体运营规则和发展特点。

2. 淘宝直播平台

淘宝作为较早建立直播体系的平台之一，利用自身强大的商家和供应链资源，透过电商本质建立了从 KOL[①] 到购买端的关系链。2019 年淘宝直播全年 GMV[②] 突破 2 000 亿元，领先其他平台，是直播电商主战场。

（1）淘宝直播平台的入驻规则。

要想在淘宝直播平台直播，商家或个人首先需要登录淘宝达人管理中心，入驻成为淘宝达人。其次，要多发布直播原创内容（至少 5 条），以此吸引各类消费者观看。再次，申请"大 V"认证。商家或个人通过"大 V"认证后，就可申请开通淘宝直播了。最后，发布视频，等待官方审核直播权限。等商家或个人通过审核，就完成了淘宝直播的开通手续，便可以开始进行淘宝直播，如图 4 - 2 所示。

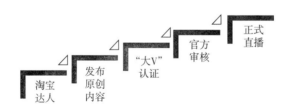

图 4 - 2　淘宝直播申请流程

---

① KOL（key opinion leader），即关键意见领袖，指因长期持续输出专业知识或内容而走红的人，也可称为"网红"。

② GMV（gross merchandise volume），指直播电商平台在一定时期内的成交总额，一般包括拍下但是未支付的订单金额。

（2）淘宝直播平台的特点和优势。

各路商家和达人纷纷入驻淘宝直播平台，使得该平台的竞争非常激烈。淘宝直播是商家售卖产品的辅助工具，目的是为平台带来额外流量，从而提升商家的产品销量。淘宝直播的最主要特点便是电商转化路径短和流量变现效率高。凭借丰富的直播内容和产品，淘宝拥有大批购物目的明确的高黏性用户，头部 KOL 也能沉淀大量私域流量。

细化来看，淘宝直播平台的优势和特点大概有以下五点，如图4-3所示。

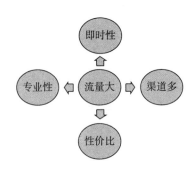

图4-3　淘宝直播平台的优势和特点

核心要点

2016—2018 年，淘宝对直播板块的重视程度飞速提升，不仅将其板块位置移到了第一屏，还放开了对商家直播的各种限制，使直播板块的用户数量增长了十倍。

第一，流量大。

在 2016 年直播元年，大部分人只知道花椒、映客，很少有人知道淘宝也上线了直播板块。那时，淘宝直播板块的位置还在手机淘宝 App 的第四屏，即打开手机淘宝后，要用手往下划几下，才能看到入口。那时的直播机构也很少，第一批仅有 30 家；到 2017 年底，直播机构数量被严格控制，基本上维持在 170 家左右。

2018 年 3 月 30 日之后，淘宝直播板块的位置移到了手机淘宝 App 第一屏的位置，直播板块的用户数实现了十倍速的增长，其带来的消费量也飞速提升。在此情况下，较早入驻淘宝直播板块的机构都获得了巨大的利润。同时，各类机构和商家直播都被放开了限制，只要商家有 MCN 模式运营经验，都可以申请开通淘宝直播，进行卖货。据统计，2018 年，淘宝直播在淘宝站内引导成交量达到 1 000 亿元。

第二，即时性强。

淘宝直播的信息传达是面对面的，因此，只要主播引导得当，商家在直播期间通过庞大的用户流量来获得巨额商业利润的目标是很容易实现的。

第三，主播专业性强。

与其他内容类平台的带货网红不同，淘宝直播达人具有更强的专业性。由于用户在选择进入淘宝直播间时，往往就有强烈的购物意愿，所以对于淘宝主播而言，最重要的就是服务好用户，满足他们的需求。也正因如此，在淘宝直播上，主播具有更明显的导购属性，其个人能力对带货产出有着至关重要的作用，这种个人能力包括主播对消费者的理解能力、销售产品的能力、整体控场能力以及个人魅力等。

核心要点

淘宝直播信息传达的即时性、观看直播渠道的多样性、产品种类的丰富性以及主播在直播和服务方面的专业性等特点，使淘宝直播的用户流量猛增，优势凸显。

第四，获取渠道多。

只要有网络，通过智能手机、平板电脑等都能在线收看淘宝直播内容，并随时下单购买自己喜欢的产品。

第五，性价比高。

在淘宝直播中，产品种类很多，而服装、美妆作为淘宝和天猫的强势品类，主播供给和流量占比都十分明显。珠宝等传统非线上产品在淘宝直播中的表现也非常强劲，用户可谓应有尽有。因此，淘宝直播的受众是很广泛的。与此同时，直播产品基本都是一批货，性价比高，顶级网红能够提供的价格优惠更明显。

基于以上优势与特点，淘宝直播基本实现了"街上没人，不代表没人逛街"。2020年2月，淘宝发布了两份《淘宝经济暖报》。这两份暖报的上线预示着：疫情期间，企业复工不是梦！根据相关数据统计，2020年2月以来，大约有3万人首次在淘宝开店并进行直播卖货，新开店数量排前三的省份为广东、浙江和江苏。数据显示，淘宝直播"云卖方"吸引200万人观看；明星开淘宝"云演唱会"，接近400万人一起"嗨"；各类汽车品牌开启淘宝"云试驾"，引发众多汽车"发烧友"的追捧。自2020年2月以来，新增的淘宝直播间数量翻了一番，开播场次也上涨了110%。由此可见，对于电商而言，淘宝可以算是直播平台里流量最大、品类最多的带货渠道，是众多商家促进销售、发展品牌的首选。

(3) 淘宝直播平台的用户画像分析。

通过数据统计，我们总结出淘宝直播用户有以下特点：

第一，以25岁至35岁的女性为主。

第二，有"三高"特征——高停留时长（在直播间停留的时间长）、高复购率（两次甚至三次购买产品的概率高）、高客单价（消费量大，且购买金额高）。

第三，主要消费的产品为服饰、美妆、食品生鲜、家居百货等，在生活和生产中所需的各种产品在淘宝直播间都能找到。

总体来看，如今观看淘宝直播并下单的用户呈年轻化趋势，主要是以女性用户为主。

在 2019 年淘宝"6·18"大促活动结束后，淘榜单联合淘宝直播发布了一篇名为《天猫 618 淘宝直播消费者画像》的文章。文章显示，直播间的消费主力是"90 后"，同时"00 后"的消费实力也不可小觑。

核心要点

淘宝直播的用户主要以年轻女性为主，她们在该平台停留时间长且复购率高、消费金额大，其中美容护肤和女装等产品备受欢迎。

据统计，"90 后""00 后"用户在直播间里购买的品类排前三的是美容护肤、女装和香水，"60 后""70 后"用户则更喜欢购买珠宝翡翠等。从购买区域来看，直播消费人数最多的是江苏、广东、浙江等沿海省份。虽然地域不同，但购买的商品大致相同，大多是女士护肤用品、彩妆与女装。

除了一、二线城市的用户，三线及以下城市的小镇青年在直播间的购买力也很强。其中，三线以下城市的直播成交量与一线城市几乎持平。

（4）淘宝直播平台的发展方向。

第一，机构挂靠。

目前来看，如果是个人，要想在淘宝平台进行直播带货，最好选择挂靠相关直播机构，即依靠自己的直播才能和直播机构的各类资源（比如，完善的商家、产品和主播运营经验）。如果是商家，可以在淘宝平台开店进行直播，并且在店铺首页设置直播入口，引导用户观看直播，长期坚持下去有助于吸引和留住更多用户。

第二，直播店铺化。

2016 年，淘宝直播多是由达人、淘女郎、网红进行，更偏向娱乐，主要靠网红带货。从 2018 年开始，商家自播的比例大幅增长，直播和电商的结合度也更高。

但是由于流量有限且大幅倾斜，淘宝主播的直播带货呈现出明显的断层：少数的顶级主播如李佳琦、薇娅遥遥领先，底部主播占据大多数，而本应作为中坚力量的中部主播却寥寥无几。

核心要点

　　个人要想在淘宝平台长期进行直播带货，最好选择挂靠相关的专业机构。当然，淘宝平台目前也倾向于将流量分配给各类店铺，支持商家自播。

但是，从阿里巴巴官方释放的信息来看，淘宝直播下一步的重点是"直播店铺化"，即把直播打造成一个通用工具。因此，在淘宝平台上，"商家自播""产业带自播"将成为官方大力扶持的方向，这与此前推广主播带货的阶段相比已经出现了较大差异。

比如，从 2020 年 2 月中旬开始，淘宝直播面向商家开展多次培训，内容电商事业部总经理俞峰（花名：玄德）坐镇，给出系列扶持政策：降低商家直播门槛，导购用 5 分钟注册就能成为主播，商家后台一键绑定店中的主播；流量扶持，商家第一场直播就有浮现权，若效果好，之后的扶持将会加倍。而此前，淘宝对开通直播设定了很高的门槛，经由机构认证的主播才能开播。

第三，类目细化，个性发展。

淘宝平台上的直播带货分类，服装、美妆是大类目。目前来看，服装类直播带货在杭州、广州地区效果较好，其他地区有待观察。在这些类目中，服装类直播的观看量很高，但用户购买服装后的退货率也很高。而美妆类直播不限场地，但前提是主播要具备专业的美妆知识；尽管有时候美妆类直播的观看量并不高，但是其利润率很高，退货率一般较低。珠宝是 2018 年兴起的一个直播类目，其发展与珠宝原产地有关。如果找不到产地，商家就没有货源。

核心要点

　　淘宝直播平台更注重产品的细化发展和针对性分析。比如，服装类直播在杭州和广州地区效果较好，美妆类直播不限场地，但对专业性要求高，母婴类产品主播的带货动力不足等。

美食类直播也是一个观看量较高的类目，但是，其利润率不高。比如"村播"，这是由淘宝官方扶持，以公益扶贫为主的直播项目。此外，母婴类产品看上去市场很大，但其实并不大，主播直播带货的动力不足。再就是医美、家居生活和花鸟鱼虫等小品类的直播带货。目前，这些小品类市场中还没有出现成功的直播案例，有一定的发展空间。

（5）淘宝直播平台的流量逻辑：主播的"经验＋专业"分级运营。

淘宝直播已经逐渐从"内容"过渡到主播的"经验＋专业"分级

运营的阶段。经验涉及的维度包括：直播场次＋时长、平台活动完成率、粉丝留存率；专业涉及的维度包括：单场直播栏目设置、有效宝贝投放、月直播订单、进店转化率、订单退货及差评售后服务能力。

主播分为三个大的级别：

头部主播——带货能力最强、马太效应最显著的一群人。以美妆为例，2020 年头部主播带货金额一般是腰部主播的 4 倍左右。带货风格上，头部主播更多的是选择全品类直播。

腰部主播——能力和颜值都比较高，他们的种草能力其实不逊于头部主播，但是带货效果仍有差距，发展的重点是如何吸引消费者迅速下单，提高转化率。

新进主播——新手主播，这部分群体在经验值和专业度上都需要学习和提高，重点在于如何吸粉、提高粉丝在线时长、占据直播封面等。

核心要点

　　淘宝直播正在从"内容"过渡到主播的"经验＋专业"分级运营的阶段，其中"经验"和"专业"两个方面分别包含几种不同的评价指标。

2019 年 3 月，淘宝直播推出了一个称为"主播成长"的体系，主播能通过这个体系了解到自身等级所处的位置。淘宝的主播等级反映了主播的影响力，主播想要提升自己的等级，就要积累经验值和提升专业分。

主播获得经验值和提升专业分的方法有如下几种：第一，基础经验值任务。每开播 1 分钟即可获得 1 点经验值，每日最多可获得

200 点，超出部分不再累加。第二，附加经验值任务。直播间观众产生点赞、评论、关注、分享等互动行为后，平台给予额外经验值奖励，按日结算，每日最多奖励 100 点，超出部分不再累加。第三，基础专业分任务。每添加 1 件商品到直播间即可获得 2 点专业分，按日结算，每日最多可获得 200 点，超出部分不再累加，重复添加同一件商品不会额外计分。第四，附加专业分任务。直播间观众通过商品列表进入店铺，或产生购买行为后，平台给予额外的专业分奖励，按日结算，每日最多奖励 100 点，超出部分不再累加。

核心要点

　　获取经验值和提升专业分的要点：基础经验值任务、附加经验值任务、基础专业分任务、附加专业分任务。

　　需要注意的是，经验值和专业分会累积到下一个等级，淘宝直播的主播们累积的经验值只对主播自己有效，专业分只对主播所属专业类目有效。4 级及以上主播的经验值和专业分数据会存储在底表，但前台只展示当月数值，用于每月 top 主播排序。

　　除了主播的分级运营外，淘宝平台同样有一套规则用于流量的分配。它主要有三个评判原则。第一，标签竞争。给直播建立标签，有助于官方和粉丝精准定位直播属性，平台会根据属性来匹配相应的流量。但是，用某标签的人多了，可选择的范围也就多了，因此在该标签下，需要和竞争对手进行流量争夺。第二，层级攀登。这个毋庸置疑，爬得越高，直播权益也就越多，被官方、粉丝看见的机会就越多，流量自然也会向高层级的主播或店铺倾斜。第三，活动排名。淘系举办的大大小小的活动，各种主题直播活动比拼与月终排位赛都是一次洗牌过程。官方活动、官方任务完成得越好，排名越靠前，证明你越有实力，也就是说官方辛苦"买"来的流量在你身上能得到相应的产出回报，这样主播在流量分配的过程中也会更被"偏爱"。

核心要点

　　淘宝直播平台流量分配原则：标签竞争（用某标签的人多，可选择范围就多）、层级攀登（层级越高，被发现的概率越大，流量也就越多）、活动排名（各种主题直播活动比拼和月终排位赛）。

　　在流量竞争过程中，合理运用直播标签、提升直播等级、把握活动机会以及上榜排名机会成为几个核心动作。直播界的"按劳分配"，永远只对少数"冒尖"的人适用。

　　当然，在淘系里，流量倾斜的判断点同样以内容建设为核心，所以，做好内容建设是提升流量的核心。做好内容建设，可以从如下五个方面发力。

　　第一，内容能见度。能见度即内容所能覆盖的消费者的广度，主要指通过直播间浮现权重和微淘触达的人群。覆盖的受众面越广，内容被看见的概率越大。这个指标主要考察直播的运营能力。

　　第二，内容吸引度。吸引度是以单位时间内，以粉丝是否在直播间停留、互动（评论、点赞、分享等）乃至购买作为考量，多取决于直播氛围、产品选择和主播引导。该指标主要考察的是产品构成及主播吸引力。

　　第三，内容引导力。与内容吸引度息息相关，是引导粉丝进店并主动了解产品的能力，这种能力可以依靠主播的话术建设来提升。该指标主要考察话术体系构建和主播控场能力、吸引力。

第四，内容获客。它代表内容引导粉丝进行实际购买的能力，也就是粉丝在了解产品后进行了购买。该指标考察的是通过内容找到精准消费群体。

第五，内容转粉力。通过持续的内容输出，将只是短暂停留的"游客"变成有目的、停留时间长的铁杆粉丝。

核心要点

淘宝直播内容建设的五个要点：内容能见度、内容吸引度、内容引导力、内容获客力以及内容转粉力。

总体来看，淘宝为目前直播电商模式最为成熟的平台，主要分为红人带货与商家自播，90％的直播场次和70％的成交额来自商家自播。淘宝直播进店转化率超60％，但退货率较高。手机淘宝App月活数为6.5亿，淘宝直播App月活数为7 500万，用户基数庞大，但应用社交属性较弱。

2020年，淘宝以直播店铺化为主，以流量运营私域化、主播孵化精细化、机构运营层级化为辅，继续发力直播带货。

3. 快手直播平台

（1）快手直播平台的入驻规则。

在快手App的拍摄按钮中找到"开直播"的选项，然后申请开通直播功能，进行身份认证。身份认证需要商家或个人上传身份证的正反面或手持身份证的照片，所有信息填好后等待审核，审核通过后就可以进行直播了，如图 4 - 4 所示。

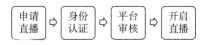

图 4 - 4　快手直播申请流程

（2）快手直播平台的优势和特点。

第一，"打赏＋带货"两手抓的平台机制。

核心要点

　　"打赏＋带货"两手抓，一举两得。直播过程中，商家和主播既可以通过宣传自己的产品获得销量和利润，又能通过自己独特的风格获得观众的打赏，这也算一种叠加的收入。

　　从 2017 年开始布局直播赛道，快手走的就是"打赏＋带货"两手抓的路线。红人在直播时可以接受打赏或挂购物车，添加淘宝、魔筷星选、有赞、拼多多等平台的商品链接，链接还可以分享到微信群、微博等渠道进行传播。

　　可以说，在平台机制上，具有强社交属性的快手给了红人直播带货很大的发挥空间，让他们能够全面地释放粉丝经济的价值。而私域流量使得大量中长尾带货红人也拥有了较多的变现机会，不少红人都表现出了非常强劲的直播带货能力。

　　当前，快手顶级主播年带货量超过 100 亿元，发展速度很快。除了顶级主播以外，粉丝数在几万的小主播也能有单场销售额几十万的成绩。

第二，简单直接，以一、二线城市及新线城市为主。

快手的用户群体主要分布在一、二线城市及新线城市，用户数量庞大。此外，快手以记录普通人的生活为主钱。在"拥抱每一种生活"这一口号的引导下，"真实、多元、美好"是快手直播平台最为特殊的标签。

依靠短视频发展起来的快手，在拥有了大量的用户群体后，又找到了新的发展方向：将互联网电商和互联网直播两个行业聚合到一起，通过不断优化，慢慢走上了直播电商的道路。

核心要点

　　快手直播平台用户分布在一、二线城市及新线城市，用户数量庞大。直播带货兴起后，这些人成了快手直播流量的主力军。

与淘宝、京东合作后，2018 年快手电商 GMV 为 9 660 万元，2020 年达到 3 812 亿元。2021 年第二季度，快手电商 GMV 更是达到 1 454 亿元，是去年同期的两倍。

第三，"普惠式"算法。

快手团队一直秉持着"内容公平分发"以及"让每一个普通人都能被看见"的初衷。有很多快手达人反映，在其他平台上建立自己的用户流量池时，都没有快手上那种用户属于自己的体验，获得有效沉淀和数据提升的机会较少。而在快手平台上，主播完全可以实现这些。

这种现象的产生其实与快手的"普惠式"算法有关。这种算法给很多做电商的商家或个人提供了更多的用户流量与更大的算法支持，不会让任何有价值的主播和直播石沉大海。

正是因为快手流量分发的算法逻辑和整体运营的思路，达人在快手上直播时才拥有了超强的带货能力。

核心要点

快手平台的流量分发机制照顾到了每一个用户，使他们被发现的概率大增。也正是这样的激励机制，使其拥有巨大的日活数。

第四，巨大的活跃用户数量。

2021 年快手第二季度财报显示，快手的平均日活用户达到 2.943 亿，平均月活用户达到 5.13 亿。

在快手上，用户最爱购买的产品类目为美妆、农副产品、男女服饰、健身用品等。在快手上做直播电商的收益颇多，比如，2018 年丑苹果在快手上的销售额为 3 亿元，柿饼的销售额为 2.7 亿元，软籽石榴的销售额为 3.3 亿元。

由此可见，快手平台上巨大的日活数，可以为商家或个人提供巨大的流量支持，帮助商家或个人有效触达自己的目标用户。

第五，"老铁经济"的内容信任。

核心要点

"老铁经济"的定位，让快手上的每一个用户在观看直播时都有"见到老朋友"的亲切感。信任的桥梁稳固搭建好了，源源不断的销量还会远吗？

很多人将快手火爆的原因归结于"老铁经济"。之所以这样取名，是因为很多人都觉得快手上的主播像一位老朋友，虽然以前彼此并不认识，但听其聊了几句后，会觉得很亲切，如果对有些内容感到喜欢和好奇，用户就会愿意继续听下去。

比如快手达人"胡颜雪"，她做快手内容的主要方法就是"用真心换真心"，为了卖自己公司的美妆产品，她采取"日更＋直播"的方式，每天与自己的用户互动。如果要去外地出差，她也会采购一些纪念品回馈用户。

又如另一个快手达人"保定府磊哥"，为了卖出自家产的瓜子和零食，他通过在快手上直播并向用户讲述自己创业的艰辛历程，引发用户的同理心，搭建了品牌与用户之间的信任桥梁。

快手是一个能将陌生人转变为老朋友的直播平台，主播们基于这种"老铁经济"建立与用户之间的信任关系，这样他们直播带货的转化率自然会大幅上升。

第六，极致性价比。

快手直播电商强调产品的性能及价格，因此也奠定了快手"通过产品的极高性价比来吸引用户"的直播带货逻辑。

当然，在这种逻辑下，喜欢强调"自家工厂""源头好货"等概念是快手直播带货的一个显著特点。据了解，2019 年快手直播带货热度排名第二的"娃娃和小亮夫妇"，在全国有 43 家工厂。有了工厂就相当于掌握了货源，产品也就更加具备价格优势。

核心要点

极致的性价比使得对品牌要求不高、日常收入不高的城镇用户更倾向甚至更依赖于快手直播。

而在快手的直播带货中，还有很多独具平台特色的个性玩法，比如"砍价玩法"，即主播在直播过程中与供应商连麦，当着直播间粉丝的面上演"讨价还价"的戏码，将一款产品的价格成功砍下来，并且让供应商加送赠品。这种站在"老铁"角度帮助粉丝争取福利的形式，不仅极大地博得了粉丝的好感，也让粉丝实实在在地"直击"了产品在价格上的优势。

总体来看，直播电商在未来仍是快手的标配，而红人除了要与粉丝建立稳固的"老铁"情谊外，也要更多地聚焦于供应链。如果只是纯挣差价，没有赋能的供应链，那么其在快手平台的直播带货生态中很难有竞争力。

（3）快手直播平台的用户画像分析。

优势主播较少，主要由平台扶持。快手直播"出世"的时间比淘宝直播要早一些，大概是在 2017 年初。这背后的主要原因是快手对直播板块没有进行过多的上线测试，而是直接推出直播板块并帮助直播达人快速变现。

（4）快手直播平台的发展方向。

第一，多平台、多机构合作。

2018 年 6 月，快手联合淘宝和有赞，推出"快手小店"和"电商服务市场"。这意味着快手上的每个主播都可以凭借身份证明申请"快手小店"的开通资格。店铺开通后，商家可以直接将淘宝或有赞平台上的店铺产品放到"快手小店"里，然后通过发布视频或直播来引导用户购买。

第二，规范化发展。

2019 年 3 月，快手电商发布了《快手小店经营违规管理规则》《快手小店商品推广管理规则》《快手小店售后服务管理规则》《快手小店发货管理规则》这四项店铺运营规则，使快手电商市场秩序得到规范。2020 年以来，快手官方在电商业务上重点布局至少三个方向的内容：制定评价体系（包括店铺评分、贴标靠谱货等），开辟货源（建立服饰、玉石产业带等），推出对中腰部主播更友好的商家号。

核心要点

多平台、多机构合作有助于商家和主播扩大销路，吸引更多用户。同时，制定各种售前售后店铺运营规则和评价体系有助于快手直播规范化发展。

通过评价体系解决售后问题，可以帮助网红沉淀信用资产到"快手小店"。店铺权重越高，未来的价值也就越高。而在货源方面，快手直播与淘宝直播的路径非常相似。直播卖货本身的一大优势就是便宜，比传统电商还要便宜，因此从原产地以及产业带入手，从性价比上看，确实非常适合直播间生态。

商家号则更好理解，哪怕是在快手这样去中心化的平台上，头部效应也是存在的。快手有足够多的主播资源，帮助中小主播变现，反而可以进一步丰富快手的货源。

总之，快手也是目前带货转化率较高的平台。拥有相同价值观与需求的商家或个人，尤其是来自乡村的厂家和老百姓，都能通过快手来实现自身价值并获得相应的回报。

（5）快手直播平台的流量逻辑：社交＋兴趣。

快手基于"社交＋兴趣"进行内容推荐，实行去中心化的"市场经济"。平台以瀑布流式双栏展现为主，发布内容时粉丝的到达率为 30％～40％。

　　快手优先基于用户社交关注和兴趣来调控流量分配，主打"关注页"推荐内容。快手的弱运营管控直接连接内容创作者与粉丝，加强双方之间的黏性，沉淀私域流量，催生了信任度较高的"老铁关系"。快手平台流量获取简单示意如图 4 - 5 所示。

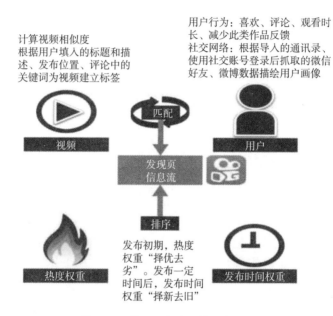

计算视频相似度
根据用户填入的标题和描述、发布位置、评论中的关键词为视频建立标签

用户行为：喜欢、评论、观看时长、减少此类作品反馈
社交网络：根据导入的通讯录、使用社交账号登录后抓取的微信好友、微博数据描绘用户画像

匹配

视频

用户

发现页
信息流

排序

发布初期，热度权重"择优去劣"。发布一定时间后，发布时间权重"择新去旧"

热度权重

发布时间权重

图 4 - 5　快手平台流量获取简单示意

　　目前，快手的推荐机制有以下几种类型：根据你关注的人推荐、有 N 位好友共同关注、你可能认识的人、他在关注你。通过"互粉"得来的粉丝，一般也比较关注"互粉"，他可能会进行粉丝管理：经常查看自己关注的人是否也在关注自己，如果对方不再关注自己，那么就取消关注。

　　图 4 - 6 可以演示由"陌生人社交"转变为"粉丝老铁社交"、由"公域流量"转变为"私域流量"的快手流量逻辑，发帖人的风

格/人设越明显、越强大，私域流量就会越紧密。

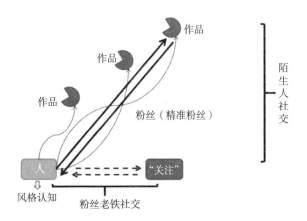

图4-6　快手平台将"陌生人"转化为"粉丝老铁"的社交流程
资料来源：微信公众号"一只产品狗呀"。

据 QuestMobile 统计，快手活跃用户 7 日留存率达到 84.4%，位居短视频 App 之首，留存率仅次于微信。

4. 抖音直播平台

（1）抖音直播平台的入驻规则。

抖音直播的开通设有一定的门槛。首先，抖音账号的粉丝量需要达到 5 万，每条短视频的点赞量均在 100 以上，并且申请者的抖音账号发布的作品内容要相对优质。

在满足上述条件后，商家或个人需要向抖音官方发送邮件来申请直播权限，其申请邮件的标题格式为"抖音直播申请＋抖音账号的昵称"，邮件内容包括以下几项：个人主页截图、原创的短视频链接以及身份证照片。申请者通过抖音官方后台的审核后，就可以通过自己的抖音账号进行直播了（见图 4-7）。

图 4-7　抖音直播开通流程

（2）抖音直播平台的优势和特点。

2017 年开通直播功能后，抖音上就出现了很多"抖商"（即依靠抖音赚钱的人）。很多"抖商"通过自己的精心运营，获得了巨大的收益。虽然有众多直播平台互相竞争，但抖音直播并没有丧失其"顶流"地位。这是因为，对于很多商家或个人而言，抖音具有很大的带货优势（见图 4-8）。

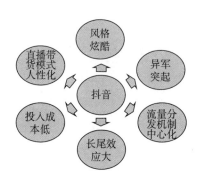

图 4-8　抖音直播平台的优势和特点

第一，异军突起。

抖音是 2016 年下半年才正式上线的短视频应用，虽然入场时间较晚，但是凭借高效的运营与今日头条的大力投入，在 2017 年整体用户规模快速扩大。2018 年 2 月活跃用户量同比增幅高达

3 807.69％。同时，抖音在技术上的优势依托于今日头条。在版本
迭代方面，从抖音第一版发布至今，基本保持平均每 10 天发布一
个版本的节奏。虽说敏捷开发及小步快跑的方法论在互联网圈已经
广泛流传，但是真正运作的团队非常少，可见抖音整个团队的功力
非常深厚。

第二，风格炫酷。

相较于同类型有趣的 App，比如小咖秀，抖音直播平台优势明
显。这主要归功于用抖音拍摄短视频时，用户可以添加很多玩法和
特效，可以通过视频拍摄的速度快慢控制，以及原创特效（如反
复、闪一下以及慢镜头等）、滤镜和场景切换等技术，让视频更具
创造性，小视频一秒变大片。再加上抖音的配乐经常是一些电音和
舞曲，使大多数作品节奏感很强、有魔性，给人的感觉比较酷、
炫、潮。用抖音拍摄短视频，制作难度非常低且易上手，普通用户
也可以做出好玩、炫酷的短视频。抖音的这一特点使其能够吸引大
量的用户和主播，从而增加其带货流量。

第三，直播带货模式人性化。

就直播带货模式来看，一部分抖音红人是先累积流量，通过人
设的运营让粉丝建立起足够的信任，从而让粉丝将这份信任转化为
对产品的信任。也有一部分抖音红人侧重于构建人设与产品之间的
强相关性，在某一领域树立一定的专业度，以此来促进直播带货。
而在带货品类上，达人会专注于某一垂直领域。

从目前的形势来看，抖音直播仍然缺乏头部 IP，相应的玩法也
还不够完善。但这也意味着，抖音的直播电商生态仍然处于具有发
展空间的红利期。

第四，投入成本低。

商家或个人在抖音上直播带货的门槛较低，无须投入大量资

金。只要其开通直播权限，就可以往直播间添加商品，这项功能和淘宝直播相同，而用户只需点击直播间里的购物袋，就可以查看主播带货的商品。

第五，长尾效应大。

核心要点

抖音直播不依赖用户的打赏，而是依靠主播的个人魅力来吸引一大批忠实粉丝。长此以往，其带货能力和变现能力便会更持久、更强大。

长尾效应指的是用极小的成本，便能换来几乎无限大的经济价值的一种效应。

虽然淘宝和快手的用户流量也很大，但目前来看，它们和抖音相比还是略逊一筹。与传统的直播平台相比，抖音直播并没有采取某些运作"套路"，如支持主播依靠用户刷礼物等方式来上榜的模式。长此以往，这种模式会使直播达人和用户感到疲惫和无趣，失去直播互动原本的意义。在这种模式下，主播只会和付费用户互动，其他用户便会失去存在感。

抖音直播带货是通过建立起用户对直播达人魅力的认可来实现的，是基于社交属性的商业化平台。这种模式对于广大用户而言，是一种相对对等的沟通方式。对于利用抖音直播带货的商家而言，直播的长尾效应也会更大。

基于以上优势，抖音的带货能力是大家有目共睹的，"薄饼锅""妖娆花音箱""手表遥控""奶油拍脸机""小猪佩奇三件套"等一大批"网红商品"在抖音的带动下，掀起了用户的购买热潮。而伴随着 2018 年抖音购物车功能的正式开通和抖音购物联盟的强势推出，用户在抖音上购物也变得更简单、便捷。

或许正是瞄准了抖音强大的变现能力，如今，无数的品牌商纷纷在抖音这个巨大的流量池中开拓电商业务。这也预示着，抖音直播电商时代已经到来，通过电商变现正成为抖音流量变现的最好方式之一。

第六，流量分发机制中心化。

> **核心要点**
>
> 　　相较于快手的"普惠式"算法，抖音的流量分发机制更倾向于头部主播，从而使得在抖音直播平台上更容易出现爆款主播和产品。

与快手相比，抖音中心化的流量分发机制使得该平台上更容易出现爆款，粉丝获取效率也会更高。但由于私域流量的缺失，抖音在直播电商方面与消费者建立信任关系的周期被拉长，带货的效果也受到了一定的影响。

但无论如何，作为手握 4 亿日活用户的超级平台，抖音在直播电商领域还有着很大的潜力，而其也在不遗余力地发力直播业务。

2019 年 8 月 20 日，"石榴哥"在抖音开启首次直播带货，总共卖出石榴 120 余吨，最高每分钟 4 000 单，20 分钟创下了 600 万元的成交额纪录，成为抖音直播电商的首个爆款 IP。而自 2019 年 11 月抖音商品橱窗功能下调放开门槛，从粉丝数超过 3 000 人的要求调整至零门槛入驻后，不仅吸引了大量的账号开通商品橱窗，也刺激了抖音直播电商生态的发展。

2020 年，抖音开始尝试深挖平台内头部 KOL 私域流量的价值，"祝晓晗"、搞笑达人"陈三废 gg"等都逐步加码直播电商。前者曾单场爆 5 万单，后者在一个月内的成交额曾达到 1.3 亿元。二者的带货成绩也从侧面说明了抖音直播带货的更多可能性。

（3）抖音直播平台的用户画像分析。

第一，聚焦一、二线城市的高学历用户。

事实上，同为短视频平台，抖音的用户群体和快手的用户群体不同。抖音的用户主要为消费选择较多的一、二线城市用户，用户文化程度在大专学历以上。抖音的内容设计及呈现方式也更高端，专注于城市品质生活。

第二，用户年轻化，充满时尚感，女性居多。

抖音将 15 秒音乐短视频社区作为核心定位，主要针对一、二线城市的"90 后"受众，用户更年轻化，收入与学历的整体水平高于快手用户。另外，抖音凭借快节奏、富有创意的视频内容，迅速抓住年轻用户，成为"95 后""00 后"的聚集地。"高大上"、年轻、酷潮已成为抖音区别于其他短视频平台的标签。同时，在这些用户中，女性偏多，她们是消费的主力军。这为抖音的直播带货带来了一定的先决条件。

第三，主播人群广。

核心要点

主播人群广主要得益于抖音对主播群体的扶持和培养。目前，许多线下店铺的销售人员纷纷加入抖音主播大军。

2020 年 2 月 11 日，抖音发起了"线上不打烊"的活动。在抖

音3亿流量的扶持下，不少线下商城、普通门店及其销售人员纷纷加入抖音直播平台。

比如，南京弘阳商业广场与株洲王府井百货先后在抖音上进行直播带货，南京弘阳商业广场在抖音上的两场直播的销售额分别为8万元和75万元，而株洲王府井百货更是在抖音直播中取得了240万元的销售成绩。

除了商家，个人主播的带货数据表现也很亮眼。比如，抖音主播"韩饭饭"在直播间带货美妆产品，7天的总销售额达到622.1万元。

（4）抖音直播平台的发展方向。

核心要点

抖音在视频直播基础上增加了语音直播功能，从而增加了直播途径和变现渠道。

2020年3月，抖音的语音直播功能上线，这意味着主播可自行选择语音直播，无须另外申请直播权限。

抖音作为一个原生流量平台，无论是产品量级还是平台风格，都非常不错。"直播＋电商"的营销模式不仅给抖音达人们提供了一种全新的变现渠道，也给广大的抖音用户带来了一种全新的购物体验。

（5）抖音直播平台的流量逻辑：重算法、轻粉丝。

抖音重算法、轻粉丝的流量逻辑源于今日头条的成功经验。作为区别于搜索和社交的信息推荐模型，将内容和用户进行匹配，通过系统进行精准推荐是该逻辑的核心，所以有人又将这个逻辑称为"内容导向的计划经济"。

> **核心要点**
>
> 　　推荐算法公式：$Y=F(Xi，Xu，Xc)$，其中三个自变量分别为直播内容、用户特征和直播环境特征。一般采用多种模型，最后根据各种因素加权计算出推荐评分。

　　抖音和今日头条推荐算法背后有一个简单的函数公式：$Y=F(Xi,Xu，Xc)$。这个函数公式包括三个维度的变量，即用户、环境、内容。第一个维度——直播内容：每种内容都有很多标签，什么类别、属于什么领域、播放量、评论数、转发数等，需要考虑怎样提取内容特征来进行推荐。第二个维度——用户特征：兴趣、职业、年龄、性别等。第三个维度——直播环境特征：用户在哪里，什么场合，如工作还是旅游等。简单来说就是：我是谁、我在哪儿、我想看什么。

　　要将这三者匹配起来，是一个很复杂的数学问题，常用的模型就有好几种。像抖音这种数据量大、实时性强的，一般是多种模型混合使用。最终，系统会根据多个因素加权计算得出一条视频的指数，然后根据指数来分步骤推荐，具体如下。

> **核心要点**
>
> 　　加权评分步骤：第一步为"冷启动"，主要包括完播率、点赞率、评论率和转发率四个指标；第二步为"被再次推荐"，符合二次推荐要求的会被推荐到第二个流量池。

　　第一步：冷启动。视频通过审核后，系统会分配一个初始流量池，初始流量池由两部分组成：一是该账号的粉丝，但并不是所有粉丝都会推送，要服从算法优先原则；二是可能喜欢该视频的用户。冷启动推荐有 300 左右的播放量。系统会根据数据来给视频加权，最核心的数据有 4 个：完播率、点赞率、评论率、转发率。公式如下：

$$下次推荐量＝系数×（A×完播率＋B×点赞率＋C×评论率＋D×转发率）$$

权重大小的排序为：完播率＞点赞率＞评论率＞转发率。道理很简单，你的视频也许是开头吸引了用户，也许是标题吸引了用户，也许是封面吸引了用户，但这些都不能证明你的整个视频质量高，只能证明某一部分吸引人。

如果用户把你的视频看完，那说明你的视频是真的优质，所以把完播率的权重设置成最大也就不足为奇。

除了这 4 个数据外，账号的权重也是考虑因素。根据今日头条的算法经验来看，如果两个账号发布同样的消息（文字可以通过抓取内容来分析），那么算法会优先采信权重高的账号。但是，视频应该不会面临此情况。

第二步：被再次推荐。加权计算后，若符合二次推荐的要求，视频就会被推荐到第二个流量池，播放量 3 000 左右。然后重复第二步的操作。统计数据，再推荐，每一次推荐都会获得更大的流量。如果某一次数据不达标，那么就会暂停推荐，视频的流量也就止步了。这样的流量逻辑最终形成了倒三角推荐机制（见图 4-9）。

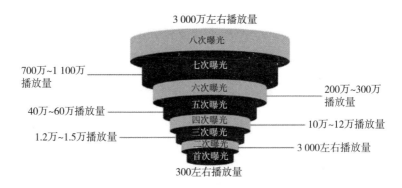

图 4‐9　抖音直播播放量与曝光次数的关系示意

以上是抖音直播平台短视频的流量逻辑。直播电商多半也会延续这个流量推荐算法，只不过直播电商还会涉及转化率、复购率等电商参数，这些将让抖音面临新的流量分发挑战。

5. 微信直播平台

(1) 微信直播平台的入驻规则。

开通微信直播，企业需要提供营业执照、平台用户累计达 500人的证明以及个人身份证信息。目前，微信里的直播平台很多，其中腾讯看点与其他平台相比，公信力最强。

具体来看，腾讯看点直播平台和微信小程序直播平台有以下不同的入驻规则。

首先来看腾讯看点直播平台入驻规则。归纳起来，腾讯看点直播权限的开通只需要通过以下简单步骤（见图 4‐10）。下载腾讯直播 App，关注"腾讯直播助手"公众号。在 1～3 个工作日验证收到的短信，注册腾讯直播账号。

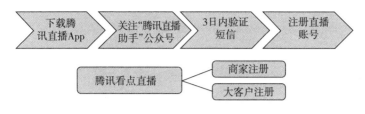

图 4-10　腾讯看点直播平台入驻规则

直播账号的注册流程为：点击微信登录，在底部菜单栏输入手机号完成实名认证，然后点击"商家开通直播"或"大客户开通直播"完成直播账号注册，最后根据平台提示填写相关材料并上传。

商家开通直播的要求为：单个商家，最多能申请三个直播账号，申请时需要提交营业执照、法人身份证、大于或等于 500 人的公众号或微信群用户截图。

大客户开通直播的要求为：必须满足"拥有线下实体门店集群或连锁商铺大于 50 个"的条件，且拥有齐全的企业资质和法人身份、线下实体门店等相关资料。

需要注意的是，对于腾讯看点直播而言，一张身份证最多只可绑定两个直播账号。此外，在申请腾讯看点直播权限时，还需要支付 599 元/半年的技术费用。

再来看看微信小程序直播平台的入驻规则。目前，微信小程序直播支持多种接入模式。比如，商家可自行开展直播业务或者找直播服务商合作；服务商可快速了解直播能力，增加直播权限；公众号、MCN 机构及各类直播达人可与品牌方合作，或自行搭建小程序进行直播。

目前，微信小程序直播只接受系统邀请。根据要求，商家只要同时满足了以下四个条件，就有机会被邀请到微信小程序直播公测中来（见图 4-11）。

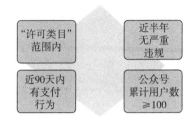

图 4-11　开通微信小程序直播的四个条件

条件一：属于微信小程序直播 18 个开放类目[①]之一。

条件二：主体下的微信小程序近半年没有出现严重违规情况。

条件三：近 90 天内在小程序中存在支付行为。

条件四：主体下的公众号累计用户数大于或等于 100[②]。

（2）微信直播平台的优势和特点。

核心要点

　　微信直播平台具有得天独厚的优势，原因在于它基于微信社交平台来开发直播业务。在国内，绝大部分智能手机用户都会安装微信，这样就会为微信直播带来巨大的用户流量。

---

① 18 个开放类目：电商平台、商家自营百货、食品、初级食用农产品、酒/盐、图书报刊/音像/影视/游戏/动漫、汽车/其他交通工具的配件、服装/鞋/箱包、玩具/母婴用品（不含食品）、家电/数码/手机、美妆/洗护、珠宝/饰品/眼镜/钟表、运动/户外/乐器、鲜花/园艺/工艺品、家居/家饰/家纺、汽车内饰/外饰、办公/文具、机械/电子器件。

② 条件四还可能是主体下的微信小程序连续 7 日的活跃用户数大于或等于 100，或者是主体在微信生态内近一年广告投放实际消耗金额大于或等于 1 万元。

第一，流量大。

2019 年 4 月，腾讯直播开始进行小范围公测。微信公众号"女神进化论"和"Alex 大叔"就在 4 月 21 日首次进行了直播，用户可以通过微信小程序观看直播，并进入小程序商城点击链接购买商品。2019 年 5 月 29 日，腾讯直播公告开通电商功能，这一举动说明，微信公众号都可以进行直播带货了。而微信公众号均能在微信用户中传播，可见其用户流量之大、受众之多。

第二，覆盖面广。

在国内，绝大部分智能手机用户都会安装微信。《2018 微信年度数据报告》显示，每天大约有 10.1 亿的用户使用微信，日发送微信消息为 450 亿条，微信每天的音视频通话次数为 4.1 亿次。

2019 年 4 月，微信公众号"女神进化论"在腾讯直播 App 发起内测直播，在 1 小时的直播中被 4 212 人订阅，同时观看人数达 1 363，完整观看人数占总人数的 28％，小程序店铺的下单转化率则达到了 48.5％。由此可见，微信的用户覆盖率非常高。微信的直播功能开通，对于众多商家而言，是一个很好的机会。

第三，用户体验感较好。

首先，用户在微信上观看直播时，只需用微信扫描二维码，或者直接点击直播链接，就能即时收看直播，不需要下载任何额外的 App。其次，微信的直播功能还能提升用户的参与感，主播可以全方位地向用户展示和讲解产品。同时，用户还可以通过"一键式分享"将直播链接或者二维码分享给微信好友或分享至微信群或者朋友圈，从而给直播间带来更多的流量。

核心要点

　　观看微信直播不需要用户额外下载 App，用户只需扫描微信二维码或点击链接。除此之外，微信直播平台还会将各种类型的直播纳入，并有针对性地推送给用户。

　　第四，微信直播"包罗万象"。

　　伴随着科学技术的不断发展、移动终端的不断普及、直播平台的层出不穷，很多商家也想通过直播来对其产品和业务进行推广。但目前市场上的主流直播内容偏向娱乐化，很容易让用户感到眼花缭乱，难以对企业品牌产生信任。因此，还有许多人对各类直播平台持观望态度。

　　但自从微信开通直播功能后，这种状态被彻底改变，企业会议、赛事、教育培训、运动、美妆带货等事项都可以通过微信这一日常社交平台进行直播，从而帮助各类商家更好地拉近自身与用户之间的距离。

　　以下具体来看微信直播带货主要两种方式——腾讯看点直播和微信小程序直播。

　　腾讯看点直播　2019 年 12 月 16 日，腾讯"聚势大有可为"看点直播合作者大会在深圳召开，这也标志着微信正式进入直播领域。在这次大会上，腾讯看点直播推出了颇具野心的"引力播"计划：希望在 2020 年内助力微信平台上的 10 万商家更好地获取用户，完成商业变现，并扶持 1 000＋商家通过直播电商模式突破 1 000 万元的年成交额。那么，"野心勃勃"的腾讯看点直播究竟是"何方神圣"？它又是如何助力微信上的商家直播带货的呢？

　　简单来说，腾讯看点直播就是由"腾讯直播 App＋看点直播小程序"组成的直播平台。其中，腾讯直播 App 是开播端，看点直播小程序则是微信内部的观看端。当需要直播的主播打开腾讯直播 App 后，App 中就会生成一个小程序码，主播将这个小程序码推送给相关的微信用户后，用户通过该小程序码就可以直接进入直播间观看直播，与主播互动。

从腾讯看点直播来看，其优势和特点主要体现在以下五个方面。

第一，内测优势。

核心要点

据腾讯披露的数据，在其直播内测过程中，粉丝场均观看时长 15.6 分钟，互动率高达 36.3%，进店率高达 44.5%，这两个数据都高于其他直播电商平台。

在 2019 年 12 月 16 日举办的合作者大会上，内测 9 个多月的腾讯看点直播宣布正式上线并向商家开放合作，希望在 2020 年为 10 万微信商家提供支持，助力 1 000＋商家通过直播电商模式突破 1 000 万元的年成交额。

尽管腾讯看点直播单场 GMV 的量级最高徘徊在小几百万，与动辄达到数亿的淘宝和快手相距甚远，但其优势也是显而易见的，即拥有微信这个规模最大、纯度最高的私域流量池，客户更加精准。它在私域流量裂变方面有着独一无二的优势。例如，头部母婴红人"小小包麻麻"首次开播分享个人爱用物，100 分钟的销售额达到 216 万元。

第二，工具化的社交裂变。

核心要点

腾讯看点直播的社交裂变主要体现在，商家可以通过微信群、朋友圈、公众号和腾讯广告等多种渠道宣传自己的直播和产品。

2019年12月，腾讯直播全面开放公测，分为看点直播和小程序直播。腾讯以"看点直播"的工具形式为主，通过已有的个人微信、朋友圈、公众号、微信群、企业微信和投放腾讯广告（广点通），以"去中心化"的方式由主播自行获取平台流量。

2020年微信小程序的布局重点是，建设商业场景，推出官方小程序直播组件"看点直播"，帮助商家打造属于自己的商业闭环。

微信采用S2B2C模式，平台用户的高黏性、私域流量的高信任度可带来电商的高转化、高复购，未来在电商直播市场中的表现值得期待。

从内容平台来看，2019年10月，抖音、快手DAU分别达到2.7亿、1.7亿，流量体量不逊于淘宝2.9亿、拼多多1.6亿的水平。但抖音、快手电商方面的商业化于2018年后才逐步开始，平台内部电商流量尚未形成成熟的分配规则，大品牌商家入驻较少，流量成本相对较低。

第三，宣传方便。

可创建附带微信小程序二维码的直播预告海报，发送到微信群、朋友圈等渠道进行预热和宣传，用户扫码即可订阅该直播活动，简捷方便、高效及时。

第四，开播提醒、二次宣传。

腾讯看点直播可以为用户推送开播提醒，通过点击提醒消息，用户可直接进入主播的直播间观看。与此同时，在直播过程中，用户也可转发直播链接或海报进行二次传播，为直播间带来源源不断的用户。

总之，腾讯看点直播能在腾讯系进行推广，在帮助主播获得公域流量方面具有积极意义。但它并不是十全十美的，其最大的缺点在于用户在腾讯看点直播购物时需要跳转到商城。用更通俗的话解释就是，需要从一个微信小程序跳转到另一个微信小程序，这样的操作对于用户来说不太方便。此外，开通腾讯看点直播有时还需要支付一定的费用。

微信小程序直播　微信小程序直播是微信在 2020 年 2 月 28 日"新鲜出炉"的直播方式，也是微信官方提供的商家经营工具和原生直播平台。商家通过直播组件，可以在微信小程序中实现直播带货，用户则可以在小程序内观看直播。

作为微信团队在 2020 年 2 月上线的平台，微信小程序直播对于大多数主播而言依然保留着一丝神秘感，但所带来的增长以及背后的发展趋势却是不容忽视的。归纳起来，微信小程序直播的优势和特点主要体现为以下几点：

核心要点

微信小程序直播"玩法多变"主要体现在可以和网红、品牌、线下商家等多个主体进行联合直播。更重要的是，直播带来的流量既能沉淀到微信平台，又能流入合作的商家和主播的长期运营中。

第一，玩法多变。

在正式上线后，随着各大品牌的迅速入局，微信小程序直播也呈现出多种直播模式和不同玩法。比如"网红＋品牌＋微信小程序直播""明星＋品牌＋微信小程序直播""商家导购员＋品牌＋微信小程序直播""商业综合百货店铺和柜台＋品牌＋微信小程序直播""线下超市＋售货员＋微信小程序直播"等模式。

第二，实现了营销闭环，流量属于商家。

用户在微信小程序直播中的所有访问、互动及交易行为均在商家自有的微信小程序内完成，而无须跳转到其他 App 以及其他微信小程序上，完美实现了营销闭环。

相应地，直播带来的所有流量，也都会沉淀到商家自有的微信小程序。这对品牌和商家的长期运营具有积极的促进作用。

第三，低门槛、快运营。

微信小程序直播的门槛并不高。只要品牌或商家满足了前文提到的申请条件，就有机会获得直播邀请。未来，随着微信小程序直播的进一步发展和普及，相信其接入方式还会变得更简单、更方便。

而在获得直播"许可证"后，微信小程序直播的运营也很容易上手。通常在接到直播邀请后，商家便可以在自有微信小程序上进行直播，并可使用小程序直播组件自带的一系列功能。自有微信小程序以及小程序直播组件自带功能目前最快一天即可开发完成。

核心要点

商家在微信平台直播的门槛并不高，只需进行简单的注册并受到邀请，就能开通直播。同时，在该平台上直播互动的形式多样，由此带来的流量转化率也较高。

第四，互动性强，转化率高。

微信小程序直播支持产品展示、点赞、评论、抽奖、发送优惠券、购买、数据展示、分享好友等多项功能，并最大限度地融入了微信本身的社交和内容特性。比如，用户在应用微信直播小程序的时候可以将其订阅或者观看的直播一键分享到微信聊天中，方便朋友及社群用户访问，还可以通过公众号为直播间引流。这些互动方式都可以有效提高直播的转化率。

此外，根据微信官方预告，微信小程序直播未来还将继续进行功能升级，进一步提高直播本身的互动能力和带货能力。

总而言之，微信小程序直播带货既可以激活公众号的关注用户，又可以通过朋友圈和微信群，吸引新用户，提高互动率。目前，除了"蘑菇街"在微信系统直播外，微信小程序直播平台的商品库是置放在一个叫"小电铺"的创业公司那里，由腾讯投资扶持，据说未来还会邀请波罗蜜、有赞等其他平台入驻。

（3）微信直播平台的用户画像分析。

微信的直播功能开通不久，其用户画像还不清晰，但微信的用户群体非常广泛，任何使用微信的人都有可能观看微信直播，比如关注微信公众号的用户、浏览微信小程序的用户、微信朋友圈"发烧友"等。

但由于每个微信直播间的内容与定位都趋向于垂直化和深入化发展，因此，在微信上观看直播的用户群体也是垂直化的。比如，以前关注某服装小程序的用户，看到小程序开通直播后，会直接点进去观看直播。如果觉得直播内容值得分享，他们就会转发到自己的朋友圈，吸引更多拥有同样兴趣的人进入直播间。

（4）微信直播平台的发展方向。

核心要点

　　基于自身庞大的用户群体与"多渠道和多功能"等开发原则，微信直播平台终将顺利完成单一社交功能向"社交＋电商"功能的华丽转变。

随着平台的发展与完善，微信直播也逐渐从单一的社交功能转变为"社交＋电商"双重功能，甚至多重功能。微信基于自身的庞大用户群体，通过将直播嵌入微信公众号，将其平台直播链接快速在微博、知乎、小红书等各种新媒体上分享和传播，增加表情、文字和弹幕等与主播互动的功能等方式，将其原始的社交功能裂变为"社交＋电商"等多重功能。

（5）微信直播平台的流量逻辑。

第一，相比于快手、抖音等直播平台以"主播为中心"的流量依赖路径，微信直播则主要以品牌为中心进行流量变现，对主播的依赖程度没那么高。微信直播的场景通常是：用户本来就关注了品牌，并从公众号、微信群等渠道，了解到品牌的直播信息，进入直播间，与主播进行互动。也就是说，微信小程序直播认准的是品牌，而不是主播。商家不一定要与头部网红合作直播带货，也可以让自己的员工自播，他们了解产品，懂得介绍产品，反而能更好地避免不粘锅式的直播"翻车"事故。此外，直播的费用也更容易控制，不用担心被抽佣，也不必提供超低价。

第二，相比于其他平台需要"站外引流"等路径，微信直播依赖的是自成流量闭环。微信直播依赖微信强大的生态链，可以自成流量闭环。从前期预热，到中期直播，到后续分享扩散，都可以在微信里实现。不是每个人都安装手机淘宝，但几乎每个人都安装微信。微信月活用户达 11 亿，或许这就是它的底气所在。

第三，相比于其他平台的"增量用户扩展"原则，微信直播则采用"存量用户运营"原则。微信直播可以基于品牌的老用户进行引流，即通过微信公众号或微信群，告知用户直播信息。用户本身就对品牌感兴趣，关注产品动态。微信直播可以做好存量用户运营，提高私域转化率。所以，相比于其他平台直播，微信直播转化率更高，退货退款率更低。其他平台直播的退货退款率为 30％～50％，但微信小程序直播退货退款率只有 10％左右。越是头部品牌退货退款率越低，有的品牌只有 5％。

第四，相比于其他平台侧重于"追求直播销量"，微信直播则侧重于新品发布和宣传。微信直播不是特别追求销量最大化，而是侧重于新品发布和宣传，所以直播间搭建、主播选择和场控都是围绕品牌调性来进行。以美妆行业为例，专柜的美容顾问用微信与顾客联络，以专柜为中心建立客户社群，图文、视频、直播三位一体，强化与顾客的联系。

6. "后来居上"的平台

面对直播带货的如火如荼，小红书也向所有的创作者开放了申请直播的权限。开通直播的主播在熟悉了直播玩法、产品功能并培养了一定数量的粉丝后，小红书会对表现优质的主播发起带货邀请。

在带货氛围上，小红书更加偏向于创造与其种草属性相匹配的情感属性，其直播带货商品目前全部来自小红书商城，并且在直播的过程中不得向微信、微博、淘宝、B 站等站外竞品平台导流。

据小红书的直播团队观测，目前直播的下单转化率相对较高，粉丝愿意为创作者的分享买单，复购率和客单价也同样较高。如红人"知你者葵葵也"以真实分享和高活跃度著称，粉丝量增速很快，曾单场直播带货近 200 万元。

此外，京东、拼多多、蘑菇街等平台也都陆续加入了直播带货这场战役。种种迹象表明，直播带货的风潮在未来的很长一段时间内都不会散去，而各平台仍处于持续加码竞争的阶段，各自的成长空间仍然亟待挖掘。

四、平台伙伴关系的建立与发展

各类直播电商平台和不同类型的供应链企业都有自己独特的发展路径和策略，但是要想实现长久发展，"单打独斗"是远远不够的，各平台之间的通力合作、取长补短显得尤为重要。

本节主要从平台间建立合作关系的必要性，平台伙伴关系建立的现状，商家、社交平台与新媒体平台合作的案例，以及未来直播电商平台的发展趋势这几方面，来阐释和分析平台伙伴关系的建立与发展。

1. 平台间建立合作关系的必要性

粉丝经济时代，高质量的粉丝是生存和发展的保障。如果没有粉丝，没有流量，没有宣传渠道，产品的质量再好、款式再新，提供的服务再完美，也不会有人看到，这也就意味着产品和商家失去了市场。

核心要点

在市场竞争愈发激烈的移动互联网时代，传统电商的营销手法已经无法迎合大众的口味，需要将互联网技术与各种新型媒介相结合，从而吸引更多粉丝，激发平台活力。

粉丝对商家、主播、平台和产品而言，都十分重要。长期以来，各大电商企业纷纷布局各种渠道吸引粉丝。打价格战也好，创新促销方式也罢，目的都是鼓励消费者积极参与、多消费。在电商领域，暂时销量差或没有销量并不可怕，最重要的是把粉丝的数量做起来。粉丝基础打好了，流量有了，终有一天会转化成高销量。

在现今市场竞争愈发激烈的移动互联网时代，产品同质化问题愈发突出，品牌商用传统的营销方式对产品进行营销推广已很难取得预期效果。同时，传统的传播手法很难再受到现代消费者，尤其是"90后""00后"的欢迎。而新媒体渠道的覆盖从适应用户习惯和调整话题传播方式入手，越来越能吸引大多数人的眼球，为电商企业的品牌传播带来了全新的营销思路。直播电商平台通过与具有强大引流能力、能够和粉丝进行实时互动的主播合作，不但可以有效降低营销成本，而且能够让主播从产品体验者的视角向粉丝实时分享企业产品的特点、优势，从而有效提高粉丝和产品的转化率（见图4-12）。

图4-12 平台伙伴关系建立的基本要点

因此，直播团队在进行主题直播和产品推广的时候，不应该局限于在单一的平台上发布，可以选择多平台同时推广，以最大限度获取用户。在短视频平台和社交平台上同步推广可以起到更好的效果。

2. 平台伙伴关系建立的现状

目前，各大短视频App与社交平台之间的结合相对较弱，且现有的互联网内容分发平台如微博、微信、今日头条等均有各自打造和维护的短视频平台，故短视频 App 与社交平台间无法有效进行连通传播。在排前十的短视频平台中，仅有今日头条旗下的抖音、火山小视频、西瓜视频，美图旗下的美拍及微博旗下的秒拍拥有除本平台之外的大流量分发平台。当前主要存在以下平台合作模式。

（1）抖音＋今日头条＋微博。

抖音的短视频内容能够分发传播至日活跃用户量破亿的今日头条上，同时还可以转发分享到微博，但腾讯系的微信和 QQ 目前不支持抖音的连通传播。

（2）美拍＋美图。

美拍短视频在美图旗下以美图秀秀为代表的多款明星产品中设置了导流入口，能精准导流目标受众。

（3）秒拍＋微博。

秒拍与微博达成战略合作，能够让秒拍视频在微博中进行传播分享。

（4）电商平台＋微博＋腾讯。

以前，微博、微信、QQ 等都是主要的引流渠道。现如今，网络直播也成为各大电商平台抢夺粉丝的热门工具，代表性企业如淘宝、京东、唯品会、天猫等。网络直播比以往其他吸粉方式更有优势，做好了网络直播这个渠道，将会获得更多潜在用户。

（5）快手＋微博＋综艺活动。

截至 2018 年 12 月，快手 App 的下载安装已经达到了 43 亿多次。可以说，在各款短视频 App 中，快手的下载安装次数是最多的。其实，快手发展得如此迅速，与其 App 特性和热门综艺认证是分不开的。

3. 商家、社交平台与新媒体平台合作的案例

（1）抖音＋今日头条＋微博。

核心要点

抖音本身就是借助今日头条的强大流量和技术基础发展起来的。在宣传阶段，抖音邀请了岳云鹏帮忙宣传和造势，从而吸引粉丝。

抖音上线之初，其口号"记录美好生活"和定位"年轻人的音乐短视频社区"就相当明确。就功能来讲，抖音可谓集大成者。与小咖秀等相仿，短短15秒，"抖友"（抖音用户的昵称）通过选择歌曲、拍摄视频来完成自己的作品。另外，抖音还集成了类似美拍等App的镜头、特效、剪辑等功能，来尽量减少因需要后期制作而造成的流量转移，可谓"一条龙服务"。

最初的抖音仅为一个8人的小团队，但上线不到半年就获得了今日头条的种子投资。得益于今日头条提供的资金与大量的资源，抖音的"野心"得以不断实现。紧接着，岳云鹏的转发为抖音提高知名度带来了第一次飞跃。2017年，岳云鹏的粉丝模仿他本人的一段唱歌视频，由于相似度极高而爆红。被顶上热门的视频很快便进入了岳云鹏本人的视野，并获得了其微博转发。千万级粉丝的大V转发很快就让该抖音账号的名头扩散开来，更多的人开始关注并下载抖音App试用。不论这第一拨圈粉是有意为之，还是无心插柳，总而言之，抖音第一次进入了大众的视野。

> **核心要点**
>
> 　　抖音在开发初期便迎来了发展热潮。在此基础上，该平台广泛签约明星来宣传助力，并根据用户需求及时调整平台功能，利用碎片化的时间吸引更多用户。

抖音用户数量激增，很快就成为公司的战略重点，签约明星不断，更与众多知名品牌和综艺节目展开合作推广。更难能可贵的是，抖音在运营和宣传方面的努力并不以开发与创新的迟滞为代价。2018 年初的统计数据显示，抖音仅在苹果系统就更新了至少 4 个版本，目的就是不断调整用户体验，增加新的功能，抓住时下热点，让"抖友"能够始终保持新鲜感。

在经历了看似短暂的探索期和发展期后，抖音 App 已经基本锁定了各类手机应用市场排行榜的前三。这与抖音让人感觉神奇而独特的体验感也是分不开的。初试抖音的用户或许感觉不太深刻，但资深"抖友"每天至少会花 30 分钟在抖音上，不得不让人直呼这款软件"有毒"。抖音与其他的 App 不同，没有设置明显的"播放/暂停"按钮，视频自动播放。

一旦打开抖音 App，直接进入首页开始观看视频便可，可以用近似刷微博的方式切换和浏览。视频采用滚动的无缝连接切换模式，加之视频本身比较短，体验极为流畅。无论是坐着还是躺着，都能腾出一只手来滑动手机屏幕。这已经成为现当代年轻群体，甚至是部分中老年群体极为喜爱的消遣方式，即碎片化的生活需要、碎片化的娱乐体验。

（2）微博＋短视频。

以微博和微信为例，这两个平台都有信息传播速度快的特点，在上面进行推广可以在短时间内获得最大的曝光度。当然，这两个平台之间也是存在区别的。

微博的大部分功能是一对多的模式，由博主发布微博，然后他的粉丝看到后，其中一些会进行转发或评论产生互动。短视频团队基于这个特点，可以开通一个自媒体账号，用于日常发布短视频以及与用户互动。团队在账号上发布的短视频被关注该账号的一个用户转发的时候，就很有可能被关注该用户的其他用户所看到，然后进行二次转发。通过这种方式一层一层向外扩展，就能不断扩大用户群的范围。

> **核心要点**
>
> 短视频平台为了快速获得粉丝流量，便在微博上开通自媒体账号，定期发布短视频，通过微博用户的关注和转发来将流量引导至平台上。

在微博上与用户互动也比较便利。现在许多短视频平台由于自身定位的原因，社交功能并不太完善，用户在上面与自己喜欢的短视频团队进行互动存在许多困难，这种情况下就很难形成完整的互动体系。如果短视频团队同时开通了微博账号，就可以将用户引流到微博上，从而弥补这种不足。

在微博上，还可以采取"转发—抽奖"等回馈用户的方式来吸引更多用户参加互动，从而不断活跃粉丝群体，对其进行筛选，最终留下核心的忠实用户，为短视频和直播变现打下坚实的粉丝流量基础。这是一种很有效的微博运营方式。在微博上，知名博主及"大 V"这种经常登上微博排行榜的用户，由于其粉丝数量庞大，非常有影响力，经济价值也是巨大的，但是由于与其合作的成本较高，合作者选择范围广，短视频团队很难与其达成合作。在这种时候，利用"转发—抽奖"的方式引起普通用户的关注，能不断扩大用户群体，也就形成了长尾效应。虽然前期同样需要耗费一些成本，但最后获得的经济价值却是近乎无穷的。

（3）微信＋短视频。

核心要点

　　短视频平台与微信的合作主要是通过在微信上转发平台的作品或者在微信上建立公众号定期宣传平台作品。

　　除了微博以外，微信也是一个需要短视频团队重视的与粉丝进行互动的社交平台。随着智能手机的不断普及，微信已经成为广大用户离不开的一个日常联系工具，其用户群横跨各个年龄、各个阶层，无论短视频的目标用户是哪个群体，在微信上都能找到对应的用户。所以，想要发挥短视频和直播推广的最佳效果，短视频团队也需要在微信上与用户加强互动。

　　在微信上与用户互动的方式有两种：一种是通过已观看用户的分享转发；另一种则是建立微信公众号，通过日常运营来留住一批用户。前一种互动方式与微博类似，都是一对多的模式，用户在分享转发后会被自己朋友圈中的其他用户看到，从而不断扩散，增加影响力。短视频团队在前期也可以托人帮忙分享转发，从而快速积累人气，在短时间内度过新手期。

（4）微商霸主——韩束。

核心要点

　　微商霸主"韩束"从吸引粉丝到产品销售，基本都是依靠自媒体，如公众号、朋友圈，以及微博等来实现目标。

　　韩束作为微商界的霸主，正好完美结合了线下店铺和线上自媒体平台的各种优势，最后发展壮大了自己的品牌，赢得了巨额的利润。

　　"我们不做第一，谁敢做第一"，这是韩束的经营宗旨。与国内众多化妆品牌不同的是，韩束是依靠网络、自媒体被大家熟知的，完全依靠互联网进行运作，拥有电商运营的一整套管理机制。

　　韩束自 2014 年 9 月做微商以来，曾在微商渠道创下"40 天销售一个亿"的业绩，从此，便有了"第一微商"的称号。

　　在网络直播时代，韩束也迅速布局直播业务，开辟直播市场，依靠直播来吸引粉丝，从而销售产品。2016 年"双十一"，韩束请到了曾为其代言的艺人林志玲来做直播，林志玲与消费者在线互动，亲授韩束美丽秘籍。这场直播得到了众多粉丝的关注，评论数高达 2.4 万条，点赞量达 630 万次。

4. 未来直播电商平台的发展趋势

　　网络直播虽然已发展了几十年，但最近这三四年，随着直播电商行业的兴起，网络直播无论从平台数量、发展速度、参与人群、直播内容来看，还是从商业模式和对各类资本的吸引来看，都开创了以往所没有的新局面。随着直播电商行业的持续火热，巨额资本也开始进入该领域。

除了斗鱼等主打网络直播业务的企业外，腾讯、百度、阿里巴巴、360等互联网企业，以及小米等传统企业，纷纷入局开辟网络直播业务。国内资本市场似乎都紧盯着网络直播这个大风口，企图从中分得一杯羹。

核心要点

　　直播电商平台在接受社会资金扶持、社会流量追捧，不断提升自身服务质量的同时，也存在直播内容参差不齐、产品质量无法保证等不和谐的现象。

直播电商平台在获得大量社会资金扶持的同时，自身服务质量也在不断提升，如在视频的清晰度上大力改进，给观众带来的体验感更加舒服、逼真。

但是，随着"直播热"的不断上升，市场上出现了很多不和谐的现象，直播内容参差不齐、产品质量无法保证、主播风格过于单一和俗套等问题频频出现。政府为了规范网络直播市场，出台了一系列政策，直播电商行业进入了"最严"监管期，直播电商平台或将面临新一轮的洗牌，尤其是中小型平台将面临生死考验。

至此，直播电商平台将会呈现出一种新的发展趋势：一方面延续之前的发展势头，另一方面将会出现很多创新。这种趋势可以用"并购""互补""超级平台"三个概念来概括（见图4-13）。

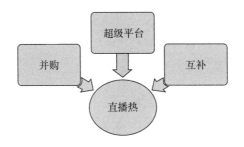

图 4-13　直播电商平台发展蓝图

核心要点

　　"并购"包括直播电商平台并购与直播内容并购；"互补"即各种新媒体平台与直播电商平台的互补和助力发展；"超级平台"即随着直播电商市场的优胜劣汰，少数发展强劲的平台会凸显，成为行业的"领头羊"。

　　第一，并购。并购包括直播电商平台并购与直播内容并购。一方面，直播电商巨头或大平台不断利用各种手段来争夺用户和流量，比如抖音、快手等平台出于竞争的需要，通过增加新功能、新产品和加大优惠力度等形式来争夺对方的用户和流量。另一方面，中小型平台或者处于起步阶段的平台利用自己独特的能够吸引大量用户的直播内容，来向资金雄厚的平台置换资源与资金。比如，抖音在发展之初便是依靠了今日头条强大的资金和用户流量支持，才有了飞速的发展态势。

　　第二，互补。直播电商平台将成为新媒体阵营的重要一员，成为致力于构建新媒体管理体系、营销渠道等企业的标配。各类高质量的直播电商平台将会成为现有新媒体平台的重要补充力量。比如，微信之前主要发展社交功能，现在随着直播电商行业的不断发展，微信也在社交平台的基础上开发了自己的直播小程序。这样，微信不仅能直接利用其庞大的用户流量基础开展直播业务，还能利用微信群、朋友圈等功能进行宣传。除此之外，微信直播平台能够强化微信的商业化功能，使微信用户不仅能通过微信进行"聊天交友"，更能"养家糊口"。

第三，超级平台。未来，整个直播电商行业必将两极分化：一部分逐步衰退，直至消亡；另一部分呈现井喷式发展，甚至可能成为超级巨头。与其他传统行业发展一致，"优胜劣汰"也是直播电商行业的发展规律。虽然现在直播电商行业发展飞速且火热，也给予了很多小平台和普通老百姓很多发展机会和致富机会，但是随着这个行业的发展越来越规范化和市场不断饱和与更新，越来越多的缺乏创新精神、粗制滥造、不注重信誉和服务的直播电商平台将会被市场所淘汰，而资金实力雄厚、直播内容和产品品质精良、时刻注重创新发展的直播电商平台将会在行业发展的浪潮中愈挫愈勇，成为整个行业的超级巨头。

第五章

售后服务：
建立长久合作

直播卖货是一种新兴且火爆的销售方式，对促进我国消费尤其是疫情期间的消费起到了极大的作用。但是由于缺乏成熟的运行机制和监管机制，其在发展的过程中乱象百出。不少无良商家和主播为了扩大销量，充分利用各种方式和手段，甚至虚假宣传，促使消费者快速下单，下单之后便不了了之，坑害了不少消费者。正因为如此，一些人对直播卖货一直心存抵触，甚至直接武断地认为直播间卖的都是假货。

核心要点

正因为一些商家将直播视为扩大销量和利润的工具，而忽视售后服务，许多消费者对直播电商行业心存抵触。

之所以出现这样的现象，正是因为许多商家和主播只是单纯将直播视为扩大销量和利润的工具，而不顾自身的长远发展。殊不知，直播卖货并不是单个独立环节的机械串联，主播的工作也不是到"商品出售"这一环节就终止了。从售前到售中再到售后，这是一个一连串的过程。纵然主播拥有众多的粉丝，但只要其中任何环节出了差错，都会带来不小的影响，严重的会影响企业、平台和主播的信誉和长远发展。因此，主播要想在直播卖货中能够吸引并留住更多的顾客，就必须对每一个环节都严格把关，而售后服务正是极其重要的一个环节。

那么，什么是售后服务？基本要点是什么？重要性体现在哪里？电商企业和主播如何才能有针对性地做好售后服务工作？本章将会为大家一一解答。

一、带你入门售后服务

本节主要对直播电商售后服务的七大基本点、四大服务意识、三个方面的重要性进行了阐述和分析，带你了解直播电商售后服务的奥妙。

能留住粉丝的主播都深知高质量的售后服务对店铺和平台经营的重要性。主播如果想招揽更多回头客，带来更多的二次消费，就要在售后服务上下足功夫，用超高的服务质量留住顾客。当粉丝在使用产品的过程中遇到问题或产生疑虑时，主播应该积极帮助他们。只有做好售前售后"一条龙服务"，主播才能真正留住粉丝，并得到粉丝的信任。

1. 售后服务基本点

售后服务应该做到"人无我有，人有我优"，主播和商家要想提高自己直播间的口碑，提供更好的售后服务是必经之路。

直播电商售后服务大致包括七个要点，以下将以淘宝直播售后服务为例进行分析。

（1）随时跟踪包裹去向。

在买家线上付款后，工作人员要尽快发货并通知买家。货物寄出后，要随时跟踪包裹的去向；如有运输意外，要尽快查明原因，并向买家解释说明。

比如，直播结束后，某电商企业物流工作人员发了一个申通快递，在查询包裹时发现，都过去两天了，但包裹进程没有任何变化，于是他赶紧向快递公司询问原因，结果发现买家所在的地区下大雪了而无法走件。于是，工作人员第一时间向买家进行了说明，买家也表示理解，从而避免了差评。

核心要点

跟踪包裹去向，意味着商家必须及时紧密跟踪寄出的货物，以防出现意外。交易结束及时联系，意味着顾客收到货物之后，商家要主动向顾客确认并询问满意度。

（2）交易结束及时联系。

买家收到产品并不代表交易就此终止。工作人员还需要及时联系对方。首先，询问产品有无破损，买家对产品是否满意、有没有对产品和服务的意见和建议等，并请对方确认并评价。这就是我们所说的"先发制人"。如果买家满意了，还能给你差评吗？

如果真的有什么问题，因为是我们主动询问的，也能缓和一下气氛，不至于剑拔弩张，更有利于解决问题。争取主动要比被动应付更容易占上风，当然，遇到胡搅蛮缠的买家则另当别论。

（3）以平和心态处理投诉。

在直播卖货中，来自五湖四海的买家性格迥异，发货慢、运输速度慢等各种原因都不可避免地给主播和商家带来各种各样的纠纷。一般来说，在一次交易中，以买家投诉卖家居多，而买家多是在双方协商未果的情况下才向平台投诉卖家。

> **核心要点**
>
> 　　商家在收到顾客投诉之后，首先，要及时确认并保留证据；其次，面对投诉要冷静分析原因，及时、耐心地与顾客沟通，对合理的投诉要道歉，对不合理的投诉要维权。

　　首先，买家会向平台发出投诉请求，并提供相应的证据，如商品图片、与客服的聊天记录等；而平台工作人员在收到投诉请求后，一般会通过邮件、电话或者私信等方式联系卖家。如果需要退换货，但经买卖双方协商后还没有解决，那么任意一方都可以向平台进行投诉，之后相关工作人员将介入并协调解决。

　　面对纠纷甚至投诉，主播和工作人员应该先稳定情绪并理智分析。能和平解决的，尽量和平解决，不要与买家起冲突，毕竟得到一个新顾客远比保留一个老顾客要难。除此之外，工作人员需要根据实际情况进行处理。如果确实属于退换货的范畴，那么应当积极退换货并联系买家撤诉。如果强行不予退换货，那么平台工作人员会根据情况强制退款或给予卖家不同程度的处罚。对于卖家而言，因为一次交易而获得一定的处罚是非常不值得的。如果遇到居心不良的买家，主播和商家也要拿起武器维护自己的利益。

　　（4）不同买家，不同备注。

> **核心要点**
>
> 　　对不同的顾客进行不同的备注，既能帮助商家全面准确地掌握顾客的信息，以实现精准营销，又能让顾客感到贴心和温暖，从而增强顾客黏性。

商家和主播应该定期全面总结消费者群体的特征，因为只有全面地了解买家情况，才能确保货品正好是买家所需要的，从而扩大销量。

商家和工作人员应建立消费者资料库，及时记录每项交易的买家的各种联系方式，总结买家的相关背景和习惯，这是因为了解买家的职业和消费习惯等信息有助于掌握不同的顾客需求和特点，从而在选品和宣传阶段直击他们的痛点。购买力很强的买家更要作为总结的重点，将这一群体发展成忠实买家能极大地助力商家和主播开展业务。

（5）发展潜在的忠实买家。

核心要点

发展潜在的忠实买家的关键包括产品优质且有吸引力、及时且耐心地回复买家、定期回访并宣传优惠政策等。

当用户成为买家以后，他们将成为一种"隐形资产"，维护的好坏将直接影响他们以后会不会继续购买商家和主播的产品。

忠实买家所带来的销售额通常能达到一定比例。所以，对于曾经购买过产品的买家，除了服务好第一次交易，更要做好后续的维护，让他们成为忠实买家。

主播和工作人员要及时且耐心地回复买家，发送有针对性的和他们感兴趣的邮件等，但是切忌太频繁，否则会让买家感到不舒服。另外，宣传的产品绝对要有吸引力和针对性。

与此同时，也可以把忠实买家设定为 VIP 买家群体，制定出相应的优惠政策，比如可以让他们享受新品优惠等。另外，定期回访、表示关心，有助于与他们建立起良好的关系，同时也可以从他们那里得到很好的意见和建议。

（6）管理买家资料。

> **核心要点**
>
> 　　管理买家资料可以让商家更快、更全面地了解用户画像，为经营积累实战经验；同时，还能以此与他们进行有针对性的沟通，提高沟通效率。

随着信誉的提高，买家会越来越多，那么管理买家资料就显得很重要。除了买家的联系方式之外，主播和工作人员还可以记录其他相关信息，比如货物发出和到达时间、买家喜欢自己挑选还是别人推荐、买家的性格是慢吞吞的还是干脆利索的、买家在价格或产品问题上是随意还是苛刻的等。

管理买家资料的作用有两点：第一，如果买家再次购买，可以有针对性地与之沟通；第二，可以积累实战经验，为后续的发展奠定扎实基础。

（7）处理好退换货纠纷。

一般情况下，卖家都应先制定合理的退货与换货规则，从而使买家在购买商品时更放心。卖家在制定退货与换货规则时，应注意以下几点：

> **核心要点**
>
> 　　商家要在宣传和销售商品之前，就商品的退换货条件与期限、物流费用以及交易时间变更等规则与顾客沟通清楚，以防后续的误会。

第一，退货与换货的条件。通常情况下，如果商品发货前就出现了质量问题或者在运输途中出现了质量问题，卖家都应该提供退货或换货服务。有保修期的商品，如果在保修期内出现了质量问题，卖家都应该提供退货或换货服务。当然，如果是买家人为造成了损坏，卖家可以不负任何责任。

第二，退货与换货的期限。退货与换货还是要设定一个时间限制的，否则商品放在买家手里太长时间会影响二次销售。

第三，退货或换货物流费用。卖家应该就物流费用和买家进行协商处理，一般情况下，是谁的责任，谁就负责物流费用。

第四，退货或换货引起交易时间的变更。为了避免系统自动打款，卖家应该主动为买家延长交易时间，为买家争取时间，这样才可以给买家提供更好的服务。

此外，如果买家因为对商品的颜色或者型号不满意而希望退换货，卖家还是应该尽量为买家考虑。能换货的，就进行换货处理；买家强烈要求退货的，最好选择退货。这样，买家才不会给差评。

2. 售后服务四大意识

相较于主播的强烈推荐、商家的大力宣传和商品在直播主页的展示等"面子工程"，售后服务这一后续工程更能体现主播和商家的综合水平和诚意。在直播卖货中，很多主播和商家都遇到过消费者大大小小、形形色色的差评，这些差评不仅会影响直播推荐商品的销售量，更会拉低主播和商家的信誉度，有时甚至会导致主播的事业无法继续和店铺关闭。

当然，解铃还须系铃人。这些差评往往会通过主播和工作人员后期良好的售后服务，得到最大限度的解决，最终使得伤害值降到最低。那么，在主播直播和商家运营的过程中，需要树立哪些意识才能将售后服务这一复杂又漫长的工程做到极致呢？包括以下四大意识。

（1）职业意识。

职业意识是指，不论是兼职主播还是全职主播，不论是大店铺还是小店铺，都必须具备直播电商的职业道德，否则是无法长远发展的。哪怕是销售一件价值1元的物品，主播也需要学习直播电商的基本规则，确保自身具备全面的职业素养，否则，可能会招致投诉和举报，这对于主播和商家来说都是很不利的。

核心要点

职业意识是指主播和商家都必须遵守直播电商的基本职业道德；危机公关意识是指主播和商家要提前预警差评的产生，并做好迎接差评的准备。

（2）危机公关意识。

对主播和商家来说，最怕遇到差评，说不定一个差评就会使店铺损失很大的销量。对差评的处理技巧是需要提前学习的，不能遇到了问题再现学现卖。所以，每一单货品发出后，都需要总结经验。

主播和商家在售后服务这方面一定要具有危机公关意识。这种危机意识并不是指投诉或举报出现后准备跟电商平台和相关监管机构申诉，而是指做好各项服务工作，将投诉或举报的苗头扼杀在摇篮里。

同时，这里所谈的"售后"，也不是指买家收到商品后的过程，而是指卖家发货之后的过程。当商品发出之后，经常会出现各种问题，比如常见的物流问题、商品质量问题、商品与描述不符等，这时危机公关就显得尤为重要。对待不同的人要用不同的公关手法，对待不同的危机要采取不同的策略，不要因为在途中出现的失误而让买家对商品和服务产生怀疑。只要卖家用心与买家多沟通，总能找到解决问题的办法。

> **核心要点**
>
> 在与买家意见不统一时，主播和商家要学会换位思考，并及时给予买家合理的解释和适当的补偿。

主播和工作人员在抱怨买家不理解自己的同时，应该想想自己作为买家的时候对商品或者对卖家的期待。

有这样一个例子：有一位卖家在淘宝论坛发帖喊冤，说是快递私自转了物流，造成买家要冒着大雨打车去取货。最后，买家给了中评，评论说"付了几十块钱的快递费，还需要自己冒雨打车去取，太不像话了"。当时，帖子里大家回复的意见不一。部分卖家认为，该买家应该体谅卖家不容易；可也有部分卖家认为，事态发展到当时的情况，买家给出差评也不为过，因为就交易的过程及结果来说，买家在经济和精神上都有不同程度的损失。换位思考一下，谁买东西能接受这样的结果呢？

(3) 服务意识。

> **核心要点**
>
> 在商品的质量和属性大同小异的情况下，服务态度对消费者的去留起着关键作用。

虽然主播和商家在直播间销售的是商品，但是买家购买时会根据附加值来考虑到底购买谁家的商品。很多时候，消费者在有购物需求时，会通过搜索关键词等形式，同时关注和对比同类型的店铺、商品和主播。在这个时候，每个店铺和直播间所推荐的商品属性和质量都差不多，重复率极高，挑选空间很大。消费者在购买商品时，都会挑地点、挑价格、挑信誉。如果商品质量一样，最能影响消费者购买决策的便是每个店铺和直播间的服务水平了。

往往消费者遇到服务态度好、能及时为他们耐心解答的主播，就会增强购买欲，最终购买该商品甚至相关商品。相反，如果没有好的服务，主播和商家如何吸引消费者呢？

（4）树立形象意识。

核心要点

形象对于主播和商家而言都极为关键，这决定了消费者的消费决策和商家的长期发展。

很多主播和商家认为，树立形象应该是在前期宣传中所要做的，其实不然。随着店铺的发展壮大、主播粉丝数量的不断增加和商品购买量的不断提升，主播和商家会遇到形形色色的消费者。在这种情况下，能一直维持百分之百好评的平台、主播和商品必然是少数。

这种现象可能由很多原因造成，比如买家故意刁难、实在无法协调解决等。除了耐心协调和合理申诉，主播和商家还有一种解决方法，那就是在所有差评下进行合理解释。有理有据的解释往往会使消费者，尤其是潜在消费者对主播和商家产生好感。有时候，解释还能起到力挽狂澜的作用。相反，如果遇到差评不去解释，许多消费者就以为主播和商家默认了顾客提出的质疑，进而将该商品剔除出自己的挑选范围。

3. 售后服务的重要性

客户的认可很难用金钱来购买。在直播电商中，如何才能吸引消费者，并且将新粉丝变为老粉丝呢？一个关键的因素，就在于得到客户的认可。而客户的认可，除了源于最基本的产品质量和价格等因素外，便是主播和商家的售后服务。

核心要点

客户认可对品牌推广以及成交量的提升有着至关重要的作用。

一项关于客户认可的调查结果显示：一个满意的客户会引发 8 笔潜在的生意，并且至少成交 1 笔；而一个不满意的客户则会影响 25 个人的购买意向。显然，客户认可对品牌推广以及成交量的提升有着至关重要的作用。一旦客户认可了商家、主播和产品，就会通过口碑相传的方式将商家的品牌和主播的好名声传播给周围更多的人，这样就会有更多的人关注品牌和主播，从而购买产品。

以下将从主播、产品和商家三个角度来说明售后服务的重要性。

（1）主播的保鲜剂。

核心要点

"十个主播九个开店"，主播积累的粉丝量再多，但若不注重售后服务的质量，也会遭到粉丝的抵制，从而失去原有的优势。

我们会发现，在直播电商推广产品的过程中，有时将产品广告打得天花乱坠，而最终获得的客户流量却寥寥无几，还不如一个老顾客带来的人数多，更不用说最终的销量了。

这在一定的程度上说明，无论是做线下生意还是做线上电商，回头客都是非常重要的资源。都说"十个主播九个开店"，可是也有不少主播因为选品不过关，或者店铺售后服务极差，遭到了粉丝的声讨，其中不乏正当红、身价不菲的主播，纵然他们拥有数百万甚至数千万的粉丝。

核心要点

不注重回头客的积累，主播早晚会"坐吃山空"。

如果粉丝都没有发展为回头客，或者粉丝无法给主播带来新流量，那么，流量在某一段时间达到高峰后便会急速下滑。因此，主播如果只想着依靠原有的粉丝而不发展新的客户群，或者一心依赖粉丝的忠诚度，那么只会落得坐吃山空的下场。

其实，在大部分直播电商平台上推广的产品无外乎零食、化妆品、服装和家电等类型。这几种经营内容其实都有各自的规律和特点，只要充分了解产品信息和消费者的细化需求，选品出问题的可能性还是很小的。凭借主播的名气，只要直播推荐得当，产品销量不会太难看。但这一切，很有可能被一个叫售后服务的环节打破。

令人奇怪的是，一般在网上爆料主播店铺服务质量差的基本都是这些主播的铁杆粉丝，这些核心的粉丝如果不是因为感到极度失望，对主播的店铺还是很宽容的，毕竟爱屋及乌。即使到万不得已需要爆料的阶段，他们也更多地通过私信、暗示的方式，给主播留面子。

核心要点

　　某知名电竞主播因不注重游戏鼠标的质量和售后服务，而毁掉自身名誉并丧失大量粉丝。

　　例如，某知名电竞主播的粉丝爆料，在其店铺里买了一个要价100多元的游戏鼠标，店铺中明确写着"质保一年"，结果两个月不到，鼠标 USB 接口就出现严重问题，平均 1 分钟会失灵 5 秒，根本没有办法好好玩游戏。

　　为了解决问题，这名粉丝与该主播店铺的客服联系。当得知这名粉丝是两个月前确认收货后，这位客服就不再予以回复。后来，这名粉丝想找出自己给的差评并截图在贴吧爆料，结果发现他的差评已被删除，无奈只能晒出聊天记录的截图在该主播的贴吧里要说法。这种消费粉丝热情和忠诚度的方法，无疑是在涸泽而渔。

　　由此可见，一个成功的主播必定深切明白售后服务的重要性。哪怕你推荐的产品再新潮有趣，只要产品质量不过关、售后服务不到位，千辛万苦积累的千万粉丝也会在一夜之间化为乌有。

　　(2) 产品的增值器。

核心要点

　　不同的产品有不同的功效，主播和商家要清楚了解各类产品的功效和适用人群，并进行针对性宣传，而不是盲目宣传，破坏了产品的口碑。

有时候，消费者使用某些产品出现了问题，并不是产品本身的过错。尤其是化妆品类，不同的化妆品会有不同的适用人群，用到不适合的人群身上便可能会成为"噩梦"。

这个时候，售后服务就显得极其重要了。面对顾客的质疑和否定，如果主播和客服没有及时进行解释和说明，就很容易使产品迅速陷入"卖不出去"的尴尬境地。相反，如果主播和客服在第一时间对顾客的疑问进行了澄清，不仅不会影响产品的销量，反而会促使产品的口碑快速提高。

核心要点

　　有耐心且有策略的售后服务不仅能及时挽回产品的口碑，还会进一步刺激消费者的购买欲望，达到扩大产品销量和利润的效果。

比如，某主播有一次推介某品牌的化妆品时，进入直播间的一名粉丝频频发言，说"直播间的产品都是假货，否则价格不可能这么低；我已经使用了这款产品，并且脸上出现了略微过敏的迹象"。

面对这样的状况，主播并没有直接反驳那位粉丝，而是向直播间的粉丝做出承诺："大家都知道，这个品牌第一次与我们合作，而且这款产品实在是太好卖了，所以网上真的有很多假货。为了打消大家的疑虑，我在这里承诺，如果你在直播间买到假货，我们立刻全额退款。大家看这里，每一件产品都是有防伪码的，大家可以进行查验。我们发出产品时也会进行登记，杜绝一切造假的可能。而且，因为是首次合作，所以这次厂家给出了一个超低的优惠价，真的是超低！这款产品真的太好卖了，错过这次优惠，下次就真的没办法拿到这个价格了。"与此同时，主播还通过询问这名粉丝的肤质和使用习惯，并一一对比产品的适用类型和功效，最终有耐心地引导这名粉丝得出"并非产品是假冒伪劣，而是用错了护肤品"的结论。

在这个案例中，面对粉丝的质疑，主播并没有直接辩驳，而是对产品的质量和售后做出了承诺，同时也提醒粉丝，他们对每一件发出的产品都会做记录，既杜绝了售卖假货的可能，也杜绝了居心不良的人"碰瓷"的可能。

此外，主播一再强调，因为这次是和品牌方的首次合作，所以才能拿到优惠价。这样做，一方面向粉丝解释了为什么产品价格会比较低，另一方面也是在向粉丝施压，让粉丝产生"这次不买就会错过大便宜"的想法，从而激发粉丝的购买欲望，可谓一举两得。

（3）商家的定心丸。

核心要点

　　商家要想赢得良好的商业信誉，就必须做到对消费者言而有信、童叟无欺，保证所售产品或服务质优。反之，则会陷入损失惨重的境地。

商业信誉，是指某一经营者或者企业在经济能力、信用状况等方面获得的来自社会公众的评价。它是经营者或者企业在长期经营中积累起来的无形资产，从短期看可以带来实际的经济收益，从长远看则能促进企业的可持续发展。在信息传播速度极快且竞争激烈的直播电商行业中，商业信誉显得尤为重要。个人或者商家要想在直播电商领域获得成功，必须注重自己的商业信誉。

商业信誉良好的经营者，可以赢得公众的信赖，从而获得更广阔的市场与发展空间。相较于传统营销，直播电商中商业信誉的作用更加突出。商业信誉良好的企业，则更容易从供应商那里获得优质产品，也更有可能得到延期付款的机会或更大的折扣，从而实现更好的发展。

这是因为，在传统营销中，信息传播速度比较慢，商家积累的口碑需要更长的时间才能传播开来。这就使得信誉好的商家在短期内无法获得较快发展，而那些在经营中以次充好、售卖假冒伪劣产品的无良商家却因为信息不对称、信息传播时间差实现了短期盈利。

但在直播电商这一社群营销时代，这种现象是不可能存在的。因为在社群营销时代，互联网高速发展，信息传播速度极快，企业的商业信誉得到广泛传播也就是瞬息之间的事。那些通过优质产品与服务积累起良好信誉的商家，一定能靠良好的口碑迎来众多回头客，赢得更好的发展前景。而那些不注重信誉的商家，会很快被负面评价打垮，迎接它们的只能是损失惨重的结局。

二、身体力行做好售后服务

通过上一节的学习，我们已经基本了解了售后服务的基本要点和重要性。那么，主播和商家如何用实际行动来做好高品质的售后服务呢？以下将从主播和商家两个层面来提供策略。

核心要点

售后服务是整个直播电商交易过程的重点之一，它和产品质量、信誉同等重要。

一个好的客服或主播相当于三个销售。售后服务做得好，回头客自然不会少。靠谱负责且贴心周到的售后服务会给买家带来愉悦的心情，从而使他们成为忠实顾客，在经常来购买产品的同时，还会带来更多的新顾客。从这一层面来看，售后服务不仅拉近了卖家与买家之间的距离，还提供了卖家与买家平等交流和增强信任的机会。

1. 从主播层面突破售后服务

（1）对话营销，突破传统售后服务。

直播营销比较突出的好处就是沟通便利。直播间众目睽睽，当场解答粉丝提出的问题和质疑具有重要作用：一来能为主播与粉丝之间的沟通创造机会，增强粉丝的参与；二来能减少发私信的弊端，不会在重复的问题上浪费时间。因此，主播可以在直播过程中与粉丝有效互动，并扮演好在线客服的角色。

核心要点

在遵守法律和道德的前提下，主播要鼓励消费者通过弹幕、评论等形式对自身和产品进行讨论和评价。同时，主播也要耐心回复消费者的各种意见和建议。

首先，通过多种方式与粉丝有效互动。

对话本身，可以成为直播内容的一部分，主播可以在直播过程中利用话题互动来解答或者说明一些售后问题。对用户的关注表示感谢、送礼都是一种对话方式，体现主播的礼仪和对粉丝贡献的认可。带起话题也是一种对话方式，直播间的弹幕稀疏或气氛比较尴尬时，可由主播挑起话题，带着粉丝们热烈讨论，提升直播间的活跃度和对所宣传产品的讨论度。

有趣的是，直播间的人气并非一组冰冷的数字能够体现出来的。看过直播的人都知道，进入直播间时给予我们冲击力的是弹幕的数量，这更能代表当前直播间的热度。粉丝之间其实并没有那么统一的话题，往往需要主播来营造氛围。粉丝之间最直接的共同话题，就是这个直播间的主播。不过，要注意，谈论的话题不得违反法律和道德。

在直播过程中，主播也可以让顾客通过发起话题等途径对他们之前从直播间购买的产品进行反馈，也可以鼓励顾客对直播间的氛围、下次直播所宣传的产品的兴趣点进行反馈，以便主播分析和总结自己直播带货的不足，在下一次直播中给予顾客更有耐心和针对性的引导和解答。

其次，积极互动，高效应对用户诉求。

直播电商与图文电商相比，一个重要的特征是互动性大大增强。直播电商的互动不但体现在直播间，更体现在售后服务环节。很多主播都建立了粉丝群，以便随时与粉丝深度互动。评论是粉丝进行情感或诉求表达的重要方式，也是直播电商的一个显著特征，这要求主播及其团队以互动的方式对粉丝的评论进行回复，对主播来说，这种互动机制是增进自身和粉丝之间情感的重要手段，也是提高粉丝忠诚度的方式。

很多粉丝到直播间除了买货之外，寻找被尊重的感觉，与主播进行互动，都是其重要目的。主播及时回复，不但能够让粉丝感觉到被尊重，更能够让粉丝看到主播的各个方面，从而使普通粉丝转化为铁杆粉丝。粉丝在直播间或粉丝群里会提出更多的问题或诉求，对于这些问题或诉求，主播及其团队应高度重视，通过私信快速回复,而且回复应带有主播个人色彩。通过对这些问题和诉求进行深入分析,还可为主播对直播带货进行改进提供依据,使主播能够不断完善其直播过程。

核心要点

戴晓琛的案例告诉我们,主播对粉丝的耐心回复不仅是一种互动,而且体现了主播对粉丝细致入微的关心。

例如,戴晓琛就比较注重评论区的运营和维护。他之前曾有一个作品是与甲方无休止地互相逼问报价和预算,后来在评论区,这也变成一个他和粉丝互动的"梗",趣味十足。在此之后,许多用户出于好奇心纷纷来观看他的直播并不定时地购买一些产品。

除了评论区,私信也是一个和粉丝进行互动的区域。在私信区域出现的粉丝留言,抛开垃圾信息,一般是粉丝针对主播本人的特定信息,体现了粉丝的真实想法。这就要求主播合理运用自己的人设,恰到好处、诚挚地回复粉丝关于其推荐产品的各种问题。

(2)时不时地给顾客制造惊喜。

核心要点

不少主播为了吸引顾客的关注,倾向于给顾客制造一些小惊喜。但是在制造惊喜的过程中一定要注重承诺的落实。

一般来说,比较靠谱的小惊喜往往会实实在在地提高顾客对产

品和主播的满意度，顾客对惊喜的回报往往是多次购买。基于此，主播则是持续为顾客制造惊喜，进而一步步形成顾客对品牌的忠诚度。当然，主播在为顾客制造惊喜时，要把握一定的度，以免让顾客失望。制造惊喜时要注意以下两点。

第一，承诺保障。在这方面，不少主播采取的办法是比竞争对手做出更多承诺，实际的行动再比承诺多一些，利用这种预期落差来给粉丝制造惊喜。然而，这种方法通常只适用于一些实力雄厚的大品牌。对中小品牌而言，过多的承诺意味着更大的成本，从而在无形中增加了经营的压力。

对此，主播在直播带货时应以差异化的方式对顾客做出承诺。也就是说，跳出承诺的惯有套路，以一种新颖而又能够吸引顾客的方式来做出承诺，从而使承诺具有一定的创意。这样既可以避免同其他竞争对手正面竞争，还可以有效规避资源不足的劣势，化被动为主动。比如，不少主播选择只要顾客在购买产品后予以好评就给予返现奖励，那是否可以考虑给顾客赠送一些实用的小礼品？其实，对于这些方法，在实际工作中都可以不断地揣摩并加以尝试。

另外，主播在直播间做出的承诺贵在落实。例如，直播过程中的抽奖、给予粉丝的专享福利等，都要全部落实到位。只有这样，才能把承诺的吸引力转化为顾客的满意与惊喜。

核心要点

制造惊喜往往不需要付出太高的成本，只需在原有商品的基础上稍稍超出顾客的预期，让其为之感动即可。

第二，制造惊喜。即在顾客满意的基础上，再为顾客制造惊

喜。一般情况下，制造惊喜的方式有很多，既有物质层面的，比如给顾客一些赠品，价格再低一点，又有情感层面的，比如给顾客提供预期之外的消费体验等。

实际上，在直播带货过程中通过很多方法可以给顾客制造惊喜，并不需要额外增加成本。在直播间制造惊喜不单纯是在价格上做一些让步，而是通过增加所售卖产品的综合价值来实现。例如，对于复杂产品可以加赠安装服务，对于附带易损件或易耗品的产品额外赠送易损件或易耗品，额外赠送一些能够将产品价值更好地发挥出来的互补品等。例如，顾客购买衣服时送一个漂亮的小配饰。这些都会超出顾客的期待，从而达到让顾客兴奋甚至感动的目的。

2. 主播和商家协力预防差评和投诉

差评是一个随时可以挑动卖家神经的关键词。尤其在日均订单量不是很大的情况下，由于评价的总量较少，在所有评价中，差评会占较大比重，一个差评有时可以颠覆卖家之前付出的努力。相信许多卖家都遇到过一些刁钻的买家，单子不做没得赚，做了又怕遭差评。有时候一些买家甚至会向平台投诉。为了服务好顾客，"亲爱的""非常感谢"等一类讨好的话语已经无法满足卖家们的要求了，送小礼物也不总是办法。

核心要点

有效预防差评和投诉，主播和商家先要把自身的客服管理工作做好，在此基础上，还要提前将产品有争议的地方讲清楚，并及时关注消费者的评论。

第一，先从客服管理做起。

有时候，客服为了达到绩效要求，常常会向买家许下承诺，比如承诺发货时间、快递到达时间，但物流这个环节并不是控制在卖家手上，而且意外也可能会影响物流，所以卖家给买家的答复应该是"正常情况下××天到达"，而不是"××天肯定能到"这种绝对的答复。主播和商家要定期回顾售后服务对话，看看有没有不妥的措辞，注意及时纠正。

第二，提前将产品易引起争议的地方讲清楚、写清楚。

比如，主播卖的是衣服，买家会关注面料和做工细节。虽然关于产品的情况产品详情页已经介绍得很详细了，但直播时有很多主播还是会对产品详情过度优化。内容太多太密集，买家关注的几个细节反而会被忽略。所以，概括性的东西提及就可以了。最重要的是把买家关注的问题讲清楚、写清楚，就算哪天出现纠纷，也有助于维权。

第三，注意收集买家的提问，了解买家的关注点。

卖家可以通过记录买家的问题，了解买家对直播间产品的关注点。在积累到一定时间后，把这些问题进行排序，提得最多的必然可以代表市面上最常出现的问题，有利于以后在进货采购、直播推广和售后答疑的过程中尽可能地规避这些问题。

核心要点

密切关注买家在收到货之后的咨询和评价。在有些差评无法逆转的时候，主播和商家要吸取教训，通过后续的更多好评来冲掉前面的差评。

第四，密切留意买家的评价。

网购的大多数是上班族，他们下班回到家后拆封，确认收货，所以其实有超过 60％ 的买家会在晚上给出评价，而这时，很多客服处于轮班状态或者直播间处于无人值守的状态。差评的产生有 80％ 是因为买家找不到客服，认为求助无门，纠纷无法得到解决，所以干脆就给一个差评。因此，值守很重要，相关人员要有及时解决问题的能力和权力。如果给买家退换货还得向老板请示，就会给买家带来更不好的售后体验。

第五，多做活动冲掉负面评价。

有时候，一些差评是没办法逆转的。那只能通过好评来冲抵差评所占的比重。比如，商家可以通过一些促销活动来冲订单数，当然，这可能会消耗一点利润，但是这对评价和总体评分的提升是有好处的。

主播也可以开展店铺有奖评价活动，"旺商云好评推广"就有这个功能。主播可以设定逢第 80 个、第 180 个、第 280 个评价，就奖励小礼物。用这种方法来刺激买家尽快确认和评价，然后把获奖的评价信息、好评信息分享到店铺微博，既可以给主播和店铺做一些引流，也可以让店铺和直播间里尽可能地出现优质评价。

3. 从商家层面攻克售后服务难关

（1）保证产品质量。

核心要点

　　企业一定要保证产品的质量，这是做好售后服务的基础和保障。

优质的产品不只是企业赢得良好口碑的前提，也是维系消费群体的基础。没有好产品的电商企业，即便可以依靠前期的大量宣传推广来吸引一批粉丝，赢得表面上的发展壮大，一旦粉丝发现其虚假宣传，并不能提供自己需要的高质量产品，就会对企业产生失望与不满的情绪，结果是他们会毫不犹豫地选择其他企业的产品。

在这种情况下，不只是对企业的负面评价会快速传播开来，甚至企业的生产经营状况也会面临瞬间崩溃的严重局面。一个电商企业，要想在当今信息高速传播的直播电商浪潮中站稳脚跟并脱颖而出，就必须有质量过硬的产品。没有好的产品，再好的营销手段最后也只能是一句空话。有了优质的产品，客户的满意度自然会大幅提升，售后的纠纷和投诉就会大大减少，进而提高企业的信誉，有了信誉，便有了顾客和销量。

（2）注重客户体验。

> **核心要点**
>
> 　　注重产品质量、抓住消费者需求、关注消费者利益，是全面提升消费者体验的前提和基础。

重视消费者的利益，抓住消费者的需求，同时诚实守信地为他们提供优质的产品与服务，是企业积累良好口碑的基础和条件，因为这能使企业同时在产品质量与售后服务两个方面赢得消费者的信赖与认可。

传统营销向直播电商营销转变的过程中，消费者选择产品的决策心理也发生了很大的转变。他们不只注重产品的功能性，更倾向于体验式消费。换言之，消费者在消费前、消费过程中以及消费后的体验变得尤为重要。

企业如果注重与消费者的沟通，站在消费者体验的角度去提供体验式服务，提升服务质量，往往更容易赢得消费者的信赖与认可。苹果公司能够获得良好的口碑，赢得大量粉丝，也正是因为做到了这两点。

（3）及时处理危机。

核心要点

面对质疑，企业可以依据速度第一、真诚沟通、承担责任以及信息公开透明等原则做出回应。

任何企业都不是完美无缺的，因此，在成长与发展的过程中难免遭受质疑。遭受质疑不可怕，可怕的是没有做出正确的回复与反应。

速度通常是决定质疑能否消除甚至迎来转机的关键。如果对质疑的反应速度迟缓，就会加重人们的猜测与谣言，结果必然是增强了消费者对企业的负面印象。只有迅速反应，才会将质疑可能带来的危机扼杀于摇篮之中，避免事态的扩大与升级。

面对质疑，企业如果隐瞒实情，只会扩大危机的波及面，使事态进一步恶化。而坦诚告知实情，勇敢承担责任，积极表明企业的诚意，则会赢得消费者的理解与信任。

面对质疑，企业如果能够做到信息公开透明、有理有据，让消费者了解事情的原委，那问题往往也就容易解决了。信息越是公开，问题解决起来就越快，也越能获得消费者的谅解与支持。一味遮掩、隐瞒，只会让简单的问题复杂化，丧失处理问题的最佳时机，最终失去消费者的信任，给企业造成不可挽回的损失。

在市场经济的大潮中，面对粉丝众多的直播电商平台，面对众口难调的消费者，任何企业都难免遭受质疑。在遭受质疑时，企业既不能采取回避的态度顾左右而言他，又不能采取置之不理的态度，任由事态扩大，而应该积极做出回应。如果做错了，就及时承认错误并承诺立即改进。如果是子虚乌有，就及时做出声明。只有积极、迅速地回应与解决问题，才能赢得消费者的信任，从而减少质疑对企业信誉造成的负面影响，维持粉丝对企业的信任。

（4）承担社会责任。

核心要点

　　企业要具备社会责任感，在发展业务的同时，积极参与社会公益活动，树立正面社会形象，从而赢得公众的信任与支持。

电商企业要打造良好的正面形象，员工要提升自身的素质与修养，增强企业的凝聚力以及核心竞争力，从经营者与企业两个层面来强化正面宣传，同时在遇到问题时以积极负责任的态度解决问题，减少负面影响，维护企业的良好口碑。

在直播电商领域，也不乏极具社会责任感的主播和企业。比如抖音主播"湘妹心宝""凉都小凉妹""云南小花""贫穷料理"等与其背后的电商企业和平台，这些主播在运用各种独特且极具号召力的直播风格推广家乡农产品的同时，面对国家和政府的号召，更是全力投入到"乡村扶贫"的直播活动中来。他们在发展自身直播事业的同时，也利用自己的粉丝基础和号召力，帮助越来越多的落后地区脱贫致富。

(5) 敢于试错，敢于突破，敢于创新。

核心要点

直播电商需要试错，只要不断尝试、调查、研究、分析、判断，就一定能够发现用户需求，找到营销的正确思路与方向。

除了以上做法，电商企业还应该集中精力挖掘用户的真正需求和痛点。实践是检验真理的唯一标准，发现用户需求、针对用户需求进行营销也必须结合实践。只有通过验证才能检验出在营销过程中是否找到了用户的真正需求，而这一验证过程就是不断试错的过程。

有些企业反对试错，认为这种方法有可能出现失误，或者担心这样会发现之前营销过程中出现的错误，给企业带来不好的影响。的确，没有人能够保证试错过程完美无缺，一定不会出现失误。但如果因此放弃试错，后续可能就会招致大规模的失误。通过试错，企业可以在较短的时间内认识到错误，并从中学习到宝贵的经验，及时止损，纠正方向。下面的两个例子正好说明了试错对企业挖掘用户需求并促进企业蓬勃发展的重要作用。

核心要点

日本知名服装企业"优衣库"正是通过不断试错，才能不断调整方向，并逐渐找到最适合自己的市场定位。

第一个例子是日本知名企业"优衣库"。优衣库在发展的过程中经历过关店，也经历过重新开店。在开店、关店的反复折腾中，在不断试错的过程中，优衣库不断发现问题，并及时做出调整。正是由于在日本关东地区开店遭遇失败，创始人柳井正才意识到关东人与关西人存在消费差异的问题；正是遭遇了顾客的退货、换货，优衣库才意识到产品的问题与缺陷。

柳井正非常重视在试错中发现亟须解决的问题。为了更加准确地把握客户的真正需求，他还经常举办有奖征集优衣库差评的调查活动，征集来自客户的不满与投诉，借助试错来快速调整优衣库的经营策略，从而有效解决客户的痛点，及时化解企业在经营过程中的潜在危机。

核心要点

　　小米空气净化器在市场上的试错，不仅使小米准确挖掘到了用户痛点，而且使小米认识到用户对产品更高的价格包容度，这极大地便利了其精准营销。

第二个例子是国内知名企业"小米"。小米公司作为国内家电领域的后来者，也不可避免地在很多尝试中"摔了跟头"，而这些经验教训也使小米更为深刻地了解到用户的真正需求。

之所以采取这样的方案并且能够取得不错的营销效果，就在于小米抓住了用户追求高性价比产品、极致低价的核心诉求。但超低价也并不总是奏效。小米曾经推出一款价格为499元的空气净化器，企图再次以超低价制胜。但这一次，在小米社区论坛，小米非但没有迎来好评如潮的期待局面，反而引来用户以及"米粉"们对机器使用时噪声大的纷纷吐槽。不良的使用体验使小米公司遭遇了空气净化器营销的失败。

但小米团队不愧为试错高手，他们很快通过收集小米社群的这些反馈认识到，低噪声甚至无噪声已经成为用户的新诉求，于是迅速研究产品的改良版，积极解决噪声问题，终于在几个月后推出改良版。尽管小米将改良版产品的定价提高到 699 元，比一代产品高出 200 元，但依然迎来了火爆的市场反应。

小米空气净化器在市场上的试错，不仅使小米认识到产品的问题与用户的真正需求，更使小米认识到用户对产品更高的价格包容度。这对以后的产品定价能够起到重要的参考作用，也算是小米试错的额外收获了。

同样地，直播电商企业和各类平台与主播也应该在成本可控的范围内，兼顾消费者的偏好，就产品的种类、直播的模式等进行大胆的尝试，在不断地累积经验的过程中实现创新发展。

第六章

复盘与检讨：
持续进步的动力

围棋术语"复盘"先是被股市借用，后来被联想等企业用于运营实践。直播复盘是店铺运营的一个重要维度。一场直播只盯着销量是不能把以后的直播做得更好的，主播及其团队需要养成对每一场直播进行复盘的习惯。

核心要点

直播后的复盘类似于学生的课后复习和知识点查漏补缺，可以帮助改进不足，改善直播方式和内容，有助于直播电商的长足进步和可持续发展。

复盘可以让我们回顾流程，梳理出本场直播的优点和失误，比如，直播过程中哪里犯错了，互动有什么问题，回答了粉丝的哪些问题，以及商品上架有什么问题等，并通过数据的变化情况来调整整体直播的节奏。

即便是淘宝直播的头部红人薇娅、李佳琦、烈儿宝贝等，经过一晚上的直播后，也要强打精神对当天的直播表现进行复盘——梳理直播过程中的优劣，并总结出可以提高的地方，才能结束当天的工作（见图6-1）。

没有一场直播是完美的，每场直播都有值得反思的地方。下面，我们一起来了解这些内容：复盘为什么那么重要？复盘的工作流程该怎样设计？复盘时需要看什么数据？复盘后有哪些可以改进

图 6‑1 直播带货主播的一天

资料来源：毕马威。

的措施？

一、复盘的概念及其重要性

1. 什么是复盘

从字面上简单归纳，复盘是指回顾过去，把差的变好，让好的更好，即对结束的直播所做的深度思维演练。形象地说，直播后的复盘就类似于学生的课后复习和知识点查漏补缺，可以帮助改进不足，改善直播方式和内容，有助于直播电商的长足进步和可持续发展。

但是要强调一点，复盘不能等到发现问题了以后才做，而是从第一场直播结束就要开始。只有进行科学、专业的复盘，才能知道直播工作取得了哪些成果以及存在哪些不足。除了关注结果外，直播团队更重要的是通过复盘发现问题、分析问题，从而积累成功与失败的经验，为接下来的运营战略提供更具价值的可行性方案。

2. 复盘的重要性

很多人认为复盘就是做总结而已，事实上不尽然。复盘除了做总结以外，更重要的是为接下来的运营方向调整提供依据。以往的总结是以结果为导向，关注的是取得了哪些成果并存在哪些不足。而复盘是重新演练整个过程，还原整个直播过程的每一步，与直播的结果做对比后，从中找到问题的各种可能原因。

> **核心要点**
>
> 复盘不仅是主播对直播的回顾，还涉及直播团队的整个工作流程。及时复盘能让以后的每一场直播都有进步，因此要将复盘工作常态化。

（1）增强工作流程性。

我们都知道，直播时使用一些技巧或者套路，可以起到事半功倍的效果。而这些方法不是唯一的，也不是固定的。每个直播间都可以根据自己的特点不断摸索最适合自己的直播方式。复盘则起到了增强直播间工作流程性的作用。

（2）改正错误，不断精进。

在复盘的时候，一定会谈到这场直播中出错的地方，对出错的地方进行改正和优化，杜绝再犯同样的错误，这样每次直播就能比上一次有所进步。

（3）把从直播中获得的经验转化为能力。

在直播中，如果遇到了突发情况，但是你顺利解决了，可以说自己有了应对突发情况的经验。但经验不等于能力，要把这种经验转化为个人能力，提升解决突发情况的能力。

二、复盘的计划与流程

1. 复盘的基本步骤

确认了复盘的重要性后，如何有计划地进行复盘呢？以下总结了复盘的几个基本步骤（见图6-2）。

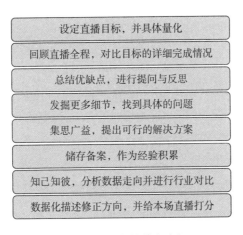

设定直播目标，并具体量化

回顾直播全程，对比目标的详细完成情况

总结优缺点，进行提问与反思

发掘更多细节，找到具体的问题

集思广益，提出可行的解决方案

储存备案，作为经验积累

知己知彼，分析数据走向并进行行业对比

数据化描述修正方向，并给本场直播打分

图6-2 复盘的基本流程

（1）设定直播目标，并具体量化。

核心要点

　　新手可以通过查看同行的直播数据，再结合自身的情况来设定具体的直播目标。

做任何事情都需要有目标，以目标为导向。直播也一样，需要给自己每一场的直播定好目标。但设定目标并不是一件容易的事情，特别是对新手而言，当自己还没有经验的时候，该怎么办呢？

可以先在全网查找同行，查看同行网红和直播达人的数据。在获得同行的直播数据以后，可以做适当的量化归纳。在此基础上，再适当结合自己的实际情况来制定目标。这样既可以避免目标太高做不到，也可以避免目标太低浪费资源与时间。

量化目标可以简单地设置为：每次直播希望涨多少粉？预期的商品点击量是多少？希望成交多少订单？……

按这样的简单设置，新手的一场直播的量化数据就形成了。需要提醒大家的是，设定直播目标时不要太理想化，不科学的目标往往是失败的第一步，也是造成团队挫败感的原因之一。分步实现目标，允许一定范围内的修正，则更容易实现原定的设想。

（2）回顾直播全程，对比目标的详细完成情况。

核心要点

对比此前设定的直播目标，回顾直播全程，从中发现问题并及时做出调整与改进。

有了量化的直播目标后，就可以对直播过程进行复盘了。如果所在平台支持回放，那么直播团队要尽量把直播回看一遍。首先要假设自己是一名用户，然后站在用户的角度回看这场直播。这样会更容易理解用户的感受，发现其中的问题。

比如，一个娱乐类账号计划每天都做 4 小时的直播，目标是每次的点赞数达到 1 万，但实际上每次的点赞数只有几百。经过复盘得出结论：直播的内容和目标根本不相符。后来调整了直播内容，并将场景从室内转移到室外。经过改进后，第一次直播就吸引了超过 1.3 万的点赞数。由此可见，目标复盘对直播运营的重要性。

（3）总结优缺点，进行提问与反思。

> **核心要点**
>
> 　　直播团队可以通过陈述过程、自我剖析、众人设问的方法进行提问与反思，借鉴鱼骨图的分析方法，详细记录直播全程的操作细节。

　　一方面要善于发现并总结直播中的优点，并强化相关的做法记忆，在之后的直播中继续保持这样的做法。另一方面，复盘中最重要的一环就是挑错。找出本场直播中存在的问题，并列出解决方案。如果有出错的地方，一定要划重点，切忌再犯。

　　我们可以采用鱼骨图①（见图 6 - 3）的分析方法，详细记录整个过程的操作细节，包括陈述过程、自我剖析和众人设问。

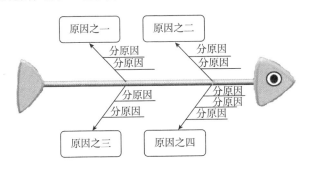

图 6 - 3　鱼骨图

---

　　① 鱼骨图（又名因果图、石川图），指的是一种发现问题的根本原因的分析方法。现代工商管理专业将其划分为问题型、原因型、对策型等几类。

陈述过程是直播团队成员都要参与的事情，完整地描述整个运营过程，让所有参与本场直播制作的人员可以清晰地了解直播的各个环节与流程，从而减少沟通上的时间成本。

自我剖析需要真实客观地进行，不能带有主观情绪，该批评时对包括自己在内都不能留情面。自我剖析是为了分辨整场直播中的可控因素。只有不带任何主观偏见地进行复盘，才能更精准地找到本场直播的问题所在。复盘本身不是为了处罚犯错的人，而在于通过大家的努力找到问题，为后面的改进与提高提出具有操作性的解决方案。

众人设问是指从直播团队成员的视角对直播的各个环节进行提问。这样的设问有助于突破个人局限，可以集众人的智慧，探索多种改进直播问题和提高直播质量的可能性及操作边界。

（4）发掘更多细节，找到具体的问题。

核心要点

　　复盘不能只做数据层面的分析，还应从直播的整体运营等维度做对比分析，发现更多操作层面的细节，帮助挖掘实质性问题。

多数直播团队复盘时只在数据层面展开分析，例如聚焦于点赞数、评论区、转发数、粉丝数等，并对用户进行分析和总结。但由于没有整体地从直播目标、投入产出等维度进行对比，往往发现不了实质性问题。

运营者必须基于具体操作层面的细节进行复盘，包括直播背景、主播台词、道具使用、标题和话题、发布时间、发布定位、新增粉丝数、取消关注粉丝数、净增粉丝数等。通过更多的细节分析来找到目标未能实现的真正原因，或者目标得以超额完成的原因。可以通过倒推的方法找到亮点和不足，最后回归目标的制定。

（5）集思广益，提出可行的解决方案。

经过团队的讨论分析后，接下来就要发散思维，尽可能多地提出具有可行性的解决方案，并且陈述每个方案的优势和劣势。

例如直播的时候，主播所带产品出现阴影，影响展示，可以通过调整灯光的位置或增加补光灯来解决；直播现场的声音有杂音，可以检查所用的话筒本身的频率干扰，以防止后续出现相同的问题；直播中经常会出现的是主播的话筒有时未打开，或音响师推错按键导致直播声音的混乱，这就要求直播前话筒发放人员与音响师约定好话筒的使用序号，在直播过程中严格按照序号进行发放，并注意话筒的开关情况等。

（6）储存备案，作为经验积累。

核心要点

复盘记录可以作为直播经验积累起来，既可为日后优化直播提供方向，也有利于工作的整体交接。

复盘是为了给后续的工作提供方向和指引，以学习为主。此外，如果运营人员的岗位发生变动，一份完整的复盘记录能让后来加入的替任者快速地掌握整个账号的信息，迅速上手。

（7）知己知彼，分析数据走向并进行行业对比。

核心要点

直播团队负责人应进行同行对比及行业的最新趋势分析，还可以利用复盘数据来优化直播内容以及选品策略。

在复盘过程中需要特别注意的是，务必进行行业的最新趋势分析以及同行对比。事实上，大部分成员的精力仅能满足于自己所从事的本职工作。而直播团队负责人，需要承担分析同行的责任，并将分析得出的结论在复盘讨论时予以分享。这样既能方便大家了解目前的行业最新动向，及时调整内容方向，又能最大限度地解释运营效果，并为改变运营方向提供数据基础，更有助于直播团队提出更多的可行性方案。比如直播间的数据概览就是很好的复盘资料，如图6-4所示。

当然，在复盘的过程中，仅掌握整体数据是不全面的。如果能看到直播过程中在线观众、点赞量等数据的波动情况，就可以根据峰值初步判断直播间的观众爱看哪类内容，再结合数据的低点来判断哪类内容出现时观众的活跃度较低。在数据分析模块中，展示了整场直播的音浪收入、点赞量、在线观众以及粉丝数的趋势，并以每十分钟为节点定格一次，我们可以通过数据的变化趋势，来优化直播内容以及选品策略。

图 6‑4　直播间数据概览示例

（8）数据化描述修正方向，并给本场直播打分。

核心要点

　　复盘结束时对本场直播进行打分能形成更为直观的认知，并为以后的直播提供参考。

　　复盘作为数据化运营的最后一环，承担的是纠错的功能。拥有

复盘方法论的运营团队，能够通过一次次的案例分析与复盘提升团队执行力。复盘有助于在每一次直播后进行深刻反思并沉淀有益的经验总结。数据化有利于形成新的前进目标，形成标准化执行流程，也有利于传承经验和提升执行力。

在每场直播复盘结束时，要给本场直播打一个分数。打分的目的是让直播团队对整场直播有一个认知，因为一场直播下来，有得有失，打分能够明确是优点更多还是犯错更多。每场直播的分数都可以作为下一场的参考，有比较才有进步。

通过上述介绍，我们了解了复盘的主要流程以及各个环节的意义。一般来说，直播复盘还可以按时间需要分为及时性复盘、阶段性复盘和全面复盘，这些通常是在常规直播、周期性直播、节目性直播中必须采用的运营手段。我们可以根据既定的直播目标来安排复盘，并进行工作模块切分。

所以，复盘是达成直播目标的最好手段，主播及其团队要养成复盘的工作习惯。建议在每场直播结束后马上进行复盘，如果想等到第二天或者睡一觉后才开始，可能已经忘得差不多了，因为直播结束时的感受永远是最真实、最强烈的。

2. 复盘的注意事项

（1）客观。不能带有主观情绪，复盘本身不在于处罚犯错的人，而在于找到问题并提出解决方案。

（2）数据真实。如果数据是假的，或者水分较大，那就无法得出真实有用的复盘结论。

（3）全员参与。复盘涉及整个执行过程中的所有人，每个人的具体工作不一样，所关注的点也不一样，创意和想法都有区别。为了避免自我认识上的偏差，需要由不同的人提出改进的建议，进一步完善复盘的结论。

（4）验证。对上一周期的复盘结论进行验证，分析上一周期复盘结论的正确性和不足之处。

（5）提高复盘精准度。复盘时还需要考虑行业的整体数据情况，明确客观原因对复盘结论的影响，最大限度地提高复盘的精准度。

3. 复盘的结果检测

要想让复盘真正发挥作用，就必须落实到具体的行动计划中并执行到位，注意后续的反馈。

核心要点

首先，要在下一个直播周期中执行复盘决议。其次，要及时反馈复盘决议的执行情况。最后，要对复盘决议的执行情况进行归档。

关于行动计划，直播团队应该关注可控因素，而不是不可控因素，否则复盘是没有意义的。在实际行动中要兼顾以下几个方面：

首先，在下一个直播周期中执行本次复盘决议，若缺乏执行，复盘将没有任何意义。具体执行包括：

其一，在下一个直播周期中开始做什么。为了挽回损失、改进当前的直播运营以及未来的直播方向，现在可以做什么。

其二，在下一个直播周期中继续做什么。保持在上一个直播周期中做得好的地方，并加以优化。

其三，在下一个直播周期中停止做什么。经过复盘发现有些做法不当，或者根本无法满足用户的需求，或者并不符合平台系统的推广要求，则马上停止相应做法。

其次，在下一个直播周期中，详细且及时地反馈复盘决议的执行结果，修正复盘的结论，验证复盘结论的正确性。这很重要，是对复盘工作的重新评估：是否要继续往前推进？是否要继续探索其他的可能性？如果复盘得出的是真正有价值的结论，那么它必然能够指导后面的实践，在实践中得出复盘时所期待的结果。

最后，对复盘情况进行归档，包括常规直播、周期性直播、节目性直播，以及周复盘、月度复盘、季度复盘和年度复盘等，分析每个直播周期的问题所在和复盘结论的完成度。归档就是为复盘的过程和结论建立档案，形成有据可查的资料，将复盘中的认知以文字的形式保存下来，而不是仅记在大脑中。

归档的作用体现如下：可以将复盘得到的经验和认知知识化，方便传播和查阅；是任何一个直播团队必需的管理手段；有利于保存复盘的智慧；以文字的形式保存的信息最真实、最准确。

三、复盘看哪些数据

复盘是店铺运营的一个重要维度。一场直播只盯着销量是不够的，需要依据数据的变化情况来调整直播的节奏。那么复盘需要看哪些数据呢？

1. 复盘时常关注的数据

复盘时关注的数据包括总 PV、总 UV、粉丝 UV 占比、粉丝互动率、转粉率、成交率等，如图 6-5 所示。

（1）总 PV。

总 PV 是指总的页面浏览量或点击量，用户每访问直播间一次

图 6－5 复盘时关注的数据

均被记录为 1 次 PV。如果用户多次访问同一页面，访问量会被累计。总 PV 一般可以直接从后台获取。

（2）总 UV。

总 UV 是指访问直播间的总人数。在同一天内，进入直播间的用户最多被记录为 1 次 UV。在明确总 PV 和总 UV 的含义后，我们需要基于这 2 个数据计算其他 4 个参考数据。

（3）粉丝 UV 占比。

粉丝 UV 占比是粉丝 UV 与总 UV 之比。这个数据代表的是正常直播粉丝的观看率。如果一场直播下来，粉丝 UV 占比较高，说明本场直播的主题和已有粉丝的调性是匹配的，而且私域运营和前期预热做得很好。

如果粉丝 UV 占比低于 50％，则代表这场直播路人观看较多，难以吸引已有粉丝的注意，那么之后最大的问题就是考虑如何盘活存量。盘活存量也就是做好已有粉丝的运营与维护。

（4）粉丝互动率。

粉丝互动率即粉丝互动人数与粉丝 UV 之比。粉丝互动率指的是，在观看直播的粉丝中，有多少和主播产生了互动，可以是点赞、评论、转发等任意互动行为。若这个数值低，则说明直播没有调动粉丝的积极性，那就需要考虑更有创意的玩法。

（5）转粉率。

转粉率是指新增粉丝数与观看人数和粉丝回访数两者的差值之比。

一个陌生用户，从进入直播间到最后购买，路径是：进入直播间—观看—感兴趣—关注—购买。所以，转粉率是衡量一场直播是否做得好的指标。提高转粉率主要是通过刺激或者互动，来提醒用户关注直播间。

3个月内的新人主播，直播间的转粉率为1%～5%是比较正常的数据，偏低说明直播做得不够好，太高的话容易被官方判定为刷粉，对直播间的信用会有影响。非新人主播的转粉率一般维持在4%～6%是比较好的状态。

（6）成交率。

成交率即成交人数与总UV之比。

核心要点

观察成交率的高低，可以帮助改善直播的方式与方法。

成交率在一定程度上决定了一场直播的收益，也代表了主播直播带货的能力。如果老粉在直播间的活跃度还可以，但是购买不积极，那就需要优化产品结构，因为这很有可能是产品定位和粉丝不匹配造成的。如果新用户的互动较多，但成交率不理想，那么有可能是用户对主播的信任感不强，或者是产品单价太高，可以考虑多

使用一些产品保障类话术。

一场直播下来，只要不存在刷量行为，数据最能客观体现问题，不掺杂任何主观因素。因此，复盘时要根据实际数据发现问题、解决问题。

复盘也可以观察这些基础数据：观众总数、新增粉丝数、付费人数、评论人数、收获音浪等。有些基础数据可以从直播战报获悉，如图6-6所示。

图6-6　直播基础数据

2. 分类使用直播数据进行复盘①。

下面，我们对一名主播的直播数据进行复盘，更直观地了解相关的数据以及如何通过数据指导后续的工作。

（1）宏观：直播必看的数据概况

> **核心要点**
> 可以在平台自动记录的主播详情页内找到相关的宏观数据。

直播数据可以通过平台自动记录生成（见图 6 - 7），值得记录的数据包括：直播开始时间、直播标题、直播时长、观看次数、观看人数、新增粉丝数（增粉率）、评论次数（评论率）。这些数据都可以在主播详情页内找到。

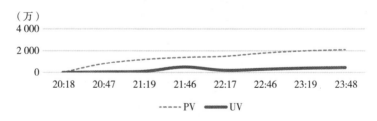

图 6 - 7　薇娅 2020 年 5 月 27 日的直播数据

将这些数据制成图表进行对比，可以看到在单场直播中哪有些

① 教你如何利用数据复盘提升直播流量．（2020 - 05 - 29）．https：//zhuanlan．zhihu．com/p/144413650．

数据会特别突出，比如粉丝数的暴增、评论数的增加都是比较好的表现。针对这些突出的数据，需要进一步结合主播的具体表现来分析原因，保持做得好的方面，挖掘主播潜力，便于确立直播目标和需要优化的内容等。

（2）微观：主播的直播笔记。

在直播中，主播说的每一句话、做的每一个动作都可能导致观众的流失。我们看到主播在镜头面前妙语连珠，其实都是经过了缜密思考，甚至可能提前写好了精良的脚本。而大部分经验不足的主播很难达到这个标准，所以需要记录主播的行为，根据数据分析提高主播的直播表现。

核心要点

下面提供了以主播视角记录的直播笔记，从六个方面复盘了主播的某场直播情况。

基于这份直播笔记（见表6-1），我们可以通过复盘得出以下心得：

其一，直播节奏要由主播控制，而不能被粉丝带偏。

表6-1　直播笔记

主播直播记录笔记				
××年×月×日		达人主播：××	记录时间间隔：1分钟	记录人：BL
分钟	在线人数	观看	单品介绍	主播的思考：商家希望我怎么演绎，粉丝希望我怎么演绎，我实际怎么演绎
12	31	397	茶叶	山楂咨询，随即转向山楂的介绍，随后又回来介绍茶叶，再介绍山楂，又介绍茶叶，混合介绍

续表

主播直播记录笔记				
××年×月×日		达人主播：××	记录时间间隔：1分钟 记录人：BL	
分钟	在线人数	观看	单品介绍	主播的思考：商家希望我怎么演绎，粉丝希望我怎么演绎，我实际怎么演绎
13	31	410		小米咨询，摆放茶叶，口述介绍小米，但无小米展示，效果不直观
14	33	465		再回来介绍茶叶
15	38	472		继续介绍茶叶
16	42	507		打开茶叶，继续介绍茶叶，展示茶叶
17	37	545		有客户要看23号产品，稍后介绍，可以先拍，光说不演示无说服力
18	28	589		再次回来介绍茶叶
19	44	628		20号山楂再次咨询，引导客户先下单，然后继续展示茶叶，引起粉丝共鸣，但缺少转化
20	40	653		茶叶继续渗透、销售，提示"嗓子不好的可买"
21	37	673		山楂再次咨询，口述介绍拍下，没有展示产品，转化率不高
22	34	708		山楂再次咨询，告知客户介绍完茶叶再看山楂，客户未必会等
23	39	730		
24	33	759		山楂再次咨询，介绍山楂，只口述，无产品展示
25	45	806		茶叶介绍结束，有转化，双重优惠
26	41	849		茶叶收尾工作
27	38	959		粉丝打招呼数量、频次不够，引导关注需加强
28	41	946	凉皮	凉皮咨询，没样品，等到货，可以告知客户具体到货时间，约客户再来，否则很难留住客户

续表

主播直播记录笔记				
××年×月×日		达人主播：×× 记录时间间隔：1分钟 记录人：BL		
分钟	在线人数	观看	单品介绍	主播的思考：商家希望我怎么演绎，粉丝希望我怎么演绎，我实际怎么演绎
29	38	959	山楂	山楂介绍，试吃，本场直播爆款潜质，后面可分时段多次展示
30	40	980		潜力款、凉皮、米皮
31	39	1 009		
32	39	1 033		孩子来了，可以让孩子当场试吃，如果孩子说好吃，则说服力更强
33	36	1 080		23号香肠咨询
34	37	1 115		
35	38	1 129	山楂	酸甜平衡，很棒
36	39			20号链接，引导购买
37	43	1 189		回复关注粉丝，谢谢关注，很棒
38	44	1 228		购买攻略
39	43	1 232		山楂介绍结束，收尾工作，忘了转化
40	44	1 298		客户还在咨询山楂如何购买，补购买攻略，很棒
41	46	1 312	米线、烤肠	米线咨询，回问咨询烤肠，可以介绍烤的时间不宜超过五分钟，不然客户不会等
42	51	1 332	拖鞋	拖鞋购买攻略
43	31	1 358		购买优惠攻略介绍
44	33	1 372		拖鞋介绍，米线咨询

　　如果有观众在主播介绍茶叶时询问其他产品，主播就着观众的提问介绍其他产品，会使得两种产品的介绍混淆，最终导致两种产

品的介绍都不到位，甚至会使观众产生混乱感。如果某个时间段的在线人数突然减少，就需要及时调整直播的节奏。

其二，主播直播链路闭环没有形成，缺少购买实现一环，转化率低。

主播在介绍产品时声情并茂，但一直到介绍结束都没有引导观众购买，只停留在介绍产品层面，造成转化率低，因此应增加引导购买的话术，介绍购买攻略。

其三，主播没有很好地利用周围环境，因地制宜，随机应变。在直播中会出现许多突发状况，主播可以巧妙地化解甚至利用这些突发状况。比如，本场直播中主播的孩子突然出镜，刚好主播在介绍山楂这一单品，主播可以引导孩子吃山楂，增强说服力，引导购买。

其四，在直播中主播发现潜力爆款产品，多次展示，提升转化率。

不难看出，本场直播的潜力爆款就是山楂，观众多次询问，主播可每过 20～30 分钟重复介绍，多次展示，增强该产品的转化。

其五，直播中没能及时展示样品，不利于转化。

例如，主播在介绍小米的时候光顾着摆弄茶叶，没有展示小米样品，只是口述介绍，令小米的转化率低。

其六，结合实时在线趋势分析引流方向。

例如，可以查看在线人数，如果实时在线人数的最高点在第 42 分钟，则结合记录表中主播正在卖的产品来分析是什么让人数增长。从直播实时监测中可以看到最细微的趋势波动，表现更为直观。比如，薇娅团队看到在"5·21薇娅感恩节"中 UV 有两个波动，第一个观看小高峰出现时直播间正在进行综艺环节，则说明粉丝对综艺和直播间的结合较为喜爱，引流效果非常好。

　　虽然主播的带货能力各有千秋，但以下直播演绎优化原则适用于所有主播：影响转化率的、影响转粉率的、影响粉丝黏性的、影响粉丝购物体验的都是重要且紧急的问题，需要立马解决。例如：没有引导购买，缺少转化；直播中的价格问题；主播引导关注问题；主播亲和力问题；粉丝福利发放问题等。

　　（3）结合宏观和微观数据。

> **核心要点**
>
> 　　宏观与微观数据的分析要相互结合，直播数据与主播的行为密不可分。

　　直播数据和主播行为相辅相成，缺一不可。数据的高低都是有迹可循的。比如，增粉率低，可能是主播引导关注的行为不够多；互动率高，可能是当时的福利活动受到粉丝青睐等。

　　一场直播的背后，工程可谓十分浩大，不仅开播前的选品需要耗费心力，开播后的数据复盘更是不容许掉以轻心。尤其是对想提高自己的带货能力的主播来说，数据复盘带来的成长是非常迅速的，有时候只是话术的改变也能转化为爆发式的增长，因此重视数据复盘就是最好的投资。

四、复盘后的工作改进与直播提升技巧

> **核心要点**
>
> 　　复盘以后要将找到的问题进行分类，对于能力范围内、可控制、可改变的问题，应尽快解决。

复盘以后，我们通常已经找到问题及其原因所在，接下来就是如何解决这些问题。在问题解决这个环节，可把问题分为两类：一是直播团队在短时间内没有能力，也没有办法解决的问题。比如流量欠缺这个问题。二是直播团队可以解决的问题。比如，在现有的数据下，如何提升转化率、留存率、下单率等问题。

对于短时间内无法解决的，影响比较大、比较深远的问题，分析预算、成本等，做好长期规划。接下来，我们从直播间优化、主播个人 IP 打造、做好粉丝运营与维护等方面做介绍。

1. 直播间优化

核心要点

直播间是主播向消费者提供服务的重要场所，也是改进措施收效最直接的地方，可以从四个方面着手优化。

找出问题之后，接下来要做的就是对直播间的优化。直播间优化可以从以下几个方面入手：

其一，提升玩法，多上引流款、秒杀款，能够让粉丝在你的直播间有获得感，花更少的钱买到更优质的东西。

其二，提升主播讲解引导力、感染力、亲和力。比如主播幽默、颜值高，谁会不喜欢。

其三，注意货品的类目、性价比、价格与目标人群的匹配。直播带货其实核心还是货，尤其是性价比高的好货。毕竟，粉丝关注你的直播间，除了是对你个人的认可，更重要的是想"买买买"。

其四，注意直播间的布景。直播间布景如果是和产品紧密相关的、相结合的，比如卖服装的直播间就是服装店、服装工厂，卖护肤品的直播间陈列的都是各种各样的护肤品，这会让粉丝产生场景感，更容易涨粉。

2. 主播个人IP打造

(1) 个人特质与自我定位。

个人特质是一个包容性很强的概念，可内化到思维方式并扩展至情绪表达方式，可细化为对待一项具体事物的态度并延伸至世界观、价值观，也可具象为一句口头禅或一个习惯动作；可以是主播所拥有的独一无二的技能，可以是其所具备的严谨完备的专业知识，也可以是其天生很强的感染力。如果一定要将所有个人特质的内容综合在一起，概括成精简的两个字，那就是"标签"。

> **核心要点**
>
> 主播个人IP打造的核心就是把主播的个人特质与直播内容相结合，形成具有主播个人特色的标签。

标签不仅是对主播个人特质的浓缩，也是主播对自身市场定位的认识，以及对市场需求热度把握的综合体现。也就是说，一个成熟、成功的标签，不仅是建立在主播完全了解自己的兴趣和优点的基础上，更是建构在主播充分分析市场或粉丝需求的基础上。成熟的标签一旦形成，在直播活动中就具有提纲挈领的作用。主播不仅要在打造自身形象的过程中注重标签中各类要素的体现，更要深化发展各类要素，使这些要素变成系统的语言习惯、动作习惯、直播场景细节，以及在直播过程中侧面提及的生活习惯、各类作品包含的艺术冲突点等。关于主播标签打造的更详细内容，可以进一步参阅本书第一章的相关内容。

总而言之，主播个人 IP 打造是将标签完全细化到直播活动的各个环节，不断强化该标签特征，在与市场、粉丝互动的过程中，不断加深和印证该标签在市场和粉丝内心的确认。

核心要点

可以将个人的兴趣点作为主播个人 IP 打造的切入点。

通过以上描述可以得到个人特质的简单轮廓。而如何挖掘自身的个人特质，以及个人特质如何与个人定位最大限度地有机结合，就成了关键问题。在这里，为大家提供一个最容易的切入点：个人兴趣。

不只是做主播，想要融入任何一个行业和实现个人价值，都要知道个人兴趣。能够将自己的热爱与供养自己的职业结合起来，是一件异常幸福的事情。而在直播这个行业，实现二者结合的可能性较大。

作为一个主播，可以将自己的兴趣展示给粉丝，每一种兴趣的展示都会收获或多或少的受众。有些主播的兴趣是美妆，对于美妆单品的运用有自己的独门秘籍；有些主播爱美食又会做美食，懂得食材如何处理最健康美味；有些主播爱好旅行，善于发掘旅行中的美好事物；有些主播深谙时尚搭配的技巧，能够通过对简单、基础的时尚单品进行巧妙的搭配，"化腐朽为神奇"……

比如现在网络上的很多美食主播，在直播时他们是带货红人，在下播后他们又是美食家、烹饪家等。主播通过下播后与粉丝的互动，形成了个人标签和自我定位，增强了粉丝黏性。

但是，个人兴趣并不能直接构成个人特质，了解个人特质之后也不代表就能进行精准的个人定位。从个人兴趣到个人特质，再到个人定位，这是一个需要不断探索和尝试的过程。

> **核心要点**
>
> 个人兴趣进阶到个人定位需要从多个方面入手，主播应持续丰富与重塑个人特质，以形成个人定位。

个人兴趣进阶至个人特质，一方面，这个过程需要与你的性格特点、教育背景等深度融合；另一方面，多个不同的个人兴趣之间也会互相碰撞和影响，丰富和重塑个人特质。

例如，针对个人兴趣与教育背景的融合，同样是爱好美妆，理工科的主播描述如何画韩式平眉与学艺术的主播的画风截然不同。相对而言，前者会更加注重逻辑与条理，而后者的讲解会出现更多唯美或极具张力的描述性词句。还是针对个人兴趣与教育背景的融合，钟爱美食的小学生吃到大爱的食物会幸福感爆棚，欢呼"好吃""好甜""好赞"，而教育程度相对更高的大学生会给出对美食的更多元、更细致的形容，如"弹牙""爽滑绵密"等。

再来分析第二个过程，以个人特质确定个人定位。综合了个人兴趣与性格特点、价值观念、教育背景等诸多因素的个人特质，等于有了属于自己的粗略画像，确定个人定位就像是为这张画像寻找一种适当的方式和一个适当的位置进行展示。

（2）内容定位与自我定位。

自我定位的实现依靠内容来支撑，内容的持续输出是主播最终在直播平台上立足的关键因素之一。前面反复提到的个人特质就是直播内容的来源。直播平台上的变现方式并不着眼于粉丝打赏，辅助售卖才是其更想达到的目的。在这样的前提下，直播内容需要把握两个核心——个人特质和辅助售卖。每个人都具有多种兴趣，每个人的个人特质也是一个有机的结合体。因而，每位主播能为粉丝提供的直播内容并不局限于一个领域，这也决定了主播关于定位有多种选择。

> **核心要点**
>
> 　　主播可以根据自己对未来的期望，决定采用哪种定位。

　　以淘宝平台为例。主播可以选择创建店铺自播或单纯以达人主播的身份参与直播。

　　选择创建店铺自播，就需要在美食、服饰、美妆、旅行装备等方面选择一个门类，创立自己的淘宝店铺，然后通过淘宝直播平台实现辅助售卖。选择作为达人就更加简单，可以随意在以上各个门类切换，通过淘宝直播分享自己的心得与经验，进而实现辅助售卖的目的。

3. 个人品牌 IP 化

　　个人品牌即一个人留给另一个人的独特、鲜明的印象，当这种印象在一百个、一千个甚至更多的人中有统一认识的时候，个人品牌就建立起来了。个人品牌是一个人区别于另一个人的最为独特的、被认可的特质。个人品牌是无形资产。在互联网时代，所有人都可以树立自己的个人品牌形象。

核心要点

个人品牌是一个人区别于另一个人的最为独特的、被认可的特质，个人品牌是无形资产，并自带流量。

IP是指主播持续生产具有连贯性和内在关联性的个人原创内容，并成为一个垂直领域的典型形象。而打造IP的过程就是通过持续生产个性化的原创内容，并且通过多平台进行内容传播，从而形成对特定粉丝群的直接影响力的过程。

IP到底指向什么呢？现在还没有理论层面的定论。每个人都有自己的理解。有人认为是这个人（见图6-8），有人认为是被大家认可的这个人的某种特质，还有人认为是物或作品。

图6-8 "腊月小九"打造个人IP品牌形象

人格化 IP 自带流量，只要有渠道，变现能力立刻就能显现。IP 是有内容的品牌，如同一本书中描述的那样：尽管我们知道大部分的领域最终能够拥有个人品牌的都是万里挑一的少数人，但是即便成不了网红，努力去经营自己的个人品牌，在小范围内成为一个有影响力的人，也能遇到更好的工作，过上更有趣的生活。这是对个人品牌 IP 化最现实的一种说法。

4. 打造个人品牌

对于主播而言，究竟该如何打造个人品牌呢？

(1) 需具备全面的现代人基本功和跨界的知识体系

核心要点

打造个人品牌需要拥有跨界的知识与能力。

现代人的基本功往往体现在招聘条件上，如学历、驾驶技术、外语能力、计算机能力、交流能力、文字功底等。有专业方向还远远不够，还应当主动跨界，学习其他领域的专业知识，搭建跨界专业知识结构，如项目管理、金融管理、预算管理、合同谈判、销售预测、工程设计、网页设计、视频制作等，即便成不了专家，也至少有全面的理论知识体系。这不是危言耸听，而是现实需求。只有在掌握基本功的同时有较宽的知识面，才能举一反三、游刃有余。否则就会很难独立完成一项工作，与人配合也只能屈居人下，而不是平等合作。

比如，papi 酱之所以这么火，与她优质的内容输出有很大的关系，而优质的内容输出与她自身的能力更是脱不了关系。她毕业于中戏，有想法、有野心并且敢尝试，因此能在不断更新迭代的网络时代站稳脚跟。

（2）自我包装。

核心要点

　　主播需要用具有个人特色的方式凸显个人形象，方便大家辨识。

对一个品牌来说，第一印象很重要。这个印象是视觉、听觉、嗅觉、触觉等的组合，我们称之为空间印象。在这个大的概念下，还要有细节，往往细节更能加深空间印象。我们去某地旅游，大到一片残垣，小到一个器皿，无形中能够塑造我们对此地的整体空间印象。

主播个人可以有自己的一句标志性话语，类似于冯巩的"我想死你们了"，papi酱的"一个集美貌与才华于一身的女子"；也可以用一些标志性配件打造自己的识别度，如国际米兰前主教练曼奇尼就一直戴一条天蓝白条围巾，在足球领域所有从业者中独树一帜，多次入选"最佳着装成功人士"排行榜。

（3）演讲已逐渐成为最重要的公关手段。

掌握自我介绍和演讲的技能将为你赢得更多的机会。苹果公司的每一款产品都要开发布会，国内众多成功公司的CEO都通过演讲来打造自己的IP。

核心要点

　　演讲技能是主播打造个人品牌的必备能力。

提高演讲技能的方法就是多听、多总结、多练。每次听完能引起共鸣的演讲，可将精辟的小故事整理备用，同时解构别人演讲的逻辑，关注他的切入点和收场方式。如何一点点引人入胜，如何在铺垫后给人的心灵带来巨大的震撼，如何留白从而让听众有无限想象的空间，这都是需要不断积累经验的。

通过练习，可以将自己声音的特点，演讲时的动作、语气、节奏甚至眼神，都有效地自然调节到最适宜的状态。当然，这不是一蹴而就的。主播们可以结合自己的需要制订详细的练习计划，并予以落实，势必有助于提升个人魅力，逐步建立起个人品牌，最后形成 IP。

5. 做好粉丝运营与维护

直播运营最重要的一个维度便是与粉丝的互动和对粉丝的维护。在一项优质内容推出后，聚集的每一个粉丝都是打造百万粉丝的基础。评论、点赞数都是了解粉丝需求和评价内容质量的指标。用心经营的主播会对这些粉丝行为不断复盘，从而让今后直播的内容、风格、路线不断更新迭代，对内巩固老粉忠诚度，对外获得更多曝光吸引新粉，形成良性生态链。

核心要点

复盘后的重要工作之一就是要运营与维护好自己的粉丝，形成良性生态链。而主播私域的维护尤为重要。

以维护主播私域为例。主播对私域的维护可以从以下两个方面入手：

一方面，私域外的图文种草和短视频。图文可以更多地倾向于单品的预热、日常活动的预热，包括主播的日常分享；短视频这块主要包括两个部分，一个是单品的种草，另一个是把主播的人设特点放大，做到极致。

另一方面，主播会有自己的私域群，它的作用非常大，除了产品预热、售后处理、需求收集、专业分享之外，还会有一些买家秀。有的私域群，包括淘内的私域群，粉丝的黏性非常强，因为群里日常还会分享一些东西，包括售后处理，无形中拉近了主播与粉丝之间的距离。但是，形成了私域群，一定要保持群的活跃度。如果是死群，则是没有意义的。

（1）做好评论区的运营。

之所以需要针对评论区进行专业的运营，目的主要有两点：

第一，提升评论率，诱导用户参与评论，从而提升视频在正向维度的数值，助力冲击下一个流量池。

第二，评论区的点赞也被系统计入点赞总数，只不过评论区的点赞不会直接显示在总获赞量中。以抖音平台为例，如果两条视频的获赞数相近，所获评论数也相近，那么在评论区点赞量较高的视频将会获得更多的系统推荐。这也就意味着，如果内容的创意不够，其实是可以通过评论区的创意进行弥补的。

（2）结合内容，进一步引导互动反馈。

除了评论和私信，主播也可以通过生成原创内容与粉丝互动。话题挑战也是一种内容形式的互动。尤其是在积累了一定数量的粉丝基础后，如果想让粉丝的黏性更强，发起与自己的内容主题相关的话题挑战是一种好方法。

> **核心要点**
>
> 为增强粉丝黏性，可发起话题挑战，但主播要掌握主导权与控制权。

第一，主播必须清楚自己的定位和内容主题，在直播的时候要保证方向不跑偏、质量不下降，才能维护好原有粉丝。

第二，对内容中广告占比的把握得当。用户最想看到的当然是纯内容。而对于主播来说，广告是盈利的主要来源。把握两者的平衡，需要直播团队慎重选择合作的品牌方，尽量保持调性、风格一致。广告的呈现形式也是关键，如果能将广告内容和原先的主题较好地结合，不仅在观感上会使用户易于接受，也能引发用户的支持和讨论，对于主播和品牌方而言是双赢。

总而言之，内容是根本，定位是方向，运营是助力。在每个部分有的放矢，不断迭代，形成良性循环，何愁不出现滚雪球式的涨粉。

五、直播复盘与检讨的案例分享

通过对直播复盘相关内容的介绍，大家想必大致掌握了复盘的理论。下面精选了一些直播项目的复盘与总结，帮助大家对直播复盘与检讨形成更直观的认识。

1. 复盘直播全过程

这里为大家提供一张直播思维导图（见图 6 - 9）。有了相应的模板参考，只要做好策划工作，即使是新手主播，也能按部就班地顺利完成一场直播。

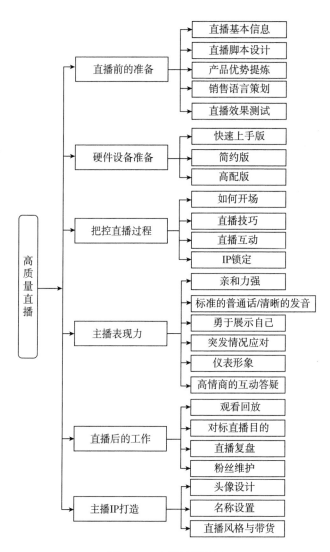

图 6-9 直播思维导图

（1）直播前的准备。

核心要点

　　直播开始前需要做足功课，才能让后续的直播顺利且有成效。主要工作包括：确定直播基本信息、直播脚本设计、产品优势提炼、销售话术准备、直播效果测试。

　　直播开始前，要做好以下准备工作，熟悉直播流程与细节，这样能有效避免直播时无话可说、不知道如何互动的尴尬。

　　第一，直播基本信息。

核心要点

　　直播前须对直播的时间、时长、地点、主播、目的进行确认，以便宣传推广。

　　我们至少要提前 3 天确认以下信息。

　　➤ 直播时间。如×月×日晚上 8 点开始。

　　➤ 直播时长。通常以 2～3 个小时为宜。

　　➤ 直播地点。直播地点包括直播间平台与直播具体地点。确认在哪一家平台进行直播，如抖音还是快手；并确认直播具体地点，如公司直播间、家中、××步行街等。

　　➤ 直播主播。确认主播信息。如果有多名主播，要确定每一个人的身份与特长。

　　➤ 直播目的。确定直播目的，如本场直播是以唱歌为主还是带货专场，据此进行准备。确定这些信息后，不仅要列出计划表，还应在微博、微信等平台进行信息发布，便于粉丝提前获知信息、等待直播。

第二，直播脚本设计。

核心要点

好的直播都是经过策划的，包括直播的目的、流程、节奏、互动环节等内容。脚本越细致，越有利于直播时控场。

对直播脚本进行设计，可避免直播时陷入无话可说的境地。尽可能对脚本进行细化，直播时按照脚本推进。

➤ 确定直播目的

A. 吸粉引流。以吸粉引流为主的脚本，侧重于与粉丝互动，尽可能展示主播的特长，如口才、唱歌、舞蹈、游戏技能等。

B. 推荐产品。以推荐产品为主的脚本，要注意对产品信息的收集与整理，重点在于产品功能与口碑、品牌价值。

C. 直播变现。以直播变现为主的脚本，要设计好销售话术，通过倒计时、红人榜等方式激起粉丝强烈的购买欲望。

➤ 梳理直播流程。对直播流程进行规划，并尽可能详细。如前5分钟热场欢迎新粉丝，第20～50分钟进行才艺展示，第60～90分钟与粉丝互动等。

➤ 设计直播节奏。对直播流程进行分析，预判哪些时间点会出现冷场、哪些时间点气氛会较为热烈，提前进行细节设置，有针对性地调节气氛。

➤ 设置直播互动环节。设置互动环节的游戏，包括包邮、半价、秒杀、口令游戏、红包游戏等，不必在一次直播中全部使用，但一定要让互动产生火爆的效果。

第三，产品优势提炼。

核心要点

　　对产品越了解，越能提炼产品的卖点，在直播推荐时越容易打动消费者。

对需要带货的产品，一定要提前做好功课，提炼产品优势，并记录相关关键词、数据等。

➤ 品牌优势。分析品牌优势，尤其注意产品在国际、区域、行业内的品牌价值。

➤ 市场需求优势。分析市场需求优势，并据此进行相应的话术设计。

➤ 生产技术优势。明确产品的生产技术优势，如果使用了黑科技，则一定要将相关信息了解透彻，作为重点卖点推荐。

➤ 价格优势。粉丝非常关注价格。在与品牌方进行洽谈时，直播团队一定要争取到最低折扣，与市场价格相比要让人感到惊喜。

➤ 产品自身优势。产品自身的优势，包括材质、实用性等。

如果产品已经在市场上赢得了消费者的信任，则应对相关案例进行整理。如京东、淘宝的用户评论，都是非常有用的。

第四，销售语言策划。

核心要点

"货卖不成话不到，话语一到卖三俏"，主播的销售语言越有魅力，越能激发消费者的购买力。

根据当天的销售目的和计划，提前进行销售语言的策划。

➤"只有今天这次机会"：强调时间的紧迫。

➤"额满为止"：强调名额的有限。

➤"每周六8折"：让粉丝养成习惯，每周六观看直播。

➤"因上新货，老货6折"：主动打折，让粉丝产生"占到便宜"的心理。

➤"活动3天后结束"：让粉丝有时间传播，连续多天邀请好友进入直播间。

➤"售完为止"：强调数量的有限。

➤"优惠到8点"：设置时间点，可以让粉丝在集中时段进入直播间制造声势。

➤"只有10件"：渲染出"数量稀少、手慢则无"的氛围。

➤"10分钟后活动停止"：直播临近结束时设定截止时间，进一步激发粉丝的购买欲。

第五，直播效果测试。

正式直播开始前，还要进行以下几个方面的调试，以提升正式直播的效果。

➤光线调整。确认环境光线。如果在室内，则应加强光照；如果在室外，则应避免阳光太过强烈。

➤对焦和曝光调整。对摄像头进行对焦和曝光调试，调整画面效果以让人感到舒适。

➢美颜设置。多选择几款美颜软件进行测试，确认最适合自己和环境的一款。

➢横屏和公告设置。测试手机横屏观看效果，并提前将公告设置写好，开播时可以第一时间发布。

（2）硬件设备准备。

我们可以根据经济条件、直播经验，准备不同层次的硬件设备（见图 6 - 10）。

核心要点

以下为大家准备了三个不同的版本：快速上手版、简约版、高配版。

其一，快速上手版。

对于新手主播，不妨采用快速上手版硬件设备。

➢直播支架。选购手持或桌面支架，避免画面晃动。

➢苹果手机。苹果手机系统稳定，同时支持的软件更多，所以尽可能选择苹果手机进行直播。

其二，简约版。

对于稍有经验、有一定粉丝数的主播，可以选择简约版硬件设备。

➢美光灯。如具备多色彩、柔光效果的环境灯，能够让主播看起来更柔和，在视觉上更舒服。

➢补光灯。在摄像头前配备补光灯，保证自己的脸上没有大块阴影，直播的效果更好。

其三，高配版。

图 6-10　直播间及常用设备

对于直播经验丰富、粉丝数较多的主播，应选择高配版硬件设备。

➢ 背景板。置于背后，上面可以有自己的卡通形象、带货品牌 logo 等。

➢ 声卡和麦克风。配备较为专业的网红声卡和麦克风，可保证直播声音清亮，同时可以直接发出各种特效声音。

➢ 微信二维码或胸牌。在主播台上，可以放置亚克力材质的微信二维码便于粉丝扫描，也可以佩戴胸牌，表明自己的身份。

（3）把控直播过程。

正式开始直播后，我们要根据直播的具体状况，灵活调整直播方式。

核心要点

直播开始时，该如何开场？怎样跟粉丝进行互动？

第一，如何开场。

对于新主播来说，直播开场无人时不妨多表演一些拿手的才艺，吸引"路人粉"的关注，可有效避免长时间无人的尴尬。

第二，直播技巧。

直播间粉丝逐渐增加后，要做好以下几点：

➢ 时刻不忘直播的目的。例如，为了吸粉，可以说"如果大家喜欢我，可点击关注"。如果以带货为主，则可以说"准备好拿起手机，链接马上放出"，激发粉丝的购买行为。

➢ 即时互动，调节氛围。不时与粉丝进行互动，如口播粉丝ID、口播粉丝打赏、语音连麦等。

➢ 穿插介绍产品，避免冷场。不要无休止地介绍产品，避免粉丝感到商业氛围太浓，出现冷场。将产品介绍适时地穿插在直播过程中，最后再进行销售。

第三，直播互动。

做好直播间的互动设计，不断点燃粉丝热情。根据设定的脚本，在特定环节中进行互动。

➢ 口令游戏。定时开启口令游戏，如8点、8点半等，激发粉丝热情。

➢ 关键词截屏。邀请粉丝进行关键词截屏，截屏成功者获得奖励。

➢ 免单抽奖。通过平台提供的抽奖系统进行抽奖，获奖者可以免费获得当天的带货产品。

➢ 语言连线。直接与粉丝语音连线聊天，并进行直播。

➤ 前十名扫码进群获福利。放出社群二维码，并制定前十名扫码进群可获得一定福利的规则，激发粉丝加入社群的欲望。

第四，IP 锁定。

在直播前期，我们的定位可以不断调整。但随着粉丝数量日益增加，应尽可能地锁定个人风格，让 IP 特点突出。例如，主打幽默就不断深挖自身的喜剧表演特质，主打温柔就学习温暖人心的说话技巧，这能让粉丝对我们的印象越来越深，甚至给我们贴上标签，这样才能增强直播黏性。

（4）主播表现力。

核心要点

　　如何让粉丝记住你？怎样凸显个人特质？下面提供了答案。

成功的主播，不仅可以按照流程完成直播，还能在直播中植入个人特质，让自己变得更有温度、更打动人心。主播可以从以下几个方面做起：

第一，亲和力强。提升自身的亲和力，能够与粉丝有效沟通，这样粉丝就愿意与你交流、接受你的建议。

第二，标准的普通话和清晰的发音。可以适当用家乡话与粉丝互动，但为了让更多网友成为粉丝，一定要能讲一口标准的普通话，避免粉丝构成过于狭窄、粉丝上限过低。

第三，勇于展示自己。勇于展示自己的特长，尤其是当粉丝一致要求时。有时候，出丑也是一种可爱，反而会让粉丝觉得你是一个有趣的、真实的人。

第四，突发情况应对。学习各种应对突发情况的方式，如气氛不佳、情绪失控、硬件故障等处理技巧。

第五，仪表形象。保证仪表干净整洁，既不要过分华丽，也不要刻意邋遢，以免给人留下不好的第一印象。

第六，高情商的互动答疑。注意自己的言行，与粉丝互动要有礼貌、风趣，不可满嘴脏话、脾气火爆，总是陷入与粉丝的争论。

（5）直播后的工作。

核心要点

直播结束后，还有重要的工作要做，下面这些功课不能忽视。

其一，观看回放。一定要观看直播回放，了解粉丝的变化趋势，为接下来的直播调整提供参考。

其二，对标直播目的。对标预设的直播目的，确认是否达到目标。若未达到目标，分析目标未达到的原因，及时做出调整。

其三，直播复盘。复盘整场直播，找到自己的不足和闪光点，扬长避短，形成自己的风格。

其四，粉丝维护。晚上时段直播结束后，在微博、微信与社群和粉丝们说"晚安"，并对他们表示感谢。

（6）主播 IP 打造。

核心要点

一些看似简单的操作，其实也需要花心思，这样才能快速形成主播的个人 IP。

IP 的价值可以达到数千万，所以一定要注重个人头像、名称和风格的设定，避免 IP 价值流失。主播可以从以下几个方面做起：

其一，头像设置。头像尽可能用自己的照片或手绘卡通形象。一定要避免用系统自带或从网上搜集的图片作为头像，因为这样做既不能加深粉丝的印象，也容易引起版权纠纷。

其二，名称设置。

➤ 名称要独一无二，避免与他人的名称混淆。

➤ 文明用语，杜绝出现脏话。

➤ 不要过长，五个字之内为宜，避免粉丝记不住。

其三，直播风格与带货。

强化自己的直播风格，并将带货融入风格之中。幽默型主播，介绍产品时可使用风趣的语言甚至自黑的方式。电影分享型主播，可以将产品与电影场景结合……千篇一律地念广告词和产品说明书，怎么能让粉丝心动并接受你的推荐呢？

2. 复盘案例分享

> **核心要点**
>
> 为了更直观地理解直播复盘有哪些工作，需要注意哪些细节，我们给大家准备了三个不同类型的直播复盘案例。

(1) 达人 H "花季少女"活动复盘案例。

1）活动流程复盘（包含主播、选品与招商、脚本准备等）。

> 主播前期目标

"花季少女"活动选择优秀主播 H 作为置顶的推荐达人。

核心要点

回顾直播目标，为复盘定基调。

从各方面的数据来看，达人 H 的时均观看、转化、点击数据都呈现上升趋势。本次置顶活动就优先选择了她作为置顶对象，一方面是希望帮助其获得更大的流量，另一方面也可以测试她对大流量的转化能力，方便后续的数据运营和跟进。

> 选品与招商

核心要点

结合主播的特点，选择相应的产品与商家，再开展后续的直播平台页面工作。

确认主播人选之后开始对主播日常带货的产品进行筛选，我们发现达人 H 一直都是播潮搭类型的，因此第一批先筛选与她合作的商家，主要选择一些粉嫩色系的产品，还有荷叶边元素、碎花元素等少女感强的单品。

产品的特色是粉嫩色系，让达人 H 主推糖果色系的产品，一共给她安排了 20 多款符合主题的产品。团队随即安排招商合作。

选品与招商工作经历了选择商家、与商家沟通、页面审批、模板选择、功能跳转（或关注预告）等流程。

> 直播脚本

核心要点

结合直播数据，对本次活动的每个直播环节进行复盘。

在直播脚本编写上，团队预先根据主题准备了一个方案：从服装搭配到配饰搭配，设计出整体的少女感造型，以呼应本次活动主题。

团队在脚本中设计了抽奖、红包等利益点，所以直播间安排了5分钟红包不间断和点赞抽奖活动。而利益点几乎做到每2分钟就有奖品送，目的是最大限度地吸粉。

复盘时发现，本次活动让达人 H 做到了一个小时吸粉4 000人。

2）直播数据展示。

> 引流方案

核心要点

结合数据反馈来观察不同引流渠道的活动效果。

本次在站外引流上花费了更多的时间和人力，主要从四个渠道进行引流：

第一，安排了在大 V 的微博以及朋友圈的转发。

第二，在"白菜群""福利群"发布。

第三，安排了"美女时钟"主站的首屏广告位。

第四，发动了全公司所有人员的站外平台推送等。

经过上述准备工作，最终带来的数据反馈效果还不错，见表 6 - 2。

表 6 - 2 引流渠道实际效果数据

渠道	覆盖人数
"美女时钟"网站投放	50 000
"白菜群"链接投放	7 000
大 V 粉丝群投放	5 000
朋友圈推广	20 000
合作导购渠道	1 000

➢ **用户互动与转化数据**

核心要点

结合观看人数、点赞数、涨粉数等，分析用户的互动情况，并归纳原因。

本次直播的观看总量是 10 万，达到了达人 H 开播的峰值。共计涨粉 4 000 人，是达人 H 平时吸粉力度的 2 倍。获得点赞数 24 万，是达人 H 平时的 5 倍。

本次在站外花了大力气做引流推广，加上在达人 H 自己的粉丝群里轮番公告开播情况以及奖品情况，本次直播互动非常成功，粉丝黏性大增。

转化数据如表 6 - 3 所示，其中两款少女风女鞋置顶期间成交了 100 笔以上，转化效果不错。

表 6 - 3　引流方案实际效果数据

点击数	总订单量	总成交额	淘客收入
23 347	213	7 569	2 981

3）本次活动总结。

总体而言，本次置顶活动的初期目标已达成。团队由于在活动开始之前做了大量的准备工作，尤其在引流方面做得比较细致，因此在吸引更多粉丝和关注方面获得了相当好的成绩。同时，团队的活动安排更加细化，所以各方面的利益点都兼顾了，相较于之前的置顶活动，涨粉的效果翻了一番。

但是，还存在以下一些问题，需要在日后的工作中加以注意：

·本次置顶活动准备的时间不够，前期脚本设计的时间不足，导致直播安排较为仓促。

·商家沟通方面进行得不是很顺利，针对挂横幅的诉求比较抵触。

·本次转化的数据不是特别突出。为了吸粉，增加了抽奖的时间，所以介绍产品的时间就少了。

今后需要针对这些问题做出工作上的改进：

·保证脚本设计的时间，在规划直播脚本的时候还需要进一步明确特定的利益点，将活动的节奏安排细化到每一分钟。

·直播间的物料尽量定制，包括背景板、头饰等。

·其他渠道的前期预热需要预先沟通，以保证置顶活动有足够的外部流量。

·持续拓展主播合作的商家数量，以确保每次活动都能在最短的时间内确定置顶期间悬挂的产品，确保手上有样品可以展示，并且为粉丝争取到最大的利益。

（2）主播 M 活动总结：左手内容，右手互动。

1）直播活动成功经验总结。

➤ 提前做好主播人设打造

团队在研究数据之后发现，观看淘宝直播的粉丝中 80％以上是女性，如何令女性观众持续关注不离开？人设很重要！我们重点扶持有标签、有自己风格的主播：首先要爱笑且有亲和力，其次要仪态大方、自然、不造作。

主播 M 短发的形象酷似偶像明星，擅长粉丝互动和内容策划，性格爽朗，声音偏粗，超爱演戏，能随时随地进入角色，粉丝黏性强。

主播 M 之前做过平台客服主管，很了解商品属性和客户心理，在直播演绎讲解中能真正切中客户的心理，因而带货能力强。

➤ 做足前期准备，直播脚本精确到细节

直播脚本部分场景分享：

场景一：爱互动 & 会聊天。主播亲切问候前来观看的新老粉丝，对一些老粉丝的疑问给予真诚的答复，以形成良好友善的直播互动氛围。

场景二：主播介绍上架的衣物，并提示粉丝点击视频右下方查看上架的衣物。主播按照自己的直播计划走，同时参考粉丝的要求将衣物穿戴上身展示效果，其间针对粉丝提出的问题进行有效的回答。

场景三：主播把握直播节奏，选择恰当的时机与粉丝做互动小游戏，用来提高粉丝的积极性。方式包括对获胜的粉丝进行一些物质奖励（例如送红包）、提醒粉丝点赞、提醒获奖粉丝领取红包等。

场景四：主播会适时分享一下自己的减肥经历，以及一些实用的减肥方法和资源，回应女性减肥的诉求，较好地提高粉丝互动的活跃度。

场景五：直播进入尾声，主播对本次直播进行一个简短的总结，并感谢粉丝的热情参与。方式包括直播结束前不断感谢粉丝的支持和点赞、回顾当天的主推款、提醒有购买需求的用户看回放、强调自己的推介和关注、点击开播提醒等。

最后，在下播前抽个奖，让粉丝们形成习惯，提升每天在线的时长。

➤ 把握黄金一小时，预热成功则事半功倍

核心要点

　　开播后的一小时是获取直播数据的黄金一小时，而团队运用自媒体和粉丝的力量是实现事半功倍的关键。

能做出好数据的直播是如何在开播的黄金一小时内爆发的？以这次的直播活动为例，主播 M 在开播的第一个小时就突破了 8 万的观看量，她平时的数据一般是 3 万。回顾一下团队如何运用自媒体和粉丝的力量：

首先，团队通过某自媒体和社群的力量全力宣传此次活动。该自媒体覆盖 200 万电商粉丝，他们既是电商人也是年轻人，既是淘宝直播的直接受众，也是消费者，因而通过微博、微信的引流带来观看量。

其次，团队将淘口令覆盖到社群的 50 个微信群中，喊大伙一起来看直播。

最后，在主播 M 的粉丝群里发预告、发红包，鼓励老粉们不要错过并提前点击开播提醒。

直播团队的成员全体加班维护粉丝和最后预热，应对突发情况，帮助主播 M 在第一个小时就刷新了数据。

2）直播数据复盘。

用户互动及转化数据表现为 UV 16.4 万，导购销量 3 113 单，粉丝增长 6 000 人。其中，分时观看量增长情况见表 6-4。最好卖的两款商品分别是单价为 119 元的面膜，卖出 500 多单；单价为 29.9 元的零食，卖出 600 多单。

表 6-4　分时观看量增长情况

直播时长	观看量（人）	直播时长	观看量（人）
10 分钟	30 000	50 分钟	70 000
20 分钟	40 000	60 分钟	80 000
30 分钟	50 000	1 小时 20 分钟	90 000
40 分钟	60 000	1 小时 50 分钟	100 000

3）本次活动总结。

➤ 做好日常基本功是成功的保证

第一，招商选品，商务谈判。团队旗下商家的会员店铺有上千个，覆盖各个品类，不缺合作商家。同时，平常有可供主播选择的两个商家池：一个是会员商家池，另一个是外部招商池，因此招商不成问题，这是团队最擅长的。

第二，做好主播的培训。一直以来，团队会对旗下主播定期进行线上和线下培训。培训时，强调主播要做好自己的定位，并且时刻服务好自己的粉丝。直播时，要选符合主播气质的产品，这些产品必须是通过比较找出的性价比较高的。团队和商家谈判时最先谈的不是佣金，而是粉丝专属优惠，这样才能真正吸引到粉丝。

第三，做好对合作商家的服务。直播的目的之一是帮助商家卖货赚钱，实现互利共赢。每一场直播结束后，和商家探讨问题，反馈数据。同时，要求每个商家在送样品的时候，袋子里须附上产品的介绍和卖点，尤其是那些区别于同类产品的亮点。这样能让主播更有针对性地对产品进行宣传，也更容易打动直播间的粉丝，促使他们购买。

➤ 今后活动中需要改进和注意的地方

第一，主播的个人魅力还需要提升。主播的魅力决定了粉丝的黏性，而魅力取决于颜值和风格。本次活动以后，直播团队会安排专业化妆师、人像摄影师和短视频制作人员出外景，给主播拍摄封面照片和定制短视频。另外，需改进主播目前的包装造型，提升时尚度。

第二，对主播加强普通话训练。主播的声音偏粗，而且有一些地方口音，近期下播之后要专门开展专业的普通话训练，争取短时间内在发音上有新的突破。

（3）机构C主题直播复盘。

核心要点

做好一场直播必须牢记"人、货、场"三要素，前期需要根据主题做好三者的搭配与对接，否则事倍功半。

这次直播的主题是"撸串"，机构C希望通过活动提高主播的人气。活动达到了一定的预期目标，但由于经验不足、前期准备不够等原因，仍存在一些问题。希望通过下面的复盘为以后的直播提供经验。

1）活动前对人、货、场的准备。

➤ 首先是人，将主播的直播内容脚本化

主播的言行会直接影响直播的质量。如果主播把每一场直播都当作影视剧来精心编排，将会为粉丝带来优质的体验，也会让直播内容更加清晰、有条理，带货引导性也会更强。

团队看到活动的第一时间就进行直播内容的细化安排。本次的主题是"撸串"，而主播所在地是"冰城"哈尔滨。经过跟主播沟通后，团队决定做主播比较熟悉又擅长的直播内容——东北烧烤。随后围绕东北烧烤开始相关资料的收集与整理，并根据直播脚本进行下一步的安排。

➤ 其次是货，做好与合作商家的对接

烧烤活动对接线上商家有一定的限制，因为通常情况下大家以在线下购买新鲜食材为主。团队讨论后决定先从烧烤调料商家着手，同时也对接了烧烤食材商家。

随后，团队让商家快递了相关样品。团队依据 DSR 评分对商家做出选择，因为一个商家的 DSR 评分[①]是可以直观反映出服务态度与商品品质的。基于这些数据，也为了对粉丝负责，团队拒绝了一些 DSR 评分较低的商家。

最终，团队只做了 3 家店铺的招商，勉强符合活动"三店四品"的标准。

团队将这次活动定位为：传播东北烧烤文化与讲解烧烤技艺。

➤ 最后是场，对接线下外景场地

---

① DSR 评分指的是淘宝店铺的动态评分。店铺动态评分是指在淘宝平台交易成功后，买家可以对本次交易的卖家进行如下三项评分：宝贝与描述相符、卖家的服务态度、物流服务的质量。每项店铺评分取连续 6 个月内所有买家给出的评分的算术平均值（近 6 个月内每天计算的数据）。一个店铺的起始评分是 5.0，DSR 评分高才能表明店铺处于一个良性发展阶段，买家也才有好的体验。

考虑到活动的时间安排，团队没有选择自己烤串，而是选择了一家线下烤串店。在直播前团队已经跟这个店主沟通协商，让其出镜，与粉丝进行互动。

2）活动中做好各环节的衔接。

为了让直播顺利进行，团队做好了各个环节的设计，主要包括：

> 直播进程：原定从讲述东北烧烤的历史开始，再延伸到人际交往，直播时间预定 90 分钟以内。由于要严格按照拟定的脚本组织，而原来安排的内容过多，所以很多内容只能无奈舍弃，这对直播带货有一定的影响。

> 抽奖环节：主播积极与粉丝进行互动，每隔 5 分钟就抽奖并赠送一份手工精油皂礼盒，粉丝的反馈效果很好。

> 互动环节：主播邀请烤串店的店主一起与粉丝互动。店主在积极配合回答粉丝问题的同时，也向大家分享自己的"撸串"经验。

> 直播带货：因为本次活动的定位不是推广产品，所以没法进行产品讲解，只能以内容输出为主。但在直播过程中，主播引导直播间的粉丝尝试在家烤串，尽量促使粉丝进店购买产品，实现变现。

3）直播数据复盘总结。

具体数据复盘：

> 直播总时长 84 分钟；

> 流量 17 848 人次，212 人次/分钟，平均每分钟 350 人左右在线，最高在线人数 560 人；

> 产品点击人数 1 000＋，产品点击次数 2 000＋；

> 评论人数 900＋，评论数 16 000＋；

➢ 圈粉 500＋。

数据分析总结：

粉丝停留时间人均 1.89 分钟，不太理想。

数据分析反思：

虽然流量可观，但是内容不够吸引人，黏性不够，导致停留时间过短。直播过程与对应数据见表 6-5。

表 6-5　直播过程与对应数据

时间	在线人数	直播内容	粉丝反馈
22：30	200	简述线下烤串店	表示想来尝试
22：35	450	讲解牛肉串，看烤串过程	询问食材
22：40	400	主播老公亲自烤串，与店长互动	夸奖主播有个会吃的老公
22：45	520	讲解东北烧烤的起源和历史	说主播老公太能讲故事
22：50	500	主播讲解菜品	都不了解是什么
22：55	430	主播讲解自己烤串的方法技巧	时间太短，让多讲一些
23：00	350	宣传哈尔滨烧烤	对哈尔滨很向往
23：05	350	介绍烧烤的人文环境	对哈尔滨很向往
23：10	380	介绍东北人的生活形式	主动刷屏 666
23：15	380	抽奖，主播与粉丝互动	互动刷屏
23：20	400	抽奖互动，网络出现问题	互动刷屏
23：25	300	深入讲解烧烤文化、烧烤的地方特色	互动，讲述自己家乡的烧烤
23：30	300	抽奖互动、赠送礼物	互动刷屏
23：35	300	深夜放毒环节	刷屏表示看饿了
23：40	300	深夜放毒环节	刷屏表示看饿了
23：45	300	深夜放毒环节	刷屏表示看饿了
23：50	300	抽奖互动、赠送礼物	有同城粉丝要来找主播

4）直播复盘找准改进的地方。

➤ 产品推广

总体来说，本次活动原定目的已经达到，即增加粉丝量与提升对接商家的流量。虽然受制于生鲜类产品在线上销售的高成本，未能以推广产品为主，但还是为对接的商家带来了一些可观的、较为精准的流量。

另外，对接商家主要为生鲜类，由于物流成本与冷链运费偏高，销售并不理想，建议以后此类活动应以对接辅料和调料商家为宜。

➤ 内容输出

内容输出是本场直播的重点！直播脚本原定需要先讲述东北烧烤的历史，继而延伸到东北历史大环境，最后切入人际交往，同时也安排了主播亲手烤串与店主互动的环节。但受制于活动时间安排，很多内容只能无奈舍弃，并未达到预期效果。在下次举办主题活动的时候，要考虑直播的时长问题，抓住重点，更好地输出内容。

➤ 站外引流预热

在此次主题活动中，机构由于没有做好站外引流工作，没能提前做好直播预热。活动依靠机构的大 V 微博、快手红人账号、社群营销、分享拉人奖励机制、朋友圈分享奖励机制等进行站外引流，但实际效果很不理想，从而导致这次直播的流量不是很乐观。通过这次活动要吸取教训，以后着重在这方面加强宣传。

同时，这次直播粉丝停留的时间仅有 1.89 分钟/人，非常不理想！反思后发现，直播内容不够吸引人。在内容为王的自媒体时代，要完成 KPI，就要源源不断地输出优质内容，才能长久地留住粉丝。在这方面，团队需要不断加强内容制作等方面的专业学习。

直播后的复盘工作非常重要，需要养成习惯并持之以恒。复盘类似于学生的课后复习和知识点查漏补缺，有助于改进不足，改善直播方式和内容，从而促进直播间的长足进步和可持续发展。

在本章，我们一起了解了复盘基本流程、复盘常用的分析数据，并介绍了复盘后如何针对问题进行改进的技巧等，几个直播团队的复盘案例有助于我们更直观地了解复盘工作。需要提醒的是，复盘工作绝对不能等到发现问题了以后才做，而是从第一场直播结束就要开始。只有经过科学、专业的复盘，才能知道直播取得了哪些成果以及存在哪些不足。复盘的内容不仅是主播对自己直播的回顾，还涉及直播团队的整个工作流程。及时复盘能让以后的每一场直播都有进步！

参考文献

1. 杨浩．直播电商．北京：机械工业出版社，2020.

2. 郑清元．直播就该这么做．北京：机械工业出版社，2020.

3. 孙爱凤．直播技巧．北京：机械工业出版社，2020.

4. 尹宏伟．直播营销：流量变现就这么简单．北京：机械工业出版社，2020.

5. 王冠雄，张从祥．超级带货．北京：机械工业出版社，2020.

6. 陈迎．抖音营销．北京：机械工业出版社，2019.

7. 邱如英．抖音头号玩家．广州：广东经济出版社，2019.

8. 淘宝大学达人学院．淘宝直播：运营与主播修炼手册．北京：电子工业出版社，2017.

9. 淘宝大学达人学院．爆款视频：内容打造与传播．北京：电子工业出版社，2017.

后　记

自 2013 年开始，我国成为全球最大的电子商务市场。电子商务在我国风起云涌，带动我国数字经济快速发展。根据中国信通院发布的《全球数字经济白皮书——疫情冲击下的复苏新曙光》，2020 年我国的数字经济规模近 5.4 万亿美元，居世界第二位；同比增长 9.6%，增速全球第一。我国数字经济取得辉煌成就的背后，是庞大的用户规模与持续的创新。数字经济的创新，既包括技术创新，也包括商业模式、经营业态等创新。而直播电商，正是我国数字经济创新大潮中的一个经典场景。直播电商模式在我国数字经济发展中算是比较新的，人们一般都将 2019 年称为直播电商元年。然而，直播电商一经出现，就成为近年来增长最快的互联网商业模式创新应用。据中国互联网络信息中心提供的数据，截至 2021 年 6 月，我国网络直播用户规模达 6.38 亿，同比增长 7 539 万，占网民总数的 63.1%。其中，电商直播用户规模为 3.84 亿，同比增长 7 524 万，占网民总数的 38.0%。我们预计，2021 年直播电商的 GMV 将达到 2 万亿元以上。

2020 年新冠肺炎疫情发生以来，很多线下商家也选择将直播作为转型线上营销的重要突破口，这使直播电商在消费端和商家端都得到了极快的普及。在此背景下，中国市场学会短视频与数字营销专业委员会主任李勇先生和中国社会科学院财经战略研究院研究员、中国市场学会副会长李勇坚先生多次商议，计划撰写一套关于直播电商的基础逻辑、成长实践等方面的著作。随即，由中国市场学会短视频与数字营销专业委员会组织了来自众多高校、科研院所、直播平台、MCN 机构等各个方面的专家组成创作委员会，多次对本套书的框架和内容进行研讨。随后创作委员会确定了专业研发团队，开始对数十家 MCN 机构以及诸多主播及其团队进行走访调研，并根据调研成果，于 2020 年底形成了本套书的初稿。由于市场瞬息万变，监管政策不断完善，初稿完成后，研发和创作团队及时更新有关情况和数据，及时跟进和解读最新政策，对初稿进行了五次修订，并最终交付出版。

本套著作是集体智慧的结晶。具体分工如下：《直播的逻辑》一书由李勇、李勇坚、李健欣（广东金融学院副教授）、李文秀（广东金融学院教授）、李慧敏（中国移动集团信息技术中心、经济学硕士）、张萌（北京理工大学法学硕士）承担撰稿工作；由李勇、李勇坚、李健欣承担审稿工作。《成为主播》一书由李勇坚、李健欣、胥英伟（美国德州农工大学博士研究生）、樊贺丰（中国社会科学院大学硕士）、刘家志（中国社会科学院大学硕士）承担撰稿工作；由李勇、李勇坚、李健欣承担审稿工作。

在本套书写作与审定的过程中，得到了中国人民大学出版社曹沁颖主任和徐莉副总编的大力支持，编辑团队对本套书所涉及的案例、图片、文字等进行了逐一审定，提出了大量的修改意见。在此，创作委员会对他们的工作表示衷心的感谢！

本套书的研发和创作团队衷心感谢在写作过程中给予大力支持的各大直播平台、调研对象等，感谢他们拨冗接受我们的访谈，并提供了大量的一手素材。本套书的部分内容和观点在李勇坚教授的一些学术交流或会议发言中有所体现，不少专家学者、从业人员就这些内容和观点提出过许多宝贵意见，在此表示衷心的感谢！最后，本书研发和创作团队对各自家人给予的支持和理解表示衷心的感谢！

创作委员会

2021 年 10 月

图书在版编目（CIP）数据

成为主播 / 李勇等著 . —北京：中国人民大学出版社，2022.1

ISBN 978-7-300-29822-1

Ⅰ . ①成… Ⅱ . ①李… Ⅲ . ①网络营销 Ⅳ . ①F713.365.2

中国版本图书馆 CIP 数据核字（2021）第 179103 号

成为主播

李　勇　李勇坚　等 著

Chengwei Zhubo

出版发行	中国人民大学出版社	
社　　址	北京中关村大街 31 号	**邮政编码**　100080
电　　话	010 - 62511242（总编室）	010 - 62511770（质管部）
	010 - 82501766（邮购部）	010 - 62514148（门市部）
	010 - 62515195（发行公司）	010 - 62515275（盗版举报）
网　　址	http://www.crup.com.cn	
经　　销	新华书店	
印　　刷	德富泰（唐山）印务有限公司	
规　　格	148 mm×210 mm　32 开本	**版　　次**　2022 年 1 月第 1 版
印　　张	11.625　插页 2	**印　　次**　2022 年 1 月第 1 次印刷
字　　数	274 000	**定　　价**　79.00 元

直播的逻辑

李勇　李勇坚　等　著

——————————《成为主播》姊妹篇——————————

揭示直播背后的原理、技巧、知识图谱和底层逻辑

从流量红利到体系红利　直播电商必备战术战法

业界大咖联手创作，俞敏洪、邓庆旭、吴声、郎永淳、
张羽、余敬中等联袂力荐！

　　直播电商是电商领域的新业态，随着 5G 时代的到来，将在社会生活中扮演更重要的角色。本书对直播电商的未来趋势、直播背后的消费心理、直播的选品运营和营销策略、行业的法律监管等做了全面分析，让读者能够清晰地了解直播的逻辑，抓住红利、避免风险。书中汇集了作者团队对各大直播平台、数十家 MCN 机构以及诸多主播及其团队的大量走访调研，呈现了众多生动案例，不仅是从业人员的必读书，也可为政策制定者、企业管理者、研究人员等各界人士进一步了解直播电商提供帮助。